珍藏本
纪念版

汉译世界学术名著丛书

莱茵河

——历史、神话和现实

〔法〕吕西安·费弗尔 著

许明龙 译

2017年·北京

Lucien Febvre
LE RHIN
Histoire, mythes et réalités
Librairie Académique Perrin
1998
根据 Librairie Académique Perrin 出版社 1998 年版译出

汉译世界学术名著丛书
（120年纪念版·珍藏本）
出 版 说 明

2017年2月11日，商务印书馆迎来120岁的生日。120年前，商务印书馆前贤怀揣文化救国的理想，抱持“昌明教育，开启民智”的使命，立足本土，放眼寰宇，以出版为津梁，沟通中西，为中国、为世界提供最富智慧的思想文化成果。无论世事白云苍狗，潮流左右激荡，甚至战火硝烟弥漫，始终践行学术报国之志，无改初心。

迻译世界各国学术名著，即其一端。早在20世纪初年便出版《原富》《天演论》等影响至今的代表性著作，1950年代后更致力于外国哲学和社会科学经典的译介，及至1980年代，辑为“汉译世界学术名著丛书”，汇涓为流，蔚为大观。丛书自1981年开始出版，历时三十余年，迄今已推出七百种，是我国现代出版史上规模最大、最为重要的学术翻译工程。

丛书所选之书，立场观点不囿于一派，学科领域不限于一门，皆为文明开启以来，各时代、各国家、各民族的思想与文化精粹，代表着人类已经到达过的精神境界。丛书系统译介世界学术经典，引领时代思想，为本土原创学术的发展提供丰富的文化滋养，为推动中国现代学术和现代化进程做出了突出的贡献。

为纪念商务印书馆成立120周年，我们整体推出“汉译世界学术名著丛书”120年纪念版的珍藏本，寄望既利于文化积累，又便于研读查考，同时向长期支持丛书出版的译者、编者和读者致以敬意。

两甲子后的今天，商务印书馆又站在了一个新的历史时间节点上。我们不仅要铭记先辈的身影和足迹，更须让我们的步伐充满新的时代精神。这是商务人代代相传的事业，更是与国家和民族的命运始终紧密相连的事业。我们责无旁贷，必须做好我们这代人的传承与创造，让我们的努力和成果不仅凝聚成民族文化的记忆，还能成为后来人可以接续的事业。唯此，才能不负前贤，无愧来者。

商务印书馆编辑部

2017年10月

超时代的真知灼见

——吕西安·费弗尔的《莱茵河》一书的价值

（中译本序）

许多年前，在法兰西甚至国际史学界，若干史学流派曾经进行活跃的学术活动。他们各持其理、各抒己见，分别注重某些史学研究的领域，陆续出版了不少佳作。后来的研究者们显然无法忽视有关史学成就，不能漠然地绕过这些历史科学发展途程中的界碑。

但是，历史冷酷无情，对于钟爱它的历史学家们也是如此。这些学派曾经各领风骚若干时年，而后偃旗息鼓、销声匿迹，只留下鸿篇巨著与学者们的些许平生逸事，以及追随者们偶然发表的动人回忆和赞誉之词。

如今法国史坛状况如何？当本文作者多次提出此问题时，十数位法国学者异口同声地回答："目前到处平淡无奇。"情况的确如此。马斯佩罗、科尚、奥拉尔、马迪厄、班维尔与塞纽博斯等史学大家，早在 1944 年之前进入了史学先贤祠。1944 年，布洛克因参加抵抗运动而被盖世太保枪杀。此后，自然死亡陆续夺走了费弗尔与马德兰（皆 1956）、勒费弗尔（1959）、勒努万（1974）、索布尔（1982）、阿里埃斯（1984）、布罗代尔（1985）、拉布鲁斯（1988）、迪比（1996）、菲雷（1997）等史学界代表人物。尚健在者多已进入垂暮之年，如勒华拉杜里、日拉尔、吉拉尔、勒戈夫、硕尼、阿居龙、雷蒙、沃维尔与奥祖夫等。这些人多数难如往昔那般全力从事研究，他们或已退休，或仅限于为后起学者的著作撰写序言，或在某个历史人物纪念碑像落成典礼上致辞祝贺，或十余年不曾步入档案馆……虽然他们早已写成的传世佳作还在再版、重印。法国史学界经历了数十年的高潮发展之后，目前正处于积蓄力量、逐渐探索新方向和新领域的广泛酝酿之中，人们在准备着新高潮的到来。吕西安·费弗尔去世已经50余年，年鉴派也大势已去，我们为何需要翻译出版《莱茵河》一书？仔细思量便能看到需要的迫切性。

近30年来，中国学术界对于上述种种学派已有不少介绍，但是这些多属信息性质的交流，而上述学派的代表作译成中文出版者为数不多，更少有人去阅读法文原著。人们知道费弗尔，但是往往缺少深入了解。[①] 实事求是地讲，《莱茵河》一书过去影响有限，但这正是缺乏全面研究的缘故。人们侧重关注费弗尔对于创立年鉴派的重大贡献，而忽略了他与当年时代大潮、两次世界战争之间欧洲政局的密切关系，正是作者这种与时代局势息息相关的状态导致《莱茵河》一书的产生。此书曾经受到忽视，但是数十年的岁月不曾使它泯灭，今天人们从崭新的角度发现了它的光辉。如同真实的莱茵河对于西部欧洲那样意义重大，《莱茵河》对于费弗尔和欧洲史学也是一部珍贵的著述。

费弗尔在《莱茵河》一书中表述了一种超越时代的真知灼见。

① 有人有时将吕西安·费弗尔（Lucien Febvre，1878—1956）与另一著名历史学家乔治·勒费弗尔（Georges Lefebvre，1874—1959）相混。

第一次世界大战之后，关注莱茵河者大有人在，法国、德国以及其他欧洲国家的政治家与军事家们，时刻注意这条著名的河流，他们的出发点是各不相同的国家利益和民族利益，但是他们都将莱茵河视同一条明确的边界、民族与国家之间不可逾越的鸿沟，一旦跨越即可引发战争的危险万分的河流。对于莱茵河的如此认识以及按此认识而制定的政策，反映了当时欧洲政见的主流，也代表了当时众多的历史学家的看法。

法兰西的政治家与文人们历来在莱茵河上倾注了对于德国的深仇大恨。戴鲁莱德、巴雷斯、普安卡雷、米勒兰、杜美格以及德古特将军等人都是这种心态的代表。戴鲁莱德曾用诗句如此发泄自己的感情："我仇恨他们，我诅咒他们，我诅咒这个必将带来不幸的种族。这就是普鲁士和普鲁士人！""啊！阿尔萨斯和洛林的狗，你们也在拒绝德国国籍！"①巴雷斯一向关注着"蓝色的孚日山脉"，指出莱茵河为"区分高卢与日耳曼的河流……"、"莱茵河是拉丁各国的最远点"、"我们只有以莱茵河作为屏障"。② 杜美格总理就职时公然宣布："任何时候，我皆对德国实行强硬政策，我将对它寸步不让！"③法兰西不仅深怀复仇情绪，而且找到了恰当的机会——德国拖延支付第一次世界大战的赔款。普安卡雷总理与米勒兰总统以及众议院采取强硬的对德政策，1923 年 1 月 11 日德古特将军率领法国与比利时军队跨过莱茵河、占领鲁尔地区。1929 年德

① 《Chants du Soldat》，Paris，1972，p. 118.

② 《Appel du Rhin》，Paris，1919，p. 14.

③ Geneviève Tabouis：《Vingt ans de 'suspense' diplomatiuque》，Paris，1958，p. 164.《Le Génie du Rhin》，Paris，1921，p. 28，230.

国政府接受“杨格计划”,1930 年 6 月法比占领军才全部撤出。

那时,德国人的群体心态基本相同。第一次大战中失败之后,他们忍气吞声,接受了凡尔赛和约关于莱茵河左岸与右岸的条文。当鲁尔区遭到侵占时,他们被迫进行若干抵抗。1923 年,施特雷泽曼总理发出号召:“为了德国的未来,为了莱茵河和鲁尔区的利益,必须消除(殃及德国人生存的)这一危险。”1933 年 1 月,兴登堡任命希特勒为总理,从此大力加强对于莱茵兰的攻势。1935 年 3 月 16 日,德国正式废除凡尔赛和约关于限制其军事实力的条款。1936 年 3 月 7 日,德军进驻莱茵兰这一非军事区,由于莱茵兰而引起的欧洲冲突达到了新的高潮。20 世纪 20—30 年代,德法关系逐渐恶化。莱茵河两岸德意志和法兰西走向战争的格局基本上形成。

两次世界大战之间,在欧洲问题或莱茵河问题的研究中,民族主义是主要的倾向,与此相异者实属学术“异端”。虽然路人皆知真理往往掌握在少数人的手里,但是在多数人认识真理的过程中,这些少数人有时必须经受血与火的磨炼。此时,欧洲社会的多样性发挥出应有的威力。出现了争夺莱茵河与法德仇恨的铺天盖地的宣传战和群体心态的狂热浪潮,同时存在着一种虽然微弱但却别具一格的力量,它尝试另辟蹊径,追寻法德的非战争状态与欧洲的合作。

阿尔萨斯兴业银行与费弗尔等人就是此种“标新立异”者。阿尔萨斯兴业银行创办于 1881 年,总部设在斯特拉斯堡,后来日益获得发展。20 世纪 20 年代,该银行已在科隆、美因茨、伊达尔—奥斯贝尔斯泰因、杜塞尔多夫、法兰克福、路德维格沙芬、萨尔布鲁克与威斯巴登等城市设立了分号，银行业务不断开展。人们看到，该银行成立之时，斯特拉斯堡还处在德国的统治之下，法国迟至第一次世界大战获胜后才收复此块失地。同时，该银行开设分号的城市多在德意志地域之内，可见这个银行与德意志的客户、地区、文化具有千丝万缕的联系。莱茵河两岸的和平、合作与繁荣是这个银行经济利益的基本保证。正是由于如此原因，阿尔萨斯兴业银行需要区别于当时民族主义喧嚣的、反对潮流的著述，以便申诉自身的主张。

这个银行的总经理勒内·德布里思想比较开放，曾加入卢森堡工业家创办的法德研究会，他一向努力倡导法德缓和。那时，为了庆祝该银行创建50周年，他请好友夏尔·施密特和一位地理学家德芒戎执笔撰写一部有关莱茵河的著作。施密特教授多年潜心研究莱茵河的历史，他先允诺而后婉拒了德布里的建议，因为此时他已晋升为档案和图书馆总监，无暇顾及著书立说了。施密特当即提出由费弗尔来完成德布里所委托的重任。

1928年，费弗尔欣然接受上述任务，他的个人经历实际上早已为此准备了条件。费弗尔的故乡是弗朗什—孔泰，他于1878年出生于南锡，1902年在巴黎高等师范学院获得文学与史学的学士学位，1911年通过国家博士论文《菲力普二世与弗朗什—孔泰：政治、宗教与社会史研究》，1912年任第戎大学历史系教授，1914年入伍参战，1919年开始在斯特拉斯堡大学执教。1921年，他在美因茨的日耳曼研究中心执教。同年，他与一位历史教师苏珊娜—艾丽丝·多尼翁结婚，他们生育了3个孩子。1929年，费弗尔与布洛克共同创办《经济与社会史年鉴》。1933年，他出任法兰西学院的近代文明史教授。他将历史与地理等领域结合起来研究，视历史为一系列要素的综合。早在20世纪20年代，费弗尔已出版若干著作，如《土地与人类演变·地理历史学引论》(1922年、1970年，与巴塔约合著)、《马丁·路德，一个命运》(1928年、1988年)。

费弗尔知晓德语，一向对于莱茵河与德意志怀着巨大的兴趣，曾关注莱茵河对于法德两国、对于欧洲的地理历史和政治方面的作用，着重研究15世纪的勃艮第与16世纪的哈布斯堡王朝。这一位具有如此专长的斯特拉斯堡大学教授无疑是最合适的人选。费弗尔本人乐于接受上述委托，此项著书任务既符合他的专长，也能为家庭增加收入。1924—1929年，法国工业平均增长5%，但是1926年出现战后最厉害的通货膨胀，同年国家预算出现了赤字。在如此情况下，撰写《莱茵河》一书将获得25000法郎的稿酬无疑具有明显的吸引力。约稿者的利益与撰稿者的利益因而互相结合，这就是《莱茵河》一书产生的物质基础。费弗尔学术上的长年积累，他对于莱茵河的实地考察皆有助于《莱茵河》一书的撰写。1930年5月，费弗尔等数人应邀去莱茵河旅行，乘船从美因茨直至鹿特丹。此行给费弗尔留下了“十分强烈的印象”。旅行结束后，他开始撰写此书。1931年该书以非卖品方式出版，1935年才公开出版。布洛克对于此书的写作，曾给予大力支持。

费弗尔的《莱茵河》一书特点突出，这是那个时代欧洲的逆向思维的一个学术成果，全书充满着独立思考的精神。它超越了民族感情与国界限制，不仅看到了莱茵河的严酷性，而且展示了她的亲和性，她维系两岸、沟通法兰西与德意志、连接西欧的南北两端……如果考虑到西部欧洲多年来从“欧洲共同市场”至“欧洲联

盟”的发展，考虑到近年东欧与西欧的非战状态，那么必须坦然承认，过去人们代代相传与不厌其烦地重复法德世仇、英德冲突、世界大战以及雷马根大桥生死争夺等等的时候，是否仅仅见到了历史的一面（哪怕在一定时段内是主要的一面）？必须坦然承认，历史还有其他内容、其他方面、其他层次，历史的大河中无疑存在支流、潜流，甚至倒流，有时支流在其他时段将变成为主流……《莱茵河》一书给予后人的启示在于：国无常仇，分久必合，合久必分，共处交流也是历史进步的一种方法。

笔者曾在法国和德国的境内访问莱茵河，见过它的宽阔雄壮的浪涛，也嗅到了它并非清新的工业气息。还曾访问莱茵河两岸法德两国的城市与乡村，触摸过教堂墙上第二次世界大战留下的弹痕。几乎在每一个法兰西乡村的小广场边，都能找到“死难者纪念碑”，上面主要镌刻着该村在第一次世界大战中牺牲战士的名字，人数较少的1870—1871年法德战争和第二次世界大战的死难战士的名字，往往添加在末尾或旁侧。这是一条传统史学的莱茵河，兵戎相见、血肉横飞与结下世代国仇家恨的莱茵河。带着如此深刻的记忆来阅读费弗尔的《莱茵河》，我们便发现另一条莱茵河，它既不是“德意志的莱茵河”，也不是法兰西的“自然边界”，它是一条“欧洲的河流”。布洛克深知问题的严重性，曾经一针见血地指出：“谁希望撰写莱茵河的历史，他首先应该驱除头脑中的幽灵。”让我们依照费弗尔的笔迹，来探索一条没有战火硝烟的、两岸交流的、上下游贯通的与勃勃生机的莱茵河。

费弗尔不是一个思想过激和头脑僵化的浅薄者，而是一位认真严肃与宽容大度的历史学家，至少《莱茵河》一书无可辩驳地展示了他的这个长处。他不曾回避莱茵河两岸的仇恨、法德两国的冲突与欧洲的争夺这些永久的伤痕，指出莱茵河有它一部“屠杀和战争的历史”，“出现了悲剧，令人心碎的莱茵河近代的悲剧”，“……边界有了。换句话说，将边界深深地刻在土地上的，既不是宪兵、海关，也不是堡垒后面的大炮，而是感情，是的，是被煽动的激情和仇恨”。“总之，遗留在历史性大河上的所有战争残迹，都是‘莱茵河边界’这两个法语词汇造成的结果。”费弗尔将莱茵河的血与泪深藏在心底，而以更为宽阔、更加远眺的目光来看待这条河流。

关注客观存在的又是社会生活中基本的与本质的要素，这是费弗尔的出发点。他细心考察莱茵河地区的地理环境、经济活动、族群特征、语言变化、人际交流、宗教信仰、日常生活与思想感情，还有这个地区的绘画、河谷的飓风乃至灌木丛中的蚊子等等。这是一条实实在在的莱茵河，看得见摸得到感觉得出来的真正的莱茵河，不是哪个王朝、哪个国家的莱茵河。“莱茵河老爹”作为一条地理的河流，其上游形成于远古，它往北流至杜伊斯堡一带便扭头西去，如此状态是于距今 300 万至 1 万年前逐渐形成的。它长达 1000 多公里，由南往北浩荡奔流，目空一切，养育着一批又一批的人类群体。欧洲的王朝、国家、边界与战争，在它的面前完全是一些晚辈后生。作者高瞻远瞩地紧紧抓住了永久的莱茵河，而不过多关注作为历史现象的王朝、国家、战争和仇恨，他也不顾那芸芸众生无意识的如同过眼烟云的冷热情怀与群体心态。如果说在艺术中人们要善于发现美，那么是否可以说在历史中人们要善于发现自然与永恒，哪怕是相对的自然与永恒！

对于费弗尔而言，莱茵河不是“一条界河”、“用长矛和大炮建立起来的边界”，不是德法两国之间的“围墙与壕沟”，相反，“莱茵河犹如一个人”，“站在眼前的一位交往已久的老友”。它给人以一种“生动而强烈的莱茵河观念”，人们应该将莱茵河看做“一个巨大的历史常数”。

“老友”与“历史常数”的具体内容是什么？是一条“长长的莱茵河走廊，风平浪静的水道”，穿梭如织的船只上飘扬着数十个国家的旗帜，这是“欧洲最活跃的自然通道”。“过于详尽的细节并不十分重要。我们应该牢记的，或者说自古以来照亮莱茵河之命运的是这样一个事实：是人……将山谷与急流锻造成为一条通道，而不是一堵屏障。这是一条纽带，而不是一道鸿沟”，“是一条交流的通道”。莱茵河自然而大方地、烟波浩渺地流过西欧大地，如果企图画地为牢进行争夺与扩张，河的两岸便将分裂为二，彼此对立与互相残杀，但是“总共只有一条莱茵河”，两岸民族与国家完全可以广泛结交，变分力为合力，缔造普遍的联盟……莱茵河也可以成为南北欧洲的“一个中介”、“一种纽带”，“莱茵河地区诸国便是桥梁”。莱茵河沟通东西与连接南北的巨大作用，如何充分估计恐怕也不会过头。

莱茵河不是一条笔直北流的长度较短的河流，它有若干大小弯道。在费弗尔的眼光里，“莱茵河好像一条长长的街道，时而穿行在山间，时而流经平原的心脏地带，商人和军人，旅行家和学生，总之形形色色的莱茵河的使用者们，摩肩接踵地走在莱茵河两岸，有人慢条斯理地闲逛，有人匆匆忙忙地赶路，有人忧心忡忡，有人则无所顾忌”。这是一条正常的、在日常生活中消磨时光的莱茵河。

费弗尔不仅对莱茵河进行了综合的思考，而且深入到西欧的具体历史事实之中。他明确指出："数千法兰克人征服了罗马人的高卢，当他们胜利地进入这片广阔的土地时，除了他们就没有别的居民吗？在他们之前的数千罗马人呢？这些人征服了高卢的凯尔特人之后，没有在这块处女地上扎根定居吗？凯尔特人呢？数千凯尔特人到哪里去了？人群逐渐屈服、归附，最终融为一体。"凯尔特人、罗马人与法兰克人（日耳曼人的一支）在莱茵河的乳汁哺育之后终于彼此影响与同化，人类群体的混血过程导致新的"混合体"的出现。"莱茵河老爹对于我们来说，如同传说中的查理曼。"查理大帝定都于亚琛，公元 843 年他的后代们缔结凡尔登条约决定三分天下，后来才有法兰西与德意志诸国。回溯到查理曼，其寓意在于强调莱茵河两岸共有的历史遗产和久远传统。

莱茵河究竟是什么？是奈梅根的小巧玲珑的房舍、科隆的映照水面的钟楼尖顶、阿尔萨斯的富饶美丽的田野及其竞相繁荣的文化、工业和贸易……"在我们的眼里，所有这一切都是宝中之宝，都是古老西欧的基石，这块基石虽然曾被砸碎，然而无论在经历困苦还是在享受繁荣的时候，它总是将整个西欧连成一片。"如同上游流向下游、众多的支流先后注入这一条大河那样，莱茵河是一条体现了向心力、聚合力的西欧大动脉。"共同的莱茵河文明的各种成分沿着这条长线流动，这种文明也许完全不具备土生土长的特点，而是包含着许多借鉴与模仿的成分，但是它的组合却独具特色，它的魅力也与众不同。"莱茵河地区的习俗传统以及待人接物的态度等等"构成了共同的宝库"，人们的思想感情和欲望，有时

"如同河谷中的飓风那样，飞快地从康斯坦茨吹到莱顿"。莱茵河之风吹拂着瑞士人、奥地利人、德国人、法国人与荷兰人，涤荡着他们的心灵。

莱茵河的魅力早已明确显示出来，这就是它所孕育的创造力、它所造成的勃勃生机。人们很难设想如果缺少莱茵河的辛勤劳作以及它所带来的恩泽，西欧可能是一个发达的整体吗？请看费弗尔娓娓动听的叙述："这些莱茵河城市在近两千年的历史上，犹如始终发挥着积极作用的酵母，它们是一些地区的实力所在，这些地区在数百年中借助强大的城市组织促进了文明的发展，而这些城市组织则以其光彩、富有和生气令外来者赞叹不已。"的确如此，莱茵河是一条"维系各族人民的纽带"、一个繁荣兴旺的"大熔炉"，它具有"永远旺盛的创造力"。"莱茵河是财富、生活与自由行动的源泉"。"这条大河拥有巨大的能力，可以创造智力，并对之进行集中和再分配。"

费弗尔在"结束语"中作了一个概括："从人类历史初期直至现代文明的繁荣时期，莱茵河的巨大特征就这样展现在我们面前，民族的激情无法摧毁这一特征，因为它不顾各个民族的意愿，把自己镌刻在每一个世纪中，镌刻在人类社会的生活与事业中，这个特征就在于：莱茵河是一条密切联系和促进相互接近的河流。""历史就这样继续着，尽管存在着政治仇恨与冲突，莱茵河依然是一条联合各个民族的河流。"

当时，作为一个新史学派的领头人，费弗尔还向我们提出了若干值得重视的见解。他十分强调莱茵河的复杂性与多样性，认为"与其说莱茵河所呈现的是统一，毋宁说是多样性。""说实话，无须过于认真……无论是短暂的墨洛温王朝或加洛林王朝的那些条约，都不值得历史为之着迷。支配历史的绝不是一些空洞无物的形式，而是有血有肉有生命的人群。”“过于杂乱也许反而有利于统一。我们可以从高处和远处勾勒一幅图景，将莱茵河的历史简化……”“与其争论不休，不如理解为佳。”费弗尔对于莱茵河上的防洪工程也持独特而辩证的见解，他将筑堤控水视同“文明的紧身衣”。

《莱茵河》一书是费弗尔个人的情感与文采交融的产品，该书自始至终流露出作者的喜怒哀乐、厌恶与追求。让我们随着他的生花妙笔，来到孚日山脉与黑森之间的平原上，穿过树丛和芦苇荡，在河狸与候鸟经常驻足的沼泽地后面，发现神往已久的莱茵河。这里灌木稠密，蚊虫成群……费弗尔对于莱茵河水的记述又是一个例证。“荒凉的莱茵河波涛滚滚，夹带着来自比瑟河的松枝，箭一般地穿过巴塞尔市内的桥梁奔腾而下……”

费弗尔热爱莱茵河、讴歌莱茵河，但是他指出：“莱茵河集中了许多神话……莱茵河的景色美丽吗？当然，不过并不特别美，而且并非全程皆美，它如同许多其他河流一样。”他拒不接受法德世仇的绝对化与“神化”，也反对莱茵河的“神化”，即将它奉若神明，对它顶礼膜拜。当人们告别了某一尊神像时，绝不是为了再次跪向另一座神龛。我们学习费弗尔的此种精神时，也不必将这一位史学名家加以神化，何况《莱茵河》一书的确存在某些不足。“整个欧洲没有一条河流能与莱茵河匹敌”和“对于人来说，山的重要之处不在于山顶而在于山口”等看法，显然值得商榷。莱茵河全长1320千米，发源于瑞士东南，流经列支敦士登、奥地利、德国、法国与荷兰，注入北海。多瑙河源于德国西南，流经奥地利、斯洛伐克、匈牙利、克罗地亚、南斯拉夫、保加利亚、罗马尼亚、摩尔多瓦与乌克兰，注入黑海。多瑙河在历史上与现实中的重大意义，应该不是一个争论的问题。俄罗斯帝国与奥斯曼帝国曾为它而长期持戈相向。同时，山顶在自然地理与交通军事上的作用，也是不争的事实，古往今来为了争夺山头的制高点，多少人死伤恐怕难以计数。

在批评实证主义史学的学术活动中，费弗尔和布洛克一同起了主要作用，他抨击"事件史"，主张历史是"综合史"，即为"政治的、经济的、社会的、宗教的、文化的与精神的要素的综合"。众所周知，他的代表作是 1935 年问世的《为历史而战》(*Combats pour l'histoire*)。两次世界大战之间，撰写与发表有关莱茵河著述的还有其他专家，如布洛克于 1933 年 5 月在《经济和社会史年鉴》发表《莱茵河》专文等等。

《莱茵河》不是费弗尔用来与实证主义相抗衡的主要武器，但是毫无疑问，它具有另一种代表性。它在两次大战的炮火间歇期间，面对一系列国家的民族主义复仇的愤怒目光，显示出法国人、欧洲人挣脱传统束缚与放下历史包袱的决心，表明了他们寻求欧洲和平与向往化干戈为玉帛的远见。今日"欧洲联盟"的巨大国际意义，更使费弗尔的莱茵情怀具有难以估量的价值。

在读完《莱茵河》一书时，我们的视线自然而然地从这条河流移开，环顾全球，看到还有多瑙河、尼罗河、尼日尔河、亚马孙河与湄公河等值得关注与研究的河流。进而言之，我们还可以研究波罗的海、地中海、黑海与加勒比海等等。思路的开阔、思考角度的更新、历史束缚的解除，往往能使学习历史与研究历史的人们眼前豁然开朗、耳目为之一新。彼得一世仅仅为俄罗斯打开了“通往欧洲之窗”，我们则完全有可能为自己打开一扇宽阔的“通往世界之门”。

明龙老弟翻译此书为我国史学界做了一项难能可贵的工作。当我们对比《莱茵河》一书的法文版和它的中文译文时，翻译此书之艰难性显而易见。明龙老弟嘱咐我为此书撰写译序，笔者曾于20世纪80年代末在第戎大学历史系执教，与费弗尔相比迟了七十余年，实际上这一篇文字是晚辈学习前辈学者的粗浅心得。

郭华榕

1999年秋于北京大学

目　　录

告读者

莱茵河从来不只是一条河流，它还是政治上、经济上和文化上的争夺对象。吕西安·费弗尔以此为目标撰写了这部史学著作；本书初版于1935年出版，本版是自那时以来的首次再版。费弗尔撰写这部著作时，法国占领着莱茵兰，纳粹主义正在崛起；在这种背景下，他坚决对抗主导舆论，既驳斥“德意志的莱茵河”论，也反对“天然边界”说。当时各种不负责任的宣传口号甚嚣尘上，其中尤以巴雷斯[①]鼓吹的“莱茵河守护神”这个神话为甚，依照他的主张，莱茵河应该并入法国。面对这些宣传口号，费弗尔坚定地捍卫这样的思想：莱茵河是一条纽带，是一条联系各个民族和各种文化的欧洲河流，这一思想在今天看来平淡无奇，在当时却被视为亵渎神圣。

正是由于这种与众不同的看法和当时的历史背景，费弗尔的这部著作于1935年公开出版之后，迄今不曾再版。费弗尔是应阿尔萨斯兴业银行(la Société générale alsacienne de banque)之邀，于1931年写成此书，并以非卖品的方式出版的；1935年公开出版

① 巴雷斯(Maurice Barrès，1862—1923)，法国政治家和作家，曾煽动民族主义，主张对德复仇。——译者(本书所有脚注均为译者所加，下文不再注明。)

前作了补正。此书于1944年出版了德文版。然而，这部由“年鉴派”创始人之一费弗尔撰写的著作值得我们重新研读，因为，它是走在他人前面的真正的法—德历史的典范。

此书的1935年版由阿尔贝·德芒戎[①]和吕西安·费弗尔共同署名，书名为《莱茵河——历史和经济问题》；我们现在从中抽取费弗尔撰写的序言、有关历史的章节和结束语，编成新版。阿尔贝·德芒戎撰写的有关经济现状的那些章节，由于内容已经陈旧而没有被收入本版。有关当年此书产生的经过、它所引起的反响以及历史学界对它的评价，请参阅我们对此书的介绍。

除1935年版正文外，本书收入了费弗尔为1931年版历史部分所写的结束语以及他在1953年就同一主题所写的一篇文章。

如果没有作者的儿子亨利·费弗尔先生的支持和友善的帮助，无论德译版或本版都不可能与读者见面，因此我要向他表示深深的谢意。斯特拉斯堡阿尔萨斯兴业银行的档案员安托万·戈格勒先生、洛桑大学的贝特朗·缪勒先生向我提供了许多信息。最后，巴巴拉·马恩和迈克尔·威尔纳审读了引言，并提出了有益的建议。我谨向他们致谢。

皮特·舍特勒*

1997年2月，巴黎—柏林

① 德芒戎（Albert Demangeon，1872—1940），法国地理学家。

* 皮特·舒特勒（Peter Schöttler，1950—），德国历史学家，曾在柏林自由大学、法国巴黎高等师范大学、维也纳大学任教，在美国普林斯顿大学、法国科研中心当代史研究所等学术机构担任访问学者。——译者

介　绍

吕西安·费弗尔与莱茵河历史的去神话化

皮特·舍特勒

总而言之，倘若法国与德国果真已经把各自历史的总体特征分别镌刻在双连板*的两面，那么，怎么可以不把全部注意力集中在这副双连板的铰链，也就是莱茵河呢？

吕西安·费弗尔①

凡是想要就莱茵河著书立说的历史学家，首先应该驱除头脑中的幽灵。

马克·布洛赫②

河流也有历史。可是，莱茵河与其他河流不同。莱茵河有两部甚至多部历史：一部德国莱茵河史，一部法国莱茵河史，一部瑞

* 双连板(diptyque)，古罗马人的一种记事用具，由中间以铰链相接的两块板组成，可折叠，板面涂蜡，用尖锐物在版面刻字。——译者

① 吕西安·费弗尔档案，"莱茵河卷"，无日期。该档案今存于巴黎"当代版本纪念馆"(Instuitut Mémoire de l'Edition contemporaine)。

② 马克·布洛赫：《莱茵河》，载《经济与社会史年鉴》，1933年第5期，第84页，

士莱茵河史，一部荷兰莱茵河史，甚至还有一部比利时莱茵河史和一部英格兰莱茵河史；至少有一部法德莱茵河史和一部欧洲莱茵河史。每一部莱茵河史都可以用不同的方式讲述，就看你站在哪里，是站在河中央还是站在左岸或是站在右岸；是站在远处还是站在近处；是从内部追随莱茵河的神话或传说，还是以各个城市的编年史和莱茵河沿岸的文字记载为依据。不过，我们还可以看到许多有关莱茵河与莱茵兰土地上的历史争议。吕西安·费弗尔写作这部著作时，法国占领着莱茵兰，德国正处在魏玛共和国危机之中，他试图把从不同角度观察莱茵河的一些观点融合起来，所以，这部著作既是对莱茵河的历史地理学和地理历史学的贡献，也是对于莱茵河两岸的历史学家各自把莱茵河历史据为己有的一种批评。这就是说，它既是一部学术著作，又是一部政治论著。尽管这是一部深思熟虑、落笔谨慎的著作，但它却并不完整，而且具有临时性。可是，正是它的不完善赋予了这部著作以特殊的魅力，时间过去了 60 年，这部著作的力量在这个今非昔比的世界上丝毫不曾稍减。是的，在这 60 年间，无论在事实上抑或在两岸民众彼此相处的方式上，莱茵河都变成了一条“欧洲河流”，而这正是费弗尔当年对莱茵河发自内心深处的称呼。历史研究在许多领域中当然也有了新发现（尤以城市考古学为最）。尽管如此，费弗尔在 30 年代提出的课题依然具有现实意：以一部科学的、对比的、反传统的莱茵兰地区和景观史，取代建立在民族冲突基础上的莱茵河史。

一部应邀撰写之作的故事

在这部版本多、书名也多的讲述莱茵河的著作背后，有着一个错综复杂的故事。费弗尔是应斯特拉斯堡的一家银行之订而写作此书的，而这家银行此前原本打算委托另一位历史学家撰写此书。然而，这部应命之作从许多方面来看，却成了费弗尔的名著之一[③]。

创建于 1881 年的阿尔萨斯兴业银行（la Société générale alsacienne de banque）为庆祝其 50 周年，有意出版一部雄心勃勃的著作[④]。依据总裁勒内·德布里的建议，莱茵河被选定为这部著作的主题[⑤]，藉此将受该银行经济影响的地区[⑥]、围绕着莱茵河的

③ 可惜，至今尚无吕西安·费弗尔（1878—1956）的传记问世，对他的业绩也尚无令人满意的全面分析。费尔南·布罗代尔深刻地勾勒了费弗尔的形象，见《吕西安·费弗尔的存在》，载《当代史概貌—献给吕西安·费弗尔》，1953 年，1 卷，第 1—16 页。在费弗尔最亲密的合作者露西·瓦尔加（Lucie Varga）的传记中，我们也能看到他的某些特点，参见皮特·舍特勒：《露西·瓦尔加—30 年代奥地利的一位年鉴派女史学家》，巴黎，1991。关于费弗尔的著作总览，参见贝特朗·米勒（Bertrand Müller）：《吕西安·费弗尔书目》，巴黎，1999；还可参见汉斯-迪特·曼恩（Hans-Dieter Mann）：《吕西安·费弗尔——一位史学家充满生命力的思想》，巴黎，1971。居伊·马西科（Guy Masscote）：《问题史学—吕西安·费弗尔的方法》，巴黎，1981。

④ 关于这家银行的历史，参见安托万·戈格来（Antoine Gaugler）的文章《阿尔萨斯兴业银行（SOGENAL）》，载《欧洲银行史手册》，欧洲银行史协会（主编），奥尔德肖特，1994，第 290—296 页；还可参见《阿尔萨斯兴业银行，1881—1981》，斯特拉斯堡，1981。

⑤ 这个信息系斯特拉斯堡的阿尔萨斯兴业银行档案室主管安托万·戈格来先生提供。他为笔者提供了大量资料，谨向他致谢。

⑥ 20 世纪 20 年代，阿尔萨斯兴业银行在下列城市设有分支机构：科隆、美因茨、伊达尔—奥伯施泰因、杜塞尔多夫、法兰克福、路德维希港、萨尔布吕克、威斯巴登（所据为 1927 年 5 月《莱茵河评论》杂志的广告夹页）。

争执、莱茵河上的航运，以及自战争*结束以来始终成为政治争论中心的左岸领土问题，一并纳入同一部书中加以探讨。在德国方面，协约国的军事存在和法国为确保获得赔偿而采取的抵押政策，掀起了一阵文宣热潮，并于1925年达到顶点，这一年据说是莱茵兰各国归属帝国的一千周年，为此举行了一系列纪念活动⑦。1927年还出版了一部有关莱茵河航运的纪念性著作；"地理政治学家"卡尔·豪斯霍费尔那部关于莱茵河的多卷本著作从1928年开始出版，莱茵河在书中被视作"生存空间"和"命运"⑧。费弗尔应该给予回应的便是所有这些有关莱茵河的著作。况且，德布里是洛迦诺时期**致力于促进法德关系和缓的大企业家之一⑨，这部纪念性出版物自然应该为阿尔萨斯兴业银行的形象增添光彩，并展示法国方面在莱茵河问题上较为"开放"

* 此处指第一次世界大战，在下文中不再说明。——译者

⑦ 关于此番"为莱茵河而战"(Kampf um den Rgein)，参阅弗兰齐斯卡·魏茵(Fraziska Wein)：《德意志和法兰克王国的河流边界——历史与宣传，1919—1930》，埃森，1992。很可惜，这部新近出版的著作并未完全摆脱民族偏见，所以作者对"防御战"(Abwehrkampf)的狂热一面多少有些轻描淡写，其实这正是当年为纳粹独裁所作的舆论准备。

⑧ 参阅瓦尔特·施密茨(Walter Schmitz)：《莱茵河通航政策五十年》，杜伊斯堡，1927。(在为一篇有关阿尔萨斯兴业银行的文章所写的序言中，费弗尔谈及银行的纪念活动中的出版计划时提及此书；参见《经济与社会史年鉴》，1931年，3期，第366—367页)。卡尔·豪斯霍费尔(Karl Haushofer)：《莱茵河的命运》，三卷本，柏林—格隆瓦尔德，1928—1931(参阅阿尔贝·德芒戎的书评，载《经济与社会史年鉴》1932年，第4期，第616页)。

⑨ 勒内·德布里(René Debris，1881—1955)是法德研究委员会的成员，该委员会由卢森堡企业家埃米尔·迈里希(Emile Mayrisch)创建。参阅费尔南·吕利耶(Fernand L'Huillier)《法德对话，1925—1933》，巴黎，1971。

的看法。

阿尔萨斯兴业银行原本打算委托德布里的好友夏尔·施密特撰写这部著作的历史部分，这位阿尔萨斯历史学家是长期从事莱茵河研究的专家[10]；其余部分则由文学教授费尔南德·巴登斯贝尔格[11]、地理教授阿尔贝·德芒戎[12]和该银行的一位经济学家负责撰写。但是，施密特于1928年升任档案馆和图书馆总监后，因无暇从事写作而不得不退出为莱茵河编书的计划。为了填补这一空缺，他推荐斯特拉斯堡的历史学家吕西安·费弗尔取他而代之。

费弗尔就这样参与到为莱茵河编书的工作中来了。其实，费弗尔的老家并非阿尔萨斯，而是弗郎什—孔泰，他在巴黎接受高等教育，后来在第戎大学教书，直到战争爆发。费弗尔并不精通德文，仅因教学和工作所需略知一二，他到莱茵河彼岸也仅仅寥寥数次（从1921年起，他在隶属于斯特拉斯堡大学的日耳曼研究中心教书，该中心设在美因茨）；不过，德国历史在他的学术研究中占有

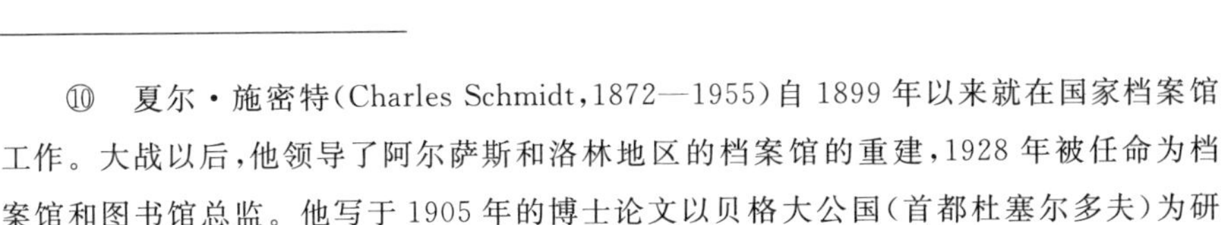

[10] 夏尔·施密特(Charles Schmidt，1872—1955)自1899年以来就在国家档案馆工作。大战以后，他领导了阿尔萨斯和洛林地区的档案馆的重建，1928年被任命为档案馆和图书馆总监。他写于1905年的博士论文以贝格大公国（首都杜塞尔多夫）为研究对象。

[11] 费尔南德·巴登斯贝尔格(Fernand Baldensperger，1781—1958)，阿尔萨斯人，在巴黎索尔邦大学教授比较文学。

[12] 阿尔贝·德芒戎(Albert Demangeon，1872—1940)，在巴黎索尔邦大学教授地理，是《地理学年鉴》的编者之一。他的主要著作所探讨的是法国和欧洲的人类地理学。

重要地位[13]。他的主要研究对象是15世纪的勃艮第和16世纪的哈布斯堡，1928年他出版了专著《路德》[14]；此外，20年代初期，他出版了一部关于地理学、社会学和历史学关系的研究方法专著，在这部书中，他把“莱茵河—边界”作为实例，论述了需要进行深入研究的意识形态神话化问题[15]。费弗尔虽然不是一位严格意义上的莱茵河专家，但他长期以来一直关注莱茵河在法国、德国与欧洲背景下所扮演的历史、政治和地理角色。

费弗尔接受阿尔萨斯兴业银行的委托，把它视为一种专业和知识的挑战。他在1929年2月写给兴业银行董事长的信中说道：

> “莱茵河史”包含着许许多多彼此矛盾的事实和倾向，想用200页的篇幅一股脑儿加以概括，并且寻找到一种观点，藉此理性地厘清一系列包含各种事件、抱负和梦想的名副其实的混沌，同时又不忽略任何基本的东西；这实在是一桩十分吃

⑬ 关于费弗尔与德国及奥地利的关系，参阅皮特·舍特勒《忘却德意志—年鉴派与两次大战之间的德国史》，载汉斯—曼弗雷德·博克(Hans-Manfred Bock)、赖因哈特·迈尔—卡尔库斯(Reinhart Myer-Kalkus)、米歇尔·特雷比奇(Michel Trebitsch)(编)：《从洛迦诺到维希，1930年代法德文化关系》，巴黎，1993，438—461页。露西·瓦尔加(见本文注3)：《年鉴派与20年代和30年代的奥地利》，载《奥地利史学评论》1993年，第4期，第74—99页；《直面纳粹德国的马克·布洛赫和吕西安·费弗尔》，载《创世记》，第6卷，1956年，第21期，第75—95页；《吕西安·费弗尔、路德与德国》，载《法国新教史学会会刊》，1997。

⑭ L. 费弗尔：《马丁·路德，一种命运》，1988(初版1928)。

⑮ L. 费弗尔：《土地与人类演进，地理历史学导论》，巴黎，1970(1922初版)，328页及以下。

> 力、非常困难的差事。也正因为如此，对于一位喜欢进行职业冒险的历史学家来说，却又是一件非常具有吸引力的工作[16]。

商定的酬金为25000法郎，在艰难的经济危机时期，对于一个有着三个孩子的家庭来说，这笔钱颇具诱惑力[17]。

在费弗尔看来，有一点是显而易见的，那就是："法国学者就这样一个题材撰写的书，不能也不应是一部平庸之作；因为，这是一个良心问题。"[18]所以，这部书不能仅仅是多篇文章的简单汇编，而应该有一个总纲，借以把拟定撰写的文章有条不紊地相互连接起来，特别是历史和地理部分。德芒戎是费弗尔的故交(他是费弗尔的妻子苏姗在女子高等师范学校的教师)，两人早就是好友，况且费弗尔对地理学兴趣颇浓[19]，所以他相信，找到一个"共同点"[20]并

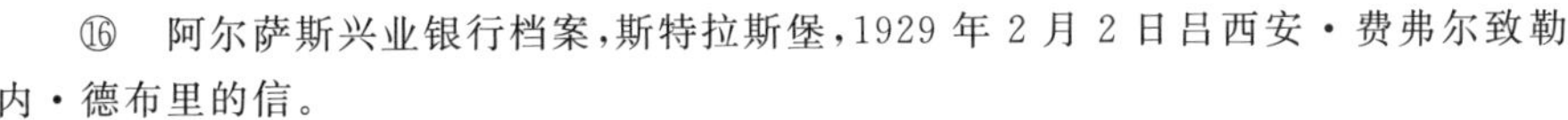

⑯ 阿尔萨斯兴业银行档案，斯特拉斯堡，1929年2月2日吕西安·费弗尔致勒内·德布里的信。

⑰ 费弗尔于1921年结婚，妻子是毕业于女子高等师范学校并获得历史教师资格的苏姗·艾丽斯·多尼翁(Suzanne Alice Dognon)，她熟悉德语和阿尔萨斯语，因而对费弗尔的写作提供了帮助。在1922年到1927年间，他们先后有了三个孩子。

⑱ 阿尔萨斯兴业银行档案，斯特拉斯堡，1929年2月2日吕西安·费弗尔致勒内·德布里的信。

⑲ 我们知道，费弗尔听过保尔·维达尔·德·拉布拉什(Paul Vidal de la Blache)的课，从此有志于地区史研究，撰写了几部关于弗郎什—孔泰的著作。参阅贝特朗·米勒:《吕西安·费弗尔与地区史》，载《弗里堡年鉴》，1990—1991，第59、89—103页。在费弗尔的方法论著作《地球与人类进化》(见本文注15)中，他就迪尔凯姆学派的社会学家对维达尔的批评，阐述了他自己的看法，并阐发了他的跨学科"问题史学"的观念。

⑳ 阿尔萨斯兴业银行档案，斯特拉斯堡，1929年2月2日吕西安·费弗尔致勒内·德布里的信。费弗尔与德芒戎早在战前就已相识，可惜，保存在马扎然图书馆的德芒戎档案不太完整，从中找不到有关撰写《莱茵河》的资料。

不困难。但是,他的乐观随着时间推移而逐渐消散,他们两人写出来的这部书只是一部将地理和历史糅合在一起的著作。

1929年2月,德芒戎向银行提交了提纲草稿,依据这个提纲,这部书将从经济地理学角度来撰写[21]。在他写给吕西安·费弗尔的一封信中,他所表明的也是这个观点:

“1)*各个时期的莱茵河及其航运*:水运流量、内河航运业、河流状况、河流整治,所有这些自然是指顺流而下,直至入海口。莱茵河上的港口。内河航运的交汇点(我说的这些并无先后顺序)。我愿意依照这样的思路撰写。

2)*政治组织和商业中心*(这部分似乎应该由你撰写)。这条大水道的存在如何支配着政治组织?莱茵兰诸国。当然,所有这些也都直到入海口。关于比利时和荷兰有多少事情要说?当然还有法国与德国的关系,甚至还有与瑞士的关系?

财富、交换、商业中心在历史上的形成和发展,巴塞尔、法兰克福、科隆、斯特拉斯堡等地的作用。金融辐射。

3)*莱茵兰诸国的工业*。[阿尔萨斯兴业银行的]博斯先生对我说[22],他对这些问题非常感兴趣。我觉得,这方面有大量的研究工作要做,当前可能主宰着过去。这些莱茵河国家的

---

[21] 阿尔萨斯兴业银行档案,斯特拉斯堡,1929年2月4日德芒戎的信(抄件)。

[22] 见本文注27。

相互联系。煤炭以及不久之后的水力发电将会把这些国家更加紧密地联结在一起。

4)*莱茵河沿岸城市*。之所以有这个想法,是因为觉得虽然既非经济也非历史,但可能相当别致,相当生动;这许多城市逐一予以描述,就像是展示一条街,就它们离不开莱茵河这个角度,让人们看到这些城市的生活。”㉓

我们没有见到费弗尔的复信,不过,鉴于被他称作“德芒戎提纲”㉔的这个提纲,对于莱茵河历史仅仅只是一笔带过,恐怕他很难接受。因为,尽管莱茵河是法国与德国的连接线或者说联结点,可是,这个提纲对于莱茵河的历史问题和政治问题却只字不提。所以,虽然在巴黎和斯特拉斯堡开了几次会,但是,最终还是决定彻底分开,各自执笔撰写,以便让每个撰稿人将自己认定的问题充分展开,完全根据自己的观点撰写。于是,在费弗尔执笔的第一部分中㉕,他采用“问题史学”的手法,提出新问题,采用新视角;而呈现在德芒戎执笔的第二部分中,最终还是一幅传统的莱茵河航运和经济图景。(正因为如此,此次重版时没有把这部分

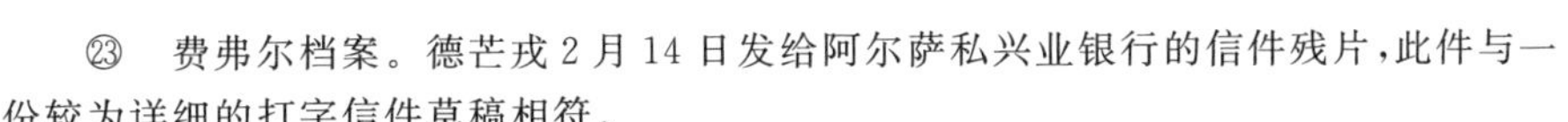

㉓ 费弗尔档案。德芒戎2月14日发给阿尔萨私兴业银行的信件残片,此件与一份较为详细的打字信件草稿相符。

㉔ 费弗尔档案,《莱茵河》卷,无日期。

㉕ 《莱茵河》,阿尔萨斯兴业银行(编),斯特拉斯堡,1931。LXXII+310页,29/35cm开本。此书包括:“前言:阿尔萨斯兴业银行”(无执笔者署名),VII—LXI页;“第一部分:莱茵河的历史问题”,吕西安·费弗尔执笔。第1—155页;“第二部分:莱茵河的经济问题”,德芒戎执笔,第159—307页。

保留在书中[26]）。此外，本应由阿尔弗雷德·博斯撰写的关于经济的那几章[27]，后来没有写成，原定的内容被压缩成一篇无人署名的“序言”，而原本应该阐述文学史的那篇序言则全然付诸阙如。

起初，费弗尔觉得这部著作并不难写，他在 1929 年 6 月的一封信中说自己相当乐观，这部书“不会费多少力，……倒是一个机会，写百十来页让人感兴趣的书”。[28] 1930 年 5 月，阿尔萨斯兴业银行邀请这两位尚未动笔的作者畅游莱茵河（他们的夫人以及银行管理委员会的成员陪同）；整个行程如下[29]：

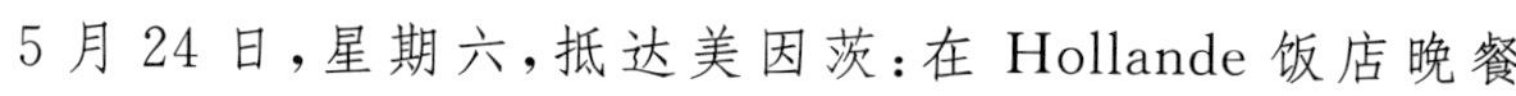

5 月 24 日，星期六，抵达美因茨：在 Hollande 饭店晚餐

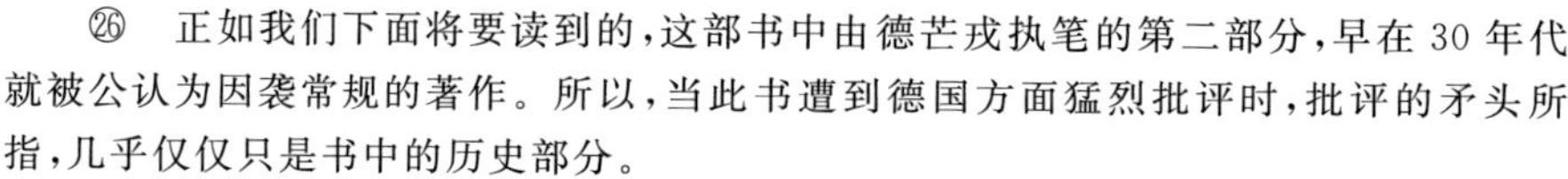

㉖ 正如我们下面将要读到的，这部书中由德芒戎执笔的第二部分，早在 30 年代就被公认为因袭常规的著作。所以，当此书遭到德国方面猛烈批评时，批评的矛头所指，几乎仅仅只是书中的历史部分。

㉗ 阿尔弗雷德·博斯（Alfred Pose，1899—1969），先后担任阿尔萨斯兴业银行斯特拉斯堡分行副总经理和总经理。他曾在卡昂大学担任政治经济学教授。由于他曾是大学教授，况且在斯特拉斯堡的住所与费弗尔相距不远，所以从关于莱茵河的写作计划启动之后，他与费弗尔长期保持着个人交往。他还曾为《经济与社会史年鉴》撰写过一篇关于德国银行业危机的文章（载《经济与社会史年鉴》1932 年，第 4 期，第 150—163 页），并请该杂志的编辑部秘书对该银行的档案进行整理编目（《经济与社会史年鉴》，1931 年，第 3 期，第 366—378 页）。1939 年，他于被任命为法国的第一家国家银行—国家商业和工业银行（Banque nationale pour le commerce et l'industrie）的总经理。关于他此后的职业活动，参阅埃尔韦·库托-贝加里（Hervé Coutau-Bégarie）和克洛德·于昂（Claude Huan）：《达尔朗》，1989，第 657 页及以下。

㉘ 吕西安·费弗尔 1929 年 6 月 2 日致亨利·贝尔（Henri Berr）函（当代版本纪念馆，亨利·贝尔档案）。这通信札不久将要发表在《吕西安·费弗尔—从〈综合评论〉到〈经济与社会年鉴〉—致亨利·贝尔的书信，1911—1954》一书中，此书由吉勒·康达（Gilles Candar）和雅克莉娜·普吕埃-德帕坦（Jacquline Puet-Despatin）（主编），巴黎，1997。

㉙ 吕西安·费弗尔档案，《莱茵河》卷，旅行日程表（附有莱茵河地图一张）。

并过夜。5月25日,8时45分搭 SS Nanny 轮(莱茵河航运总公司[30]的一艘拖船)出发,在船上进早餐和午餐,18时45分抵达科隆(下榻 Exclsior 饭店)20时晚餐。5月26日,9时,在科隆分行举行理事会,其他客人搭大巴士游览市容,并观光杜塞尔多夫,13时,在 Park 饭店进午餐,15时,搭大巴士郊游埃森,游览鲁尔盆地,18时抵达鲁尔奥特 Duisberger 饭店进晚餐并过夜;5月27日,9时,参观港口,11时30分,在 Duisberger 饭店进午餐,13时,搭另一艘法国拖轮继续旅行,18时,抵达奈梅亨,在 Bergendahl 饭店进晚餐并过夜;5月28日,9时出发,15时抵达鹿特丹,参观港口,16时,在 Mass 俱乐部进茶点,18时,旅行结束。

泛舟河中,凝视两岸,悬崖峭壁、古堡和城市,逐一从眼前掠过,一步步走近北海;闻到它的气息,听到它的涛声,看到灰蓝色的"荷兰天空",对于吕西安·费弗尔来说,所有这一切都使他获得了一个崭新的、别具一格的观察角度。后来他在书中不止一次地提到了这次莱茵河之游。日后他与朋友谈及此行时说,那天虽然是个阴天,但并不影响此行的"效果","灰色对于这些地区很合适,若是在明媚的阳光照射下,它们的轮廓可能就会显得不那么自然,灰色简化了它们的轮廓,并赋予它们以宏伟壮观的气势。"[31]壮丽的

[30] 阿尔萨斯兴业银行董事会主席费尔南·赫伦施密特(Fernad Herrenschmidt)也是莱茵河航运总公司的董事长。

[31] 1930年6月1日费弗尔致贝尔信件(当代版本纪念馆,亨利·贝尔档案)。下面的引语也出自此信。

景色和斯特拉斯堡的大亨们丰盛的“金融家筵宴”，只不过是此次河上之游的一个方面，在到达奈梅亨之前，游船一直在一个不久之前还处于军事占领甚至相互争夺的地区内航行。此外，费弗尔在此次航行中访问鲁尔地区，这是他一生中的第一次，也是唯一的一次；“鲁尔南部景色秀丽，风光迷人，北部强盛，但是，埃森显得丑陋，而我们曾经留宿的杜伊斯堡和鲁尔奥特则令人忧虑。”在他的游记摘要中，我们也能读到他这种独具特色的忧虑：

> “这样的一次游历着实给人留下了非常深刻的印象。我实实在在地看到了活生生的莱茵河，看到它如何改变节奏，如何改变空间，看到它如何以不可阻挡之势，激活了若干工业区，这些工业区呈现出世界上所有工业区中最美的景观。然而，在杜塞尔多夫这样的城市中，尤其在杜伊斯堡、鲁尔奥特这类雨后春笋般涌现的城市中，我们强烈地感到，战前的警觉和令人恐惧的狂热心态正在德国重新抬头。因傲慢而生的危险的陶醉状态，难以遏制的滥用实力的企图，就其本身而言，这些其实并不令人十分吃惊，因为，无论哪个民族，倘若同时拥有鲁尔的煤炭、矿藏和莱茵河，能不借助这三大优越条件，创建一个名列全球前茅的工业强国吗？”

在费弗尔看来，威胁战后欧洲秩序的不是“复仇使徒”，而是重新抬头的日耳曼人的傲慢，就如同人们在莱茵兰某些城市中可以看到的那样。一段时间之后，他在写给亨利·皮雷纳的信中表述了他的这种判断：

“我乘船顺流而下，在极佳的条件中走完了从美因茨到鹿特丹的全程，途中上岸游览了鲁尔地区。我在脑海中带回来了一些图像，从历史上来看，这些图像令人十分震惊。就像是一只巫师的酒槽，里面激烈地翻腾着三四个彼此矛盾的德国，它们纠缠在一起，成为一个怪异的、让人无法看懂的混合体，而这个混合体就是德国；然而，这是哪一个德国？从什么地方源源不断地冒出狂热的、觊觎和贪婪的浓烟，这些浓烟将会带来什么，我们再清楚不过了。在阿姆斯特丹，在伦勃朗的画作前，在郁金香和玫瑰遍地盛开的荷兰，我们也许不禁会为自己的杞人之忧发笑；可是，我们不妨严肃地思索一下，荷兰的这种和平在多大程度上是以极端自私为代价取得的。存在于罗森达尔和安特卫普之间的是什么国界；对于历史学家来说，事实提供了什么教训。”㉜

此次旅游结束后，费弗尔方才正式开始写作，此前仅仅做了一些笔记，收集了一些材料。马克·布洛赫也给了他几包带有“《莱茵河》用”字样的材料㉝，他们是同事和朋友，从1929年开始联手编辑出版《经济与社会史年鉴》。1930年1月，费弗尔只知道一件

㉜ 吕西安·费弗尔致亨利·皮雷纳的信函（无日期，或许是1930年7月8日），载布赖斯·莱昂（Bryce Lyon）、玛丽·莱昂（Mary Lyon）（主编）：《“年鉴派”史学的诞生：吕西安·费弗尔和马克·布洛赫致亨利·皮雷纳的信件（1921—1935）》，布鲁塞尔，1991，第126页。

㉝ 在费弗尔的个人档案中（莱茵河卷）有一张布洛赫亲笔写的脚注，其中提及里夏德·科伯纳（Richard Koebner）的《科隆市公社的开端》时写道：“非常好”“用于莱茵河”。

事："无论如何，我不会陷在凡尔登条约、法兰克福条约、凡尔赛条约等等这些没完没了的史实里面。还有别的事情要说，莱茵河比这些条约的价值更高、更重要㉞。"时光匆匆，交稿的时刻日益逼近。这个写作计划要求他广泛而大量地阅读，恰如费弗尔的档案、他的著作以及《莱茵河》第二版所附的参考书目所表明，在1930年夏季和整个1931年，他花费了大量时间进行阅读。与此同时，他还得备课，还得主持问题成堆的《经济与社会史年鉴》的编务工作，有时他不得不用自己的文章和截稿之前匆忙撰写的书评凑够杂志的版面㉟。他从1928年起就试图在巴黎谋到一个教职，因为他再也无法忍受斯特拉斯堡和阿尔萨斯的政治形势㊱。1939年夏季，费弗尔做了一次鼻窦炎手术，同年11月，他与妻子一起遭遇车祸，他的一条手臂骨折，好几个月不能提笔㊲。可是，出版日期不能延后，况且他已经在《经济与社会史年鉴》上就此

㉞ 1930年1月7日费弗尔致亨利·皮雷纳，见于莱昂：《"年鉴派"史学的诞生：吕西安·费弗尔和马克·布洛赫致亨利·皮雷纳的信件(1921—1935)》，第120页。

㉟ 关于费弗尔这一时期的工作情况，参阅贝特朗·米勒：《吕西安·费弗尔书目》(见本文注3)。

㊱ 参见克里斯托夫·夏尔(Christophe Charles)和克里斯蒂娜·德朗格勒(Christine Delangle)：《吕西安·费弗尔在法兰西学院的竞选活动，1929—1932》，载《教育史》，1987，第4、49—69页。还可参阅费弗尔在致皮雷纳的信(见本文注32)中谈及"斯特拉斯堡大火炉"时的哀叹。

关于斯特拉斯堡大学在阿尔萨斯政治争论面前的境况，参阅约翰·E. 克雷格(John E. Craig)：《学术与民族的建立，1870—1939年的斯特拉斯堡大学与阿尔萨斯社会》，芝加哥，1984，第294页及以下。

㊲ 法兰西学院档案，巴黎，费弗尔卷，从1930年11月1日到1931年1月1日的医疗证明。1930年11月10日费弗尔致皮雷纳的信件，见于莱昂的著作(见本文注32)，第129页。

书发了预告[38]。写作必须在一个创纪录的短时间内完成，于是，从费弗尔口里听到的就只有这件令他厌烦的事，不过，他似乎已经不再把它当作一件令人厌烦的事来做了[39]。1931 年 7 月终于交出书稿(晚了四个月)后，还要选插图、改清样。他在致马克·布洛赫的信中写道："哎呀，在莱茵河这件苦差事上，我花了不少时间，花了太多太多的时间。如果德芒戎和我不想让这部书有太多的差错，我们还继续干下去。可是，这无疑是在浪费时间，因为，毕竟这是一件令人厌烦的事……。"[40]

1931 年 11 月月底，这部著作终于问世。这是一部 400 页的对开本，用厚纸印刷，附有许多木刻、图画、照片、地图和城市的平面图[41]。此书尽管是非卖品，印数却高达 1200 册[42]。此外还有一种豪华本，供分赠当地议会议长和其他政治人物之用。1200 册书中的大部分赠送给银行的董事会成员、顾客和合作者[43]。法国设在国外的一些机构把这部书作为致力于法德边境地区经济开发的实证，寄赠给外国的有关单位和个人。为费弗尔和德芒戎分别专

[38] 吕西安·费弗尔:《私人档案与史学》，载《经济与社会史年鉴》，1931 年，第 3 期，第 366 页及以下。

[39] 参阅 1931 年夏季(无日期)和 1931 年 9 月 18 日费弗尔致亨利·皮雷纳的信件，见于莱昂的著作(见本文注 32)，第 126 页、133 页。

[40] 费弗尔致布洛赫的信件(无日期，1931 年 8 月 17 日之后)，载贝特朗·米勒(编):《马克·布洛赫、吕西安·费弗尔与〈经济与社会史年鉴〉》，书信集，1 卷，1928—1933，巴黎，1994，第 285—286 页。

[41] 见本文注 25。

[42] 《经济与社会史年鉴》，1931 年，第 5 期，84 页。据安托万·戈格来(斯特拉斯堡)提供的信息，其中 1000 册为普通本，200 册为布面精装本。

[43] 阿尔萨斯兴业银行档案，斯特拉斯堡，11 册豪华本的分发名单。

门制作的抽印本，是两部各自完全独立的著作[44]。对于此书的需求很旺盛，况且书的主题颇具爆炸性，有关方面于是很快就考虑以另一种方式重新出版，以便在书店公开销售。巴黎的阿尔芒·科林(Armand Colin)出版社准备揽下这笔业务。费弗尔和布洛赫的《经济与社会史年鉴》早已在这家出版社出版，德芒戎与他人合作主编的《地理学年鉴》也在这家出版社出版。1932年4月，阿尔萨斯兴业银行正式表示同意[45]。费弗尔在当年夏季重拾这项"令人厌烦的莱茵河"活计。他在写给布洛赫的一封信中表示，要从头到尾仔仔细细地重读这部限期完成的著作。

> "我正在重新整理《莱茵河》，设法把费弗尔和德芒戎融合得略微好一些。这项工作实在令人厌倦，比表面所看到的更难，至少更棘手。我不能请德芒戎来干，这不是他的专长，如果听他的意见，那就干脆原样再版……但是，我写的那部分不能原样再版。因为，依照兴业银行的要求，我心甘情愿地截长就短，有时甚至戛然而止。关于法国与莱茵河，几乎什么都没说，其实这是一个无边无际的大题目。对于莱茵河边界如何再度燃起了仇恨与狂热，我几乎什么都没有说。所以，这一切都必须重写。照看孩子们占了我许多时间，我要把好不容易挤出来的空余时间，用来做这件事。……"[46]

---

[44] 由于这些抽印本上没有相关说明，所以在某些图书馆和某些有关莱茵河的书目中，登录时发生了一些错误。例如魏茵(见本文注7)就把一册抽印本当作完整的版本，题作吕西安·费弗尔《莱茵河问题》，并大大提前了此书的出版日期(见魏茵的著作第63页)。设在波恩的莱茵河国家地区历史研究图书馆藏有一册抽印本。

[45] 据安托万·戈格来(斯特拉斯堡)提供的信息。

[46] 1932年7月28日费弗尔致布洛赫的信件，国家档案馆，马克·布洛赫卷。

写作计划一拖再拖，旷日持久。费弗尔新写了一篇序言和一篇结语。首版中的两篇完全分开的“结语”都被删掉[47]。费弗尔除了逐句修改书稿，还补写了一章“一条边界是如何形成和消失的”，开列了一个带有评语的参考书目[48]。修改后的书稿于1933年秋交到出版社，1934年3月印制，又等了将近一年，1935年1月方才出版，书名改为《莱茵河，历史与经济问题》[49]。

这部著作出版过程中不同寻常的拖沓，原因何在？由于缺乏档案材料，我们只能作一些推测。无论如何，这部著作出版时，政治形势毕竟已经在截然不同：纳粹已经上台执政，1935年1月13日举行的萨尔州的全民公决，无疑是第三帝国的一次胜利，莱茵兰地区的重新军事化只不过是一个时间问题。在此期间，因《经济与社会史年鉴》的出版事宜，费弗尔与阿尔芒·科林书局相处得很不开心。他认为，《莱茵河》迟迟不能出版的责任显然是在出版方，他们不但不同意添加插图，而且拒绝依照作者的意愿修改版面。双

---

[47] 费弗尔为1931年版所写的“结语”被作为附录收入本书。

[48] 鉴于显然不可能把他所作的全部修改一一列出，因而只能简略地说明几点。他修改了许多章节的标题，删掉了若干节，尤其在第三章中调整了某几节的位置。总之，无论从内容或是文笔来看，全文都显得更加紧凑。一些过于夸张的比喻被删掉了。不过，有些段落中比较有意思的说法和书目提示也被删掉了。比如，在关于莱茵河沿岸城市那部分中，费弗尔原来要求读者参阅古斯塔夫·施莫勒（Gustav Schmoller）和卡尔·布赫尔（Karl Bücher）所撰写的“值得称道”的著作，在他看来，他们的著作“令人钦羡”（旧版第122页）。不妨这样说，1931年版偏重政治性，以法国公众为主要读者，1935年新版对这部著作的学术方面有所加强。

[49] 德芒戎、费弗尔：《莱茵河，历史与经济问题》，巴黎，阿尔芒·科林书局，1935，第340页，16图和表，开本14×23cm。此书题献给阿尔萨斯商会会长和阿尔萨斯兴业银行董事会主席费尔南·赫伦施密特以及兴业银行总经理勒内·德布里，没有他们的支持，“不可能……有这部书”。

方的争执大概致使出版方出现了障碍。费弗尔在1934年3月的一封信中对布洛赫说：

“莱茵河……。书稿已经交到阿尔芒·科林书局，即将开始印制。我之所以未曾与你谈及此事，是因为这个话题令人不快。我为枯燥无味的改稿耗费了许多时间。德芒戎让我做这件事，我为此而受宠若惊。可是我觉得，他无论如何也应该助我一臂之力才是！很显然，此事当初若由他来做，肯定不如我做得好。然而，要把我们两人写的东西捏合在一起，实在是一副很重的担子。况且，科林书局的那些人依然像是一群白痴。考虑到插图得当的书籍容易销售，我希望添加一些图和表。可是，除了原有的那两三幅可怜的地图，他们什么都不愿意添加，甚至流着眼泪要我减少插图。这是一家可恶的出版社，我尝到了苦头，十分后悔，当初真不应该委托它出书。”[50]

一年以后，书刚刚出版不久，费弗尔依然十分懊恼：

“你大概已经收到我那本一拖再拖的书了。科林书局的那些人终于决定放它出笼。你大概以为我很高兴，其实，我一点也高兴不起来。……他们的吝啬和愚蠢实在太离谱了。”[51]

---

[50] 1934年3月费弗尔致布洛赫的信件。国家档案馆，马克·布洛赫卷。
[51] 1934年3月费弗尔致布洛赫的信件。国家档案馆，马克·布洛赫卷。

不过，尽管事先对困难估计不足，如今终于完成了这项写作计划，费弗尔毕竟松了一口气。第一版和第二版都受到热烈好评，辛苦总算有了回报。费弗尔终于被选入法兰西学院，此事与1931年的《莱茵河》（当然是指第一版）以及此前的《路德》和他的其它著作肯定不无关系，此次当选使他得以离开已经令他厌恶的斯特拉斯堡。在法兰西学院的第一堂课上，他不无自豪地谈到他的莱茵河研究以及他的批判性视角[52]。他把一部应景之作、一部“令人厌烦”之作，变成了一部品位完全不同的作品。那么究竟这是一部什么类型的著作？是科学分析，抑或是政治评论？与其匆匆给予回答，莫如回首审视一下费弗尔写作此书时的政治形势。因为，那时的莱茵河并不是一个怎么谈都可以的话题。

《为莱茵河而战》

在20年代，这句话凝聚着一个爆炸性的政治问题。协约国军队以暂时的名义占领着莱茵河左岸的全部土地和若干桥头堡。以美因茨为基地的法国军事管理当局，在这个机构建立之初就毫不隐讳地主张，将德国的这些领土与它的其余部分分割开来，或者至少建立一个莱茵兰自治共和国作为非军事化的缓冲国；很显然，在它们看来，这个主张不但是合理的，而且是人们所期待的。法国收

[52] 费弗尔：《从1892到1993，一种史学和一位史学家的良心审视》，载费弗尔《为历史而战》，巴黎，1953，第9页以及以下。参阅本书第52页及以下。

复阿尔萨斯—洛林并返回莱茵河，原本就是战争的主要目标之一。出于战略和经济考虑，法国部分公众舆论要求并吞普鲁士原莱茵河州的一部分，特别是萨尔地区，此外，舆论还主张长期占领莱茵河整个左岸。人们认为，这是迫使德国支付战争赔偿、阻止德国军事复仇的唯一有效手段[53]。某些论据和历史上的某些类似事件常常被用来说明这些目标的正当性；有人说，法兰西共和国曾经再度遭受普鲁士王国的攻击，而如今法国正在莱茵河上重建民主自由（如同 1792 年大革命战争期间那样）[54]。1814—1815 年间不期然地落入普鲁士手中的莱茵兰，第二次意识到获得了确认自己的“西方”身份的机会，第二次有机会以“守护神”（这是巴雷斯撰写的一部书名）身份组成一个法德各占一半的中间地区[55]。然而，在两极化的意识形态逻辑中，这个为法国方面所热烈期待的第三种莱茵兰地位，很难被论证为合情合理。自从古代和罗马帝国的边界确立以来，对于德国来说，宿敌是法国，对于法国人来说，宿敌是德国；这种观念自 19 世纪以来就深深植根于莱茵河两岸。法国人认

---

[53] 参阅皮埃尔·米盖尔（Pierre Miquel）：《凡尔赛和约与法国公众舆论》，巴黎，1972，第 281—418 页；乔治·苏图（Georges Soutou）：《法国与东进，1914—1919》，载《历史评论》1978，第 341—388 页。有关史学家的论述，参阅维尔纳·克恩（Werner Kern）：《第一次世界大战期间法国历史—政治文献中关于莱茵河的理论》，萨尔布吕肯，1973；雅克·费尔尼克（Jacques Fernique）：《战斗中的史学，大战中的法国史学家》，斯特拉斯堡第二大学硕士论文，1985（未版本）。

[54] 详见弗兰齐斯卡·魏茵的近作（见本文注 7），观点比较陈旧的则有克恩（见本文注 53），迪特·斯托尔维克（Dieter Stollwerck）：《路易十四对莱茵河边界问题的思考》，慕尼黑，1972。

[55] 莫里斯·巴莱斯（Maurice Barrès）：《东方堡垒，莱茵河的守护神》，巴黎，1921，第 9 页；参阅恩斯特·贝尔特拉姆（Ernest Bertram）：《莱茵河的守护神》，波恩，1922。此书作为德国方面对于同一问题的看法，是对巴莱斯的回应。

为莱茵河是法国(防御日耳曼"蛮族")的"天然边界",德国人则认为莱茵河是"德国的河流";在这个问题上,人人都阵营分明,非此即彼[56]。

在这场"为莱茵河而战"的战斗中,历史学家和地理学家扮演了思想供应者的角色。法国和德国的大学教授们显然从中发现了一种参与政治争斗的方式。在第一次世界大战中,许多法国大学教授表达了让"法国回归莱茵河"的愿望,并以他们的著作为此作了准备,诸如埃内斯特·巴伯隆(Ernest Babelon)的《历史上的莱茵河》、卡米耶·朱利安(Camille Jullian)的《高卢的莱茵河》、菲利普·萨尼亚克(Philippe Sagnac)的《大革命和帝国时期的法国莱茵河》[57];此外,法国政府还成立了一个起初并不公开的研究委员会,负责编制一个有科学依据的追索清单,供未来谈判时使用。这个由一批专家组成的委员会所起草的文件(陈述、讨论、地图),对

[56] 有关法德敌对的精妙分析,参阅米夏埃尔·耶斯曼(Michael Jeismann):《祖国的敌人,1792—1918 年间法德两国的敌我概念研究》,斯图加特,1992,法译本即将出版。关于莱茵河的神话,参阅约伊斯特·格罗尔(Joist Grolle)、英格博格·格罗尔(Ingeborg Grolle):《莱茵河宝藏》,关于政治神话的历史,见恩斯特·舒林(Ernest Schulin)(主编):《欧洲史研究:关于马丁·戈林的回忆》,威斯巴登,1968,第 214—238 页;乌特茨·耶格尔(Utz Jeggle):《分还是合,莱茵河为何如此美丽?》载《社会学通讯》1991,第 20、179—185 页。

[57] 详情及更多具有证明力的文献,见克恩的著作(见本文注 53)。关于费弗尔在这场火药味极其浓烈的论战中的地位,参阅笔者的文章《德国对第一次世界大战期间及战后的史学研究在法国引起的反应》,载迪特尔·贝尔格(Dieter Berg)、奥托·杰哈德·厄克特尔(Otto Gerhard Oextle):《德国和法国对 19 世纪的认识和及其图景》,波鸿,1997(尚未出版)。关于法国知识界在第一次世界大战期间的动员,参阅塞尔吉奥·鲁札托(Sergio Luzzato):《血的税赋:法国左翼在第一次世界大战中经受的考验,1900—1945》,里昂,1996,第 17 页及以下。

于法国方面有关阿尔萨斯—洛林、萨尔、卢森堡，尤其是莱茵河沿岸国家问题的研究，作了相当清晰的概括[58]。研究委员会的所有成员都要求德国方面修改1871年条约，支付赔款并提供军事保证。不过，除了一位将军以外，研究委员会的其它所有成员都认为，从政治上看，最终兼并莱茵河左岸并不是一个值得期待的解决方案。毋庸置疑，在莱茵兰地区的某些民众内部，存在着一些亲法的情感，可是，这种情感远远不足以用来出于纯军事战略的考虑，把法国国籍强加给占该地区大多数的德国人。例如，历史学家乔治·塞诺博斯就力主放弃传统的兼并主张，转而采取为国际法所承认的建立在合法条约基础之上的"新方法"，哪怕如他所说，这样做的结果会导致放弃某些军事优势[59]。除了收回阿尔萨斯—洛林，他只要求取得财政赔偿（例如萨尔矿区）、支付赔偿的保障（经由军事占领）以及防止再次侵略的保护措施。所有这一切都不涉及边界线的挪动问题，而只是采取一些政治措施，诸如解除和解散德国军队的武装、创设强制性的国际仲裁机构等。这种温和的立场旨在促使一个"没有霍恩索伦和容克"的德国朝民主发展，可是，并非人人都赞同这一主张[60]。除了那些怀有自由主义思想的学者，来势凶猛的支持兼并的宣传显然占有明显的优势，例如，颇有

---

[58] 《研究委员会文集》，1卷：阿尔萨斯—洛林与东北边界，巴黎，1918；2卷：欧洲问题，巴黎，1919。

[59] 《研究委员会文集》，1卷，第448页。

[60] 《研究委员会文集》，1卷，第452页。该委员会主席厄内斯特·拉维斯（Ernest Lavisse）支持塞诺博斯。其实，我们不应该把这个委员会的意见视为陈词滥调，认为它与所谓的"法国人有关莱茵河的言论"毫无二致；可是很遗憾，克恩在他的著作（见本文注53）中低估了这个委员会的重要性（该书第294页）。

影响力的“莱茵河左岸委员会”的领导人、历史学家爱德华·德里奥就以《没有莱茵河屏障就没有持久和平》作为他的一本小册子的书名[61]。最终,考虑到凡尔赛谈判期间以及战后的实力对比,包括福煦*在内的多数派的希望没有得到满足。人们从此为日常生活和捉摸不定的前景而忧心忡忡,随着1923年法国占领鲁尔,这种担忧终于达于顶点,并在两个阵营中造成了许多苦涩。[62]

有关莱茵河的出版物所起的作用,战前在德国比在法国小。德国战败及其后果促使这种情况发生了逆转。法国占领者在报章杂志上使用各种论据(法国在这方面拥有非常优秀的作者,例如前面提及的夏尔·施密特[63])德国方面也着手动员历史学家[64],发表了不少专著和小册子,出版了许多文集和期刊[65]。这些出版物通

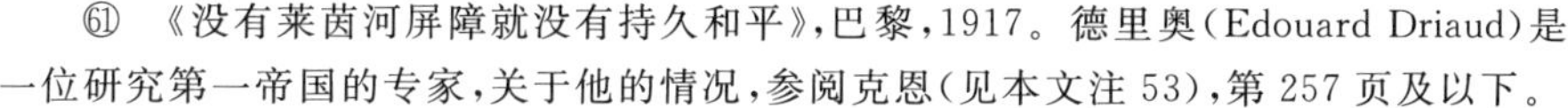

[61] 《没有莱茵河屏障就没有持久和平》,巴黎,1917。德里奥(Edouard Driaud)是一位研究第一帝国的专家,关于他的情况,参阅克恩(见本文注53),第257页及以下。

* 福煦(Ferdinand Foch,1851—1929),法国元帅,第一次世界大战中曾任协约国军总司令。—译者

[62] 很遗憾,直至今日,法国占领莱茵河沿岸国家一事尚未成为用以分析人民的日常生活和情感的研究史学课题。参阅克劳斯·赖默尔(Klaus Reimer):《莱茵兰问题和莱茵兰运动,1918—1933》,美因河畔法兰克福,1979;马丁·聚斯(Martin Süss):《法国占领下的莱茵兰,从1918年11月的停战到1926年2月的分离主义骚乱》,斯图加特,1988;格哈尔德·格拉勃(Gerhard Gräber)、马蒂亚斯·斯宾德尔(Mathias Spinder):《普法尔茨地区及其分离主义》,兰道,1992。

[63] 施密特在《莱茵河评论》等刊物上发表了许多文章,《莱茵河评论》是法国高级专员署的出版物。参阅英格丽德·福斯(Ingrid Voss)、于尔根·福斯(Jürgen Voss):《〈莱茵河评论〉是法国在莱茵兰的文化政治工具,1920—1930》,载《文化史档案》,1982,第64、403—451页。

[64] 参阅魏茵(见本文注7),第90页及以下。

[65] 参阅格奥尔格·赖斯米勒(Georg Reissmüller)和约瑟夫·霍夫曼(Josef Hofmann)编辑的书目《十年莱茵兰运动,包括萨尔和奥伊特—马尔梅迪在内的莱茵河西岸问题资料汇编》,布雷斯劳,1929。

常只是用来反击对方的反宣传，几乎不考虑己方提出的论据能否为对方接受。甚至可以说，“为莱茵河而战”首先是用来为莱茵兰地区人民的动员和自我肯定服务的，德国人当中的民族主义者和各种各样敌视法国的人，对莱茵兰地区的这些民众大概并无十足把握。随着莱茵兰归属德意志帝国一千周年的庆祝活动的展开，“为莱茵河而战”达到了高潮。尽管这些书都是为了“保卫莱茵兰”而撰写，不过，其中倒也有几部颇有价值的著作，为莱茵兰历史研究开辟了新的途径。1920 年创设于波恩的莱茵兰地区史研究所，成为一个新的莱茵兰历史研究中心[66]。自 1818 年创建波恩大学以来，波恩历史学家们大力主张在莱茵兰地区意识和国家参与之间作出妥协，海因里希・冯・聚贝尔(Heinrich von Sybel)、卡尔・兰普雷希特(Karl Lamprecht)、阿洛伊斯・舒尔特等人的著作都为此提供了明证[67]。新成立的研究所由文化部和被占领土部提供资金。这个研究所明确地以法国的同类著作和同类机构(这个说法显然夸大其词，因为法国只有一个设在南锡的法国东部讲座以及为数不多的几种著作)为关注对象，负责将支持莱茵兰祖国(Heimat)的研究和宣传引入各个大学。这个研究所还负责进行深度研究，并经由授课和研讨会传授给各个市政府属下的教师和档案管理员。可是，令人颇感意外的是，由历史学家赫尔曼・奥宾

[66] 关于这个研究所的创设，参阅柏林—达赫莱姆普鲁士档案馆，NW5，604 号，以及埃迪特・艾能(Edith Ennen)：《赫尔曼・奥宾与莱茵兰土地改良史》，载《莱茵季刊》，1970，第 34、9—42 页。

[67] 参阅博奈尔・格莱赫尔特(Bonner Gelehrte)的书目研究，见《史学著作—波恩学者的历史学论文集》，波恩，1068；阿洛伊斯・舒尔特(Aloys Schulte)以其出版于 1918 年《法国与莱茵河左岸》(法译本，1918，洛桑)，支持了该研究所的初期工作。

和语言学家特奥多尔·弗林斯领导的这个研究所，却致力于把多种人文科学纳入自己的研究范围，尤其是历史学、语言学、地理学、民族学、考古学和艺术史。

这种新的工作方法很快就产生了成果，1922年出版了两卷本的第一部跨学科的莱茵兰史，四年以后，又几乎同时出版了三部著作。这些著作因开辟了新领域而具有划时代的意义，其中包括《莱茵兰小型历史地图》、弗兰茨·施泰因巴赫研究法兰克时期民族和语言边界的著作，以及一部集体著作《莱茵兰的文化潮流和文化省—历史、语言和民俗》，作者是奥宾、弗林斯以及民族学家约瑟夫·米勒[68]。

这部集体著作是在多方调查的基础上写成的，其中包括土地占有史、方言地理分布、农民习俗等等（调查成果往往用地图显示）；此书试图借助历时性方法揭示：作为在中世纪早期就已固定下来的"文化空间"，莱茵兰具有日耳曼（因而也就是德意志……）特征。但是，这些研究成果来自许多不同学科，相互之间实际上并无多少真实的联系，从整体上看，这是一种外人不易明白的实验，旨在测试"综合日耳曼文化形态学"[69]的基本概念。可是，这部著

[68] 赫尔曼·奥宾（Hermann Aubin）等：《莱茵兰早期和近代历史》，2卷本，埃森，1922；赫尔曼·奥宾等：《袖珍莱茵兰历史地图》，波恩，1926（修订版改名为《袖珍莱茵兰德国领土历史地图，中世纪和近代》，科隆，1950）；弗兰茨·施泰因巴赫（Franz Steinbach）：《西德意志部族和民族史研究》，耶纳，1926（再版，达姆施塔特，1962）。赫尔曼·奥宾、特奥多尔·弗林斯（Theodor Frings）、约瑟夫·米勒（Josef Müller）：《莱茵兰的河流文化与州文化—历史、语言和民俗》，波恩，1926（1966年再版，达姆施塔特）。这部著作如今常被当作年鉴派史学的先行者，有关评论参阅皮特·舒特勒：《"年鉴派范型"与德国史学（1929—1939），德国科学向法国的转移？》，载《近代史学史杂志》，1993，第14、43—65页。

[69] 奥宾、弗林斯、米勒（见本文注68），第27页。

作却以这种临时形式出版,或许是奥宾于1925年离开了波恩大学使然。不过,此书有一点可能令人惊奇,那就是全书没有任何对于政治形势的直接展望。当然,在这种氛围下,这是多余之举,因为这三位作者以及他们的学生已经在别处清楚地表明了他们的政治理念,在莱茵兰的报刊上,在波恩的莱茵兰地区史研究所的学者们合著的各种面向大众的文集中,以及在整个莱茵兰地区举行的千年纪念的节日活动中,这次纪念活动就像是一次反法狂欢节[70]。十年后纳粹政权就萨尔问题举行的全民公决,又一次成为规模宏大的历史性的宣传活动,波恩的学者们也以他们的著作和图集参与了这次活动[71]。

这批历史学家加紧进行的这些地区史研究,后来逐渐成为一种具有某些新意的研究方法,他们后来也被称作“波恩学派”,他们的全部研究工作对于我们了解费弗尔这部著作的历史氛围非常重要。费弗尔首先对一些广为流传的陈词滥调作了一番议论,然后才评论他的德国同事们的各种论据。可是,由于这些新的研究很

---

⑦⓪ 参阅阿洛伊斯·舒尔特(Aloys Schulte)(主编):《一千年的德意志历史和莱茵河的德意志文化》,杜塞尔多夫,1925;弗兰茨·施泰因巴赫:《莱茵河历史的命运问题》,斯图加特,1925,第107—108页。此外还可参阅魏茵的著作(本文注7)。

⑦① 参阅马丁·赫罗德(Martin Helord)、约瑟夫·尼森(Josef Nissen)、弗兰茨·施泰因巴赫:《法国的萨尔政策史》波恩,1934;赫尔曼·奥维尔贝克(Hermann Overbeck)、格奥尔格·威廉·桑特(Georg Wilhelm Sante)与赫尔曼·奥宾、奥托·毛尔(Otto Maull)、弗兰茨·施泰因巴赫(主编):《萨尔地图集》,哥达,1934。关于波恩学派在纳粹时期的情况,参阅卡伦·舍恩瓦尔德(Karen Schöwälder):《历史与政治,德国纳粹主义史研究》,法兰克福,纽约,1922,第38页及以下;还可参阅笔者即将发表的文章《西方的‘防御战’和‘领土防卫’研究史》,载皮特·舒特勒(主编):《合法化研究史,1918—1945》,法兰克福,1997。

快被用于宣传目的,双方的研究擦肩而过,并没有实质性的交锋,何况有些德国教授以个人身份参加了所谓的“边界与民族之争”。从法国方面看,这个所谓的“边界与民族之争”便无非是一种固执的既定意愿的延伸而已,其结果便是走向世界大战。

毫无疑问,费弗尔对于大多数有关莱茵河的德国著作比较了解,尤其是波恩那个研究所的研究成果。在费弗尔所著的书中,他虽然几乎没有提及上述德国著述者的任何一本书和任何一位作者的名字,但是,奥宾的那部袖珍本地图集却先后三度被引用[72]。波恩学派的其它著作则被列在参考书目中。费弗尔对德国人的这些研究颇感兴趣,这一点可以从他所写的书评中看出;1929年,他对奥宾的袖珍地图集作了正面的详尽介绍,不久之后,他又就《阿尔萨斯—洛林地图集》以及波恩学派的学者所编的《萨尔地图集》写了书评[73]。施泰因巴赫等人的其它著作则由马克・布洛赫作评,刊登在篇幅宏大的《历史学报》的中世纪德意志专刊上[74]。我们不妨作这样的推测:费弗尔多半知道此书,而且向他某位同事借阅过。他在接受阿尔萨斯兴业银行的委托后着手《莱茵河》的写作进行准备时,对于围绕着莱茵问题的种种政治喧嚣,以及法德双方在这个问题上时而直截了当、时而若明若暗的说法,肯定(由于在美因茨教书)而了然于胸。他所要做的就是与

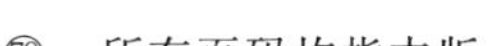

[72] 所有页码均指本版。

[73] 参阅吕西安・费弗尔:《历史地理和政治地理学近著》,在《历史与文学评论》96,1929,第401—408页,后收入其《为完整的历史而努力》,巴黎,1962,第130—138页。

[74] 参阅《历史学报》,158卷,1928,第137页;《历史学报》,163卷,1930,第366页及以下。

此类喧嚣和说法保持距离，把他自己对于“莱茵河远景”的想法诉诸笔端。

批判莱茵河神话

翻开第一页就可发现，费弗尔想要做的不是撰写一部详尽的“莱茵河史”，而是评述一些“问题”，其中有些因历史纠葛而成为现实问题，有的则恰恰相反，因现实问题而追溯以往的历史。面对莱茵兰各种引人瞩目的事件，作为一位历史学家，他把自己的责任作了简明扼要的概括：

“他们读着书，倾听着隆隆之声，今日的隆隆之声或是淹没或是增强了往昔的不协和之声。他们试图作出努力，以超脱的姿态，勇敢地从大量相互矛盾的事实和解释中，对莱茵河在以往各个时代中的作用、价值和意义，梳理出一个全面性的看法来。”(1935 年版序言)

因此之故，前景就发生了双重变化：

“刚才谈到应该加以引导，是否可以说这件并不轻松的差使，意味着要完成两项任务呢？一项是破坏性的，即消除所谓的命运幻影；另一件是建设性的，那就是告诉大家：在莱茵河的历史中，除了用来编织不和与冲突的那些事实和事件之外，还有另外一些截然不同的事实和事件。”(1935 年版序言)

与这项"破坏性"的和"建设性"的、政治的和科学的任务相对应的,是费弗尔为第二版所选定的副标题"神话与现实",以及在序言中所申述的长期目标:

> "为驱散孕育着灾祸的乌云(费弗尔写下这句话是在1932—1933年间!),为摧毁地方主义的战争和仇恨的历史,代之以和平交流和团结的历史作出贡献。"(1935年版序言)

这就是说,这部书能"以追求客观知识为唯一关注,撰写一部莱茵河的人类史"作出贡献。(1935年版序言)

可是,如何撰写一部"截然不同"的莱茵河史呢?首先,必须把传统史学所崇拜的偶像打翻在地。费弗尔为此而采取的措施在第一版中至为明显。1931年版的第一章第一节就开宗明义地阐明了下述原则:

> "倒霉的国务活动家、目光敏锐的实验主义者弗兰西斯·培根在他的《大著作》(*Instauratio Magma*)开篇处,揭示了误导人的判断,将幻觉植入精神与现实之间,从而造成幻想的四个主要来源。笔者以他为榜样,在进入莱茵河湍急的水流之前,就毫不迟疑地在本书开篇处,列出数百年来用妖术冲击莱茵河河岸的那些偶像的名单。幸好这个名单不算很长[75]。"

---

[75] 阿尔萨斯兴业银行(编):《莱茵河》(参见本文注25),第7页。在下文中,这个版本被称作第一版。

费弗尔在修订此书时，删去了开篇处的这几句话（或许是因为说教气味过重）以及培根有关偶像的说法。应该打翻在地的偶像有四个，与此相应的章节也是四个，如今只留下了三个章节。可是，偶像依然如故，它们是：所谓地理"自然边界"的决定主义；把短头型人和长头型人截然对立起来的所谓科学的种族主义；所谓的凯尔特人与日耳曼人的对抗。最后他谈到了"王朝偶像"，他在第一版中曾说过，王朝偶像是特意制造出来的，为的是"让坐在厚厚一摞故纸堆上……心满意足地俯视着往昔那些年月的历史学家们犯晕，在这些历史学家看来，这许多世纪的历史虽然喧嚣嘈杂，却并无意外，因为，从 843 年的凡尔登和约通向 1917 年的凡尔登之役，是一条笔直的直线[76]。"

在这部书的两个版本中，从头到尾都有一些批评的段落和言辞尖锐的讥讽，矛头所指，既是德国人心头也是法国人心头如下挥之不去的梦魇：那就是从"自然边界"的神话到莱茵兰自治共和国的幻想；人们以为，莱茵兰人不会成为普鲁士人，相反，他们将会为一个在法国保护下的莱茵兰自治共和国而欢欣鼓舞。当费弗尔出发投入战斗，反对双方阵营中的民族主义者歪曲历史的行径时，他无比振奋，激情满腔，这些民族主义者借古喻今，不但为政治侵略搜罗正当的理由，而且阻挠并摧毁同一个边境空间内部近邻之间的长期关系。所以说，法德最广义的谅解的政治计划能否取得成功，关键取决于能否超越从"凡尔登"到"凡尔登"之类的（反）历史投射。

---

[76] 《莱茵河》第一版，第 41 页。

费弗尔选取了孟德斯鸠的一段名言作为卷首的题词：

> “把当代所有的概念统统放置到遥远的已逝年代中去理解，谬误之源即在于此，后果之严重莫过于此。”（“序言”）[77]

费弗尔认为，此类时代错置现象在职业历史学家中流传甚广，尤其在危机时期。他就此写道：

> 出于精神的自然作用，历史学家们把新近的过去和眼下的现今统统投射到往昔的数百年中去。他们天真地以为，今天所看的悲剧古已有之，而且永无终结之日。原本是一部人道的交换、借贷、智力交流、宗教和艺术（暂且不深入到经济事务中去）的历史，历史学家们却往往情不自禁地竭尽全力回顾往昔，竟然把它变成了一部充满着谋杀和战争的非人道的历史。更有甚者，他们恣意地压在莱茵河历史背上的东西，就是那个沉重得令人窒息的宿命论包袱，它让人的意志屈从于一种既盲目又目的明确的命运。（序）

在这里，问题不只是一种心理方面的批评。费弗尔所观察到的是历史学家的思想方法和占据主导地位的治史方法之间的关

[77] 关于对这句题词的理解，请参阅茹里安（编）：《19 世纪史学家著作摘要》，第 CXXVI 页。费弗尔当然非常熟悉这部著作，这是 19 世纪与 20 世纪之交历史系学生的必读书。对于孟德斯鸠哲学思想的最新解析，请参阅路易・阿尔都塞《孟德斯鸠》一书，他也将孟氏的这句话选作此书的题词。（巴黎，1959，第 5 页）

联。“没完没了的政治—外交史”是一种完全不考虑社会、经济和文化条件，眼中只有君王、战争和外交阴谋的史学，他从不放过批判这种史学的机会。这种史学对于在政治上恶化和扭曲欧洲史尤其是法德关系史，起到了推波助澜的作用。一些(不良)外交家“只愿看到政治—外交人这个抽象而又抽象的东西，所以只能在普世人这个永远无法被认知的东西中寻找现实。”

相反，费弗尔关心“充满生机和活力的人民”，关心实实在在的人，无论在盛世或是危世，他们都生活在某个特定的地区，劳动、祈祷、相爱、相恨，适应着自然和社会环境，同时也改造着自然和社会环境。这部著作的基本命题之一就是要说明，莱茵河不是大自然的造化，而是人类历史的产物。人固然要力求自己适应莱茵河，莱茵河也不应被设想为数千年来丝毫未受人类干预的一条河流。所以，凭空想象某个地方或某个“人种”的初始状态是徒劳无益的。恰恰相反，每个时代和每个社会都应该对这条河流的作用作出新的分析。

这正是费弗尔试图用粗线条加以勾勒的东西，为此，他先后逐一研究了罗马文明和日耳曼文明的综合体，以及莱茵河两岸只顾各自追逐利益，毫不关心与之有关的那些男女老少的教会、城市、君主和历代王朝的作用。由此可以发现，莱茵河所发挥的边界这个政治功能，是迟至 16 和 17 世纪才出现的一种相对近代的现象。因此，编写一部数千年以前的“史前史”，以便为现今的冲突和领土要求提供理由，这实在是一桩极其荒谬的事。他写道：

“起先是这些墨洛温王朝和加罗林王朝的法兰克人，他们操着一口日耳曼方言，用蛮人的方式生活、战斗和思考，然后是今天的德意志或法兰西；他们之间有什么关系？…… 历史不是化装舞会。”

这部书中最长的一节是“莱茵河城市”。费弗尔是一位中世纪史专家，对于他来说，莱茵河的历史首先是一部在 16 世纪初进入黄金时代的城市和市民的历史。他认为，城市共和国是“市民、城市和莱茵河文化”短暂理想的化身，不过，他并未因此而给予过度颂扬。作者在这里显然是想到了斯特拉斯堡[78]，同时也想到了“我们文明的圣地之一”巴塞尔[79]。全书从头到尾都能读到的许多令人印象深刻的精彩语句，使作者的分析更显清晰，在其中的一句中，费弗尔对博尼法斯·阿麦巴赫作了描写，此人被他视为一种新的生活方式和心态的最佳代表，这种生活方式和心态很难说究竟是“德国式”还是“瑞士式”：

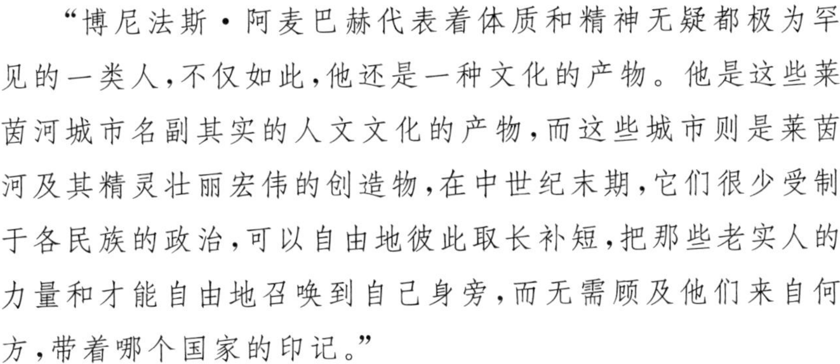

“博尼法斯·阿麦巴赫代表着体质和精神无疑都极为罕见的一类人，不仅如此，他还是一种文化的产物。他是这些莱茵河城市名副其实的人文文化的产物，而这些城市则是莱茵河及其精灵壮丽宏伟的创造物，在中世纪末期，它们很少受制于各民族的政治，可以自由地彼此取长补短，把那些老实人的力量和才能自由地召唤到自己身旁，而无需顾及他们来自何方，带着哪个国家的印记。”

---

⑱ 参阅费弗尔的文章：《16 世纪的法国与斯特拉斯堡》，载《阿尔萨斯生活》，1925，第 12、239—244；1926，第 2、32—39 页。

⑲ 巴塞尔的维尔纳·凯吉档案馆（Archives Werner Kaegi）藏品，1946 年 7 月 8 日费弗尔致维尔纳·凯吉的信件。

但是，这许多莱茵河城市并未组成为一个共同的国家，不少城市处于一些大公国的包围之中，更多的则是一些很小的公国。“它们彼此进行对话，但就像韦桑岛和圣马蒂厄*的两个灯塔一样，隔着狂暴的大海相互回应。”因此，莱茵河没能组成为一个“同质的文化”，他亲眼看到了“致命的二元对立”日趋尖锐，一方是城邦中的市民，另一方是农民和君主。从长期看，这种二元对立的后果就是政治不稳定和德意志民族的碎化。莱茵河各个国家的悲剧于是就开始上演，费弗尔在1932—1933年间增写的关于德法两国间边界形成的第四节中，努力试图对这些悲剧加以分析。

从1922年以来，费弗尔是第一位关注“边界”和“界限”史的历史学家，他的地理学著作和后来发表于1928年的论文都涉及这个问题。他的档案中一份厚厚的卷宗表明，他从事这个课题的研究已有多年⑳。在他看来，除了阿尔萨斯之外，所有莱茵兰地区都属于德国，这一点毋庸置疑。可是，德国究竟是什么？把普鲁士视为德国的唯一代表？萌发于19世纪的这个非分之想原本就难以自圆其说，何况对于历史学家来说，还有其它多种可能性需要考虑。其实，普鲁士在莱茵河的存在不就是因为曾经有过维也纳的外交

* 韦桑岛(Ouessant)，布列塔尼附近的一个面积仅20余平方公里的小岛；圣马蒂厄海角(Saint-Mathieu)，布列塔尼半岛顶端的一个海角，与韦桑岛隔海相望。——译者

⑳ 费弗尔：《边界：历史词汇研究》，载《国际综合中心学报》，1928，第5、31—44页。（收入《为完整的历史而努力》，第11—24页，参阅本文注73。）费弗尔为此书所准备的材料和笔记都保存在他的个人档案中（“边界”卷）。另有一篇从方法论上看比较重要的论文，即汉斯·梅迪克(Hans Medick)：《边界与政治社会空间的产生，关于边界的早期和现代政治—社会史》，载贝恩德·维斯布罗德(Bernd Weisbrod)(主编)，汉诺威，1993年，第195—207页。汉斯·梅迪克此前不久曾责怪费弗尔对于边界的日常情况和人与人之间的关系不够重视。读完《莱茵河》之后，我们对于这一指责难以苟同。

交易*吗？而这个交易本来是可以带来完全不同的结果的。法国不也只是在“百日”**中才丢失萨尔的吗？尤为重要的是，是否曾经有人征询过操日耳曼语、居住在莱茵各地民众的想法，他们愿意在何种国家结构下生活？这些莱茵河地区包括蒙—托奈尔、莱茵—摩泽尔、罗埃尔，此外还有莱茵河河口、威悉河河口、易北河河口。在很多年中，这些地区的民众难道没有拒绝后来的主人吗？后来的主人只能借助一系列普鲁士化的措施，有时甚至借助暴力，才得以整合莱茵河地区的市民社会吗？[81]

对于当代人来说，最具政治性和爆炸力的自然就是最后这一节。费弗尔把莱茵河沿岸各地区定义为一个位于东部和西部之间的历史性地区，这不啻是说，这些国家并非如20年代的民族主义者所说是德国的心脏。他把莱茵河称作“欧洲河流”、不同文化和不同语言之间的“交流通道”或“连接线”，以此来对抗臭名昭著的“德国人的圣河”论调。同样也是在最后一节中，费弗尔说出的一些话，无论在用字遣词方面或是在思想方面，今天都让我们感到吃惊。其实，他的论断和他所选择的隐喻一样，常常使用一些反衬，而这些反衬与被他所批评的那些反衬非常相似，譬如，普鲁士被描

* 此处指1814年10月—1815年6月间欧洲多国参加的解决拿破仑帝国瓦解后诸多问题的会议。——译者

** 1815年3月20日拿破仑从流放地逃出，返回法国重整旧部，6月22日在滑铁卢彻底溃败，其间共约一百天。——译者

[81] 直到不久之前，认真地罗列这些显得过于“法国化”的问题，在德国的历史学中还难以想象。此后出版了曼弗雷德·科尔特（Manfred Koltes）的著作《法兰克王国和普鲁士之间的莱茵兰，普鲁士统治期间（1814—1822）延续性和变化研究》，科隆，1992；他首次以文献为依据，考察了莱茵兰地区的亲法和反普情绪。

绘成一个黑暗的强国，一个东方式的、野蛮的乃至亚细亚式的强国，它与军国主义、基督新教、非理性主义（“诗人和哲学家”）和咄咄逼人的侵略性有着必然联系。其它国家必须进行的社会和历史的区分，普鲁士不也同样必须进行吗？同样，民族主义原本是20世纪的一种欧洲现象，却被说成是德国的“病毒”，这样一来，法国的“沙文主义”就被看作是一种因感染而得的病症了。德国统一运动和抵抗拿破仑的所谓“解放”战争，都被以法国人想象得到的方式作了最负面的处理。我们还可以举出其它更多有问题的段落[82]。相反，费弗尔对法国历史的某些重要的时段却采取了令人震惊的宽容态度。自始至终受到他的批判的只有被他以讥讽的口吻称作“大师”的塔列朗和拿破仑。修订版中尽管有许多表述的口气有所缓和，但在不少段落中，依然把是否与法国一致当作判断是非的论据，而历史事实则被置于阴影之中。因此，路易十四在位时法兰西王国向东的扩张和争夺阿尔萨斯的行动，即法国人所说的“收复”行动，也被费弗尔视为一种“和平”行动[83]。相反，普鲁士19世纪

[82] 例如，费弗尔对博尼法斯的描绘是：在英国式的仇视不正规的分为钟成长的一本正经的英国人，又如，他对农民和下层民众含有贬义的评述。还有他对法国军队、罗马军队和殖民政府的大题相同的评价，如今，这些评价提出了问题，说明作者把它们与法兰西殖民帝国相提并论。

[83] 在这一点上，费弗尔的坚实依据是以加斯东·泽勒（Gaston Zeller）坚实的著作《梅斯重归法国（1552—1648）》，2卷，巴黎，1926，费弗尔批评此书仅从外交史角度讨论这一问题，对其社会面貌有所忽略（《近代历史评论》，3，1928，第41—47页。）还可参阅：泽勒对边界政治史的总体介绍《一千年来的法国与德国》，巴黎，1932；斯特拉斯堡的历史学家菲里克斯·蓬泰伊（Félix Ponteil）的《阿尔萨斯简史》，斯特拉斯堡，1937。皮特·萨林斯（Peter Sahlins）新近对“天然边界”的讨论撰写了一篇综述《重新审视天然边界：17世纪以来的法国边界》，载《美国历史评论》，95，1990，第1423—1451页。

的霸权政策则被他称为“收复失地运动”*；这位世俗历史学家的想法也就不难由此想见了。

由此可见，费弗尔也并非毫无偏见。他对莱茵河的介绍是一位当代人的看法，是一位经历过第一次世界大战的法国人的看法，恰如他的所有法国读者一样，他自信属于公正阵营，他的想法就是这个成员的想法。不过，除了这几行，作者对正义事业的认定还是客观和理性的。例如，他在序言中批判了“人种”神话，并宣称任何一个法国人都不能对外国人挥舞“人种”观念，否则就是对始终热情好客的法兰西民族的愿望的背离。费弗尔还自豪地指出，正是法国历史学家米什莱、菲斯泰尔·德·古朗治和茹里安等人，把盛行在莱茵河彼岸的人种观念从历史科学中清除出去[84]。

此书的结论既简明扼要，也很理性，因为费弗尔对于在短期内达致法德和解不抱任何幻想，他写道：“尽管存在着种种政治仇恨和冲突，莱茵河始终是一条聚合的河流，不过，限于目前各方的民族主义心态，莱茵河问题没有解决办法。”正因为如此，他宁可改换课题，避开政治现实，仅从历史角度入手研究莱茵河问题。

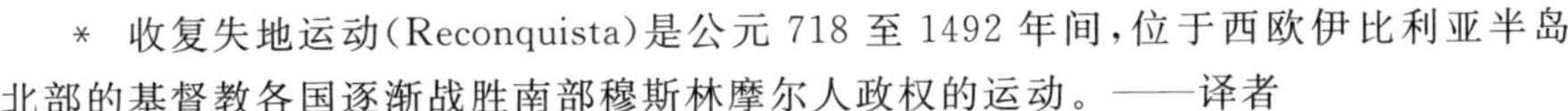

* 收复失地运动(Reconquista)是公元718至1492年间，位于西欧伊比利亚半岛北部的基督教各国逐渐战胜南部穆斯林摩尔人政权的运动。——译者

[84] 参阅费弗尔为《法国百科全书》第七卷所写的序言，1936，第3—12页。他在这篇序言中把人种观念比作“浪漫主义的神话”和“血腥的宠儿”。在他的“地球与人类进化”(参见本文注15)和其它课程中，他一再谈及这个问题。

一部包含两个维度的著作

费弗尔的这部著作提出了许多问题，政治问题和历史问题，直接问题和间接问题，其中许多问题都具有笔战和嘲弄的成分。究其原因，这与作者的文风有关，当然也是题材和纪念性著作受到的限制使然。为了跳出传统的政治—外交史的窠臼以及胜利、溃败、缔和、决裂等老套子，费弗尔采取了视野开阔和跨学科的写作方法。他为此所依仗的是自己的历史知识和地理知识以及语言学研究成果，例如安托万·梅耶（Antoine Meillct）的语言学研究，此外还有考古学研究成果，例如雷南·卡尔·舒马赫（Rhénan Karl Schumacher）的考古学研究成果。他不乏自知之明，知道自己的不足之处（他在写给皮雷纳的信中说道："我不得不在许许多多的暗礁之间航行。"[85]）而且他的书是写给广大的普通读者阅读的，所以，他采用的是自由自在地讲述历史的笔法，比他在其它著作中更加不受拘束。他刻意采用"让形象说话"的风格，在文中插入他本人的亲身经历（在美因茨和科隆参观博物馆，在特里尔和巴塞尔以及斯特拉斯堡旅游），与读者进行虚拟的对话等等。所以，这部书的文字特别生动，富有表现力，恰如一位德国批评家既鄙视又赞赏地所说，那是"语言的焰火"[86]。智慧的光辉显然比炉灶里面的火

[85] 1932年4月22日信件，见莱昂（主编）：《"年鉴派"史学的诞生：吕西安·费弗尔和马克·布洛赫致亨利·皮雷纳的信件（1021—19335）》，第143页。

[86] 戈特弗里德·普法伊弗尔（Gottfried Pfeifer）发表在《莱茵季刊》上的文章，6，1936，第96页。

焰传播得更快，所以，这部书很快就成为费弗尔的名著，与他后来出版于1942年的另一部名著并驾齐驱（尽管两者篇幅迥异），这便是研究拉伯雷宗教观的《16世纪的不信教问题》，此书是他十年心血的结晶。在此书的序言中，费弗尔以博学大师的笔法毫不隐讳地写道："如果读者在书中看到的是一位随笔作者的思想火花，是一幅出色的素描，是一篇即兴之作，那我将会感到很懊丧[87]。"随笔是一种既优美又容易把握的文体，在法国颇受赏识（现在依然如此），常常被人拿来故意与"德国学究式的著述"作对比，用这种文体著书有何危险，费弗尔当然心知肚明[88]。可是，在《莱茵河》中，他不断使用"素描"和"感觉"，乃至"鸟瞰"[89]和"象征性甚于真实性的快速图解"[90]。确切地说，这部书只是一篇随笔，一幅出色的素描，一部即兴之作。这是他不得已而为之的选择，但同时也是他的一次机遇。因为，既然采用临时性的随笔形式，篇幅短小，直面现实，作者就可以展示另一种历史观，还可以就某个特殊问题提出新的研究课题。

最后一节尤其如此，这一节探讨法德边界的形成，难度最大。我们惊奇地看到，对于当时被法国占领的土地上的态势，费弗尔几

[87] 费弗尔：《16世纪的不信教问题，拉伯雷的宗教观》，巴黎，1968（第一版于1942年发行），第19页。

[88] 在第一次世界大战期间和战后，曾经就详尽的脚注是否体现了某些"德国"风格这个问题，打了一场认真的笔仗。许多"法国式"的史学著作随后放弃了添加脚注的做法。费弗尔却不以为然，并请读者参阅"叛国者"卡米伊·茹里安，原来，这位史学家在他自己的著述中添加了许多脚注。（《战后出版的近代史著作》，载《历史综合评论》，34，1922，第127页及以下）。

[89] 第一版，第120页。

[90] 第一版，第120页。

乎从未明确表态。对于19世纪的争执,他轻描淡写地一笔带过,似乎此事早已众所周知。反之,对于在以法国大革命之后发生的决定性巨变为对象的史学研究中的缺陷,费弗尔进行了详尽的分析,其中不乏政治批判。当他谈及1815年的"维也纳"时,所有读者都会不约而同地想到1919年的"凡尔赛"。费弗尔在谈及受边界迁移、战争与和约的直接影响、被迫居住在前线或是双方前线之间的居民时,同样充满着同情心;他为一个崭新的研究课题打下了坚实的基础,我们不妨把这个课题称作"法德空间中的边界心态史"。这个课题既不以令人生疑的决定主义论调,诸如长时段中的人种、语言、民族为基础(在这方面,费弗尔的思想与波恩学派格格不入),也不以短时段中19世纪和20世纪的政治冲突为基础。作为替代,费弗尔提出的是一个把莱茵河沿岸居民对18世纪末的"法国"改革的反应考虑在内的社会—历史研究课题:

"唯有社会结构分析能够帮助我们明白此类反应,并让我们事先对于莱茵河面临革命性质改革的反应有所预知,可是,这种社会结构分析在哪里呢?然而,关于居斯蒂纳*的进攻和反击、莱茵人的外交交易以及革命的国民议会的各委员会的讨论情况,已经有人写成了细节详尽的历史。"

费弗尔想要确立的首先是一种正视现实的边界观。所以,他

---

* 居斯蒂纳(Philippe Custine,1740—1793),法国将军,1792年率领莱茵军团,先后攻占沃尔姆斯、美因茨、法兰克福等德国城市,后被布伦威克率领的反法联军击退。——译者

认为不应受政治界限的影响，而应在边界之内考虑正在发展和消失的社会结构，以及居民之间的彼此情感联系：

> “当两个君主驻守在自己开发的土地上，共同出资沿着地边树立一些饰有族徽的界石，或者在河流正中划出一条理想的分界线时，边界是不存在的。当有人超越这条分界线，来到一个不同的世界、不同的思想观念、感情以及热情面前，并且感到吃惊和手足无措时，边界就有了。换句话说，将边界深深地刻在土地上的，既不是宪兵、海关，也不是堡垒后面的大炮，而是感情，是的，是被煽动的激情和仇恨。”

所以，对这些感情和激愤作紧急考虑是当务之急，因为：

> “在这一百年中，丝毫没有莱茵兰人的感情史，也丝毫没有法国人在莱茵兰问题上跌宕起伏的感情史。如同往常，历史学家们关注的是首相和外交家。他们所制定的规划，他们所建议的计划，人民是否通过积极参与在后面给他们以支持？任何政府都没有把握能鼓动人民给予积极支持。没有人民的同意，任何政策只能胎死腹中，任何成功都可望而不可即。他们要求还是拒绝人民的同意？这可是谜。在通常是悬挑在子虚乌有之上的外交史背后，广泛的调查向我们揭示了人民生活的深刻现实吗？”

费弗尔在这里以及其它段落中所初步表明的，是整整一套研究计划，其研究对象是真实的生活和心态，按照一般规律，这两者的变化通常虽然非常缓慢(除非是在大动荡年代),却清晰地显示着居民归属哪个民族的意愿[91]。费弗尔在南锡长大,1919年至1933年间居住在斯特拉斯堡,所以,他对与这种意愿相反的所有以军事、地理和语言为借口的无效论据非常了解。

《莱茵河》以及法国和外国对此书的态度

这部以非卖品形式出现的非同寻常的著作,出版之初在高等院校几乎无人知晓,这并不令人惊异。尽管此书的学术与文学品位远远超乎出资人的期待[92],但是,真正在报章上引起反响并在国外期刊上引发争论的,却是此书面向大众的1935年版。

马克·布洛赫是向高等院校的师生们介绍阿尔萨斯兴业银行的这部出版物的第一人,他在《历史评论》杂志研究中世纪德国史的定期专栏中对此书作了介绍[93]。莱茵河在他眼中是"德国历史

---

[91] 费弗尔深知,法国对于莱茵河国家的具体研究远不如德国,所以,他以《法国百科全书》集体研究委员会主席身份于1935年提出建议,开展一场调查研究,其规模应与德国的同一项目相当。参阅安德烈·瓦拉尼亚克(André Varagnac)的报告《在法国进行的集体研究的若干成果,莱茵河之路与莱茵兰各国》,载《综合评论》11,1936,第83—87页。关于此次调查的背景,参阅蒂费纳·巴泰勒米(Tiphaine Barthelémy)和弗洛朗斯·韦伯(Florence Weber):(主编)《一览无遗的乡间——30年代法国农村一瞥》巴黎,高等社会科学学院,1989,第227页及以下。

[92] 请看阿尔萨斯兴业银行行长勒内·德布里在写给费弗尔的信中所说:"你的书是写给历史学家和学者看的,你唯一的期待就是他们的佳评。然而,你的笔力如此强劲,如此富有诗意,如此生动,以至于我这个莱茵兰商人,虽然仅仅只把利润抛诸脑后的瞬间用来拜读大作,却居然也被你书中那些勾起思绪的图景所感动,所吸引,并为之着迷。"(1931年7月15日,阿尔萨斯兴业银行档案)。

[93] 马克·布洛赫:《中世纪德国史》,载《历史评论》,169卷,1932,第615—655页。本文此处所述内容部分见于618—620页。以下引文同此。

上的一个大人物”;但是,仅仅强调数百年来这条河流对于人的重要性,重温交织在两岸的文明潮流,这还远远不够,还必须与“积淀在现今边界两侧的大量文献中的一系列错误思想”作斗争。费弗尔那本以文化素养较高的人群为对象的“随笔!”所承担的,恰恰是这个艰难的任务。布洛赫不但认为,此书“绝对不偏不倚”,对今昔之间的联系以及政治与历史的关系,展现出独到的见解,而且特别赞扬此书具有一种“强烈的直观认知能力,即便在最优秀的历史学家中,也很少有人拥有这种能力”,“无论描绘自然风光或是叙述人间景象,概不例外。”褒奖一番之后,马克·布洛赫接着以委婉的口气指出,费弗尔的分析中也有不尽人意之处。于是,他向费弗尔“提交”了“若干意见”,供他有朝一日想要深化他的“肯定是急就之篇”时参考之用。随后是很长一段有关中世纪莱茵兰各城市的态度的论述。这种做法相当令人吃惊,因为,布洛赫和费弗尔同在斯特拉斯堡大学执教,办公室彼此相邻,布洛赫却给比他年长的费弗尔写了一封长信,对他的著作给予褒扬,当然,谈的是“中世纪”课程。这样看来,布洛赫在此书付梓之前读过书稿的可能性就相当小。费弗尔对布洛赫的长信作何反应?无人知晓。不过,在随后的若干年中,在这两位主编之间,这部著作肯定发挥了某种作用,因为,马克·布洛赫曾在这份杂志上两度撰文,评论这部“应时之作”。

因为,由阿尔萨斯兴业银行出资组织出版的这部《莱茵河》,也要介绍给《经济与社会史年鉴》的读者。评论人作了分工,布洛赫负责评论此书的历史部分,斯特拉斯堡的地理学家亨利·博理格:

(Henri Baulig)负责评论由德芒戎执笔的那几章[94]。马克·布洛赫写道:“请不要搞错,尽管此书的装帧确实令人赏心悦目,但它并不是一部仅供消遣的出版物,也不是宣传品。仅凭两位作者的名字,就足以保证这是一部不偏不倚和严肃认真的著作[95]。”紧接着,布洛赫对这部著作做了一番简单的介绍,随后就在杂志编者和读者之间引发了一场对话:

> “想必大家都能理解我不打算在这里絮叨的那些想法。《经济与社会史年鉴》的读者非常熟稔此书的作者,不可能不知道能从他的史学才智和绘声绘色的叙述中获得些什么,正是他这种绘声绘色的叙述,得以全方位地重现和诠释物质方面的各种特点,诸如山水、市容以及各色人等的面貌,对于那些善于阅读的人来说,这些都具有充分的说服力,让人们看到了栩栩如生的各种事物和各种人。”

两年以后,针对此时已经与读者见面的修订版,布洛赫毫不迟疑地在《经济与社会史年鉴》上又发表了一篇书评,称此书是对“所谓历史和自然决定主义的严正抗议[96]”,并向读者郑重推荐。

---

[94] 马克·布洛赫,亨利·博理格:《莱茵河》,载《经济与社会史年鉴》,5卷,1933,第83—96页(参阅本文注2)。

[95] 马克·布洛赫,亨利·博理格:《莱茵河》,第83页。

[96] 马克·布洛赫:《莱茵河》,载《经济与社会史年鉴》,第7卷,1935,第505—506页。参阅布洛赫1935年4月15日致费弗尔的信件,信中写道:“无论对于‘家’,对于德芒戎或对于我个人来说,还是别让此书悄无声息为好。”(国家档案馆,马克·布洛赫挡)。

其他专业期刊也发表了对于此书的评论。不过,由于所有受命撰写书评的人都熟识费弗尔和德芒戎,所以,见诸他们笔下的大多只是一些好评而已[97]。提出批评的只有研究近代史的专家莱昂·卡昂(Léon Cahen)[98],他对费弗尔的这部随笔式著作不甚满意。他写道:“有时像是出自一位为了自卫而蜷缩成一团的斗士之笔,他的文字似乎是有意让读者为难,一句话被分成几截,一截一截蹦出来,关键性的词被放到句末,弄得句子支离破碎,完全不顾正常的行文惯例”。不过,卡昂的最严厉批评,是针对费弗尔把莱茵河的历史上溯到圣经中的洪水时期:

> “莱茵河问题,莱茵河的众多问题都属于当代领域,这一点谁也不至于否认!可是,费弗尔为了阐明他个人的观点,居然扯到了遥远的过去……他的这部书充溢着大量的知识、人名和地名,历史史实,有些段落的概括令人吃惊,然而,满篇都是他个人的直觉,因而,简直可以说,这是一部浪漫主义的革命性的著作。”

卡昂的批评集中在以下这个问题:为何“费弗尔如此迅速地进

---

[97] 参见《阿尔萨斯书目》,5卷,1931—1933,第26页及以下;加斯东·泽勒:《一位历史学家和地理学家眼中的莱茵河》,载《阿尔萨斯评论》,86卷,1935,第47—66页;保罗·勒约(Paul Leuillot)发表在《公共教育历史和地理教师协会通报》的文章,26卷,1935,85期,第99—201页;埃内斯特·托内拉(Ernest Tonnelat):《莱茵河》,载《现代语言》,30卷,1935,7月,第1—4页。亨利·奥赛尔(Henri Hauser)发表在《政治经济学》上的文章,49卷,1935,第1425—1426页。

[98] 莱昂·卡昂的文章刊登在《近代史评论》,10卷,1935,第283—285页。

入到他所说的决定性时刻"即 20 世纪?德芒戎撰写的地理部分风格迥异,其中所述都是众所周知的事实,新版依然保留了地理部分,卡昂对此表示质疑。我们下面将会看到,唯一来自法国人的这个批评,后来为德国专家们明白无误地重拾牙慧。

这部著作也引起了国外的关注。伦敦的《地理学报》和美国的《地理评论》均在书评中给以称赞,美国的《地理评论》甚至建议将此书译成英文[99]。德国公众对此书所表现的热情较低,这是不难想见的。最先报道此书的是《莱茵季刊》,这是自 1936 年以来设在波恩的"莱茵兰各国地区史研究所"编辑出版的一份杂志[100]。报道撰稿人戈特弗里德·普法伊弗尔并非莱茵兰问题专家,而是一位地理学家,他的研究对象是美国。他的这篇书评相当详尽,篇幅很长,近乎一篇论文,他对《莱茵河》一书的批评得到编辑部的认同,说不定是应编辑部之邀而撰写的。从这篇书评被此后几乎所有的书评引用时获得的好评来看,它所表达的似乎是波恩学派的意见。

---

[99] 《地理评论》(Geographical Journal),86 卷,1935,第 176—177 页;《地理评论》(Geographical Rerview),26 卷,1936,第 171—172 页;《美国历史评论》(American Histrical Review),41,1936,第 565—566 页。盎格鲁—萨克森的公众(因而不只是学者专家)对费弗尔早已相当熟悉,他的地理学著作不久之前刚刚被译成英文,书名为《历史学的地理学导论》,他的《路德》也于 1929 年出版了英译本。

[100] 戈特弗里德·普法伊弗尔发表在《莱茵季刊》上的文章,第 95—101 页(参阅本文注 86)。以下引文同。普法伊弗尔(1901—1985),师从地理学家莱奥·韦贝尔(Leo Waibel),曾任教于波恩大学,任地理讲座讲师,1933 年被纳粹驱逐出境。1737 年在波恩大学通过博士论文答辩,内容为北加州农业问题(参阅《经济与社会史年鉴》对这篇博士论文的评论,10 卷,1938,第 272 页)。1941 年,普法伊弗尔成为汉堡大学非常任教授,此后于 1949 年担任海德堡大学的一个讲座教授。

普法伊弗尔作了精心准备(他熟悉英国、美国和法国的书评)。他以少见的认真和严肃对此书作了分析,甚至可以说是逐字逐句、一丝不苟。德芒戎和费弗尔都被他称作“法国学界的重要代表”,他们对莱茵河问题的“和平历史”作出贡献的雄心,没有被他断然摒弃。普法伊弗尔说得较多是此书“内容丰富、文笔绚丽”,“历史部分”尤其精彩,“焰火般才智横溢的思想,出人意料的独特见解,感情丰沛的形象”,所有这一切都被他视为智力和知识的挑战。因为,掩盖在华丽的文采下的“即便不是为所期待的倾向所作的欺骗性的宣传,也是灌输助长有利于这种倾向的观点的重要手段”。普法伊弗尔在指出费弗尔的这些政治和学术目标之后,还评论了费弗尔的方法和写作技巧。在他看来,费弗尔是个“制造气氛”的高手,这位法国历史学家借助“巧妙的拼接”、“新闻记者”的各式花招、“绚丽夺目的图像”、“倾向明显的含混不清”,乃至“弄虚作假”,诱导读者产生一些与历史事实相悖的想法。“这部书从头到尾的每一部分都是为了产生某种效果而构建的。”因此,费弗尔关于莱茵河是“西欧与中欧之间的边界空间”的想法,被普法伊弗尔断然拒绝。在普法伊弗尔看来,“15 世纪莱茵兰文明的国际和欧洲特征”纯属虚构,他用以取而代之的是隐喻德国地理心脏的“心脏地带”,“所有德意志血脉和文明的河流都汇聚到这个地带。”他认为,被费弗尔所忽略的恰恰是“对各民族关系的……介绍”。这就表明,在费弗尔的这部著作中,之所以连一张语言分界图都见不到,绝非偶然。“作为古老帝国的主要基地,莱茵河两岸的各个德意志部落在语言上和文化上的同一性,在书中避而不谈。德国被说成是一个艰难地拼凑起来的机体,而作为鲜明对比的法国,则是法兰

西以蒙骗招徕人群的力量，法国被说成是一个统一的国家，无论在政治上和精神上，都比德国高出一筹。”令人吃惊的是，普法伊弗尔竟然在文中谈到了刚才提及的卡昂撰写的那篇书评，似乎在普法伊弗尔看来，卡昂批评了费弗尔的“片面分析”，而且“恰如其分地”指出，“莱茵河人民和德意志人民无论在精神抑或在情感和物质方面，……都与法兰西人民毫不相干。”在那个时代的氛围中，一位德国历史学家竟然求助于一位法国同行，而且显然是一位“犹太人”，确实极为罕见。不过，在这段引文之后，普法伊弗尔立即改变调门，旧曲重唱，写了一段意识形态味道十足的结语：

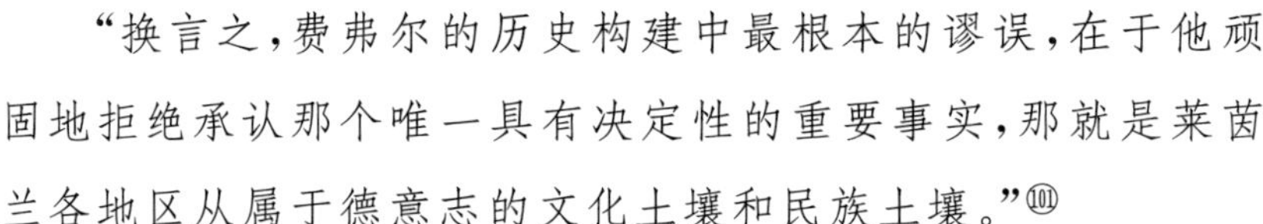

> “换言之，费弗尔的历史构建中最根本的谬误，在于他顽固地拒绝承认那个唯一具有决定性的重要事实，那就是莱茵兰各地区从属于德意志的文化土壤和民族土壤。”[101]

这篇书评既有赞扬，也有摈弃，作者显然内心相当紧张，否则他不至于如此突然转向。“德意志的文化土壤和民族土壤”这个概念，是纳粹民族主义历史学和地理学的基本概念之一，纳粹借助这个概念使修改凡尔赛条约和领土扩张合法化。突然笨拙地引入这个概念是不是一种掩人耳目的手法？书评的作者不是说他希望写

---

[101] 这个概念是柏林地理学家阿尔布雷希特·彭克(Albrecht Penck)制造的，发表在他那篇关键性的论文《德意志民族及其文化观念中的领土》中，载卡尔(Karl)、洛施(Loech)(主编)：《来自人群的人民》，1卷，布雷斯劳，1925，第62—73页。将此说用于西部边界的实例，参阅威廉·弗尔茨(Wilhelm Volz)：《西德人民的土地，论西方国家的问题》，布雷斯劳，1925。关于此类研究的成果及其研究机构，参见本文注44。

一篇比较温和的书评吗？普法伊弗尔似乎肩负一项不得不违心地执行的“使命”。他的论据从头到尾都充斥着民族主义气息，在他眼里，莱茵和各地居民的“民族”特征仿佛是不争的事实。按理说，面对费弗尔对种族主义的批评，普法伊弗尔这个始终坚持不渝的纳粹分子应该接受挑战，但是，他却只字未提费弗尔的批评。

与此相反，刊登在《德国史学季刊》和《历史学报》[102]上的书评都比较简短，而且都对费弗尔的著作持明显的否定态度。这些书评的作者弗兰茨·佩特里、保罗·文策克都是莱茵兰历史学家中的核心人物。两人都承认这是一部不同寻常的著作，并认为，普法伊弗尔的书评“……在细节上写得非常好。”（文策克语）[103]如果说，法国方面最终放弃了“‘莱茵河是自然边界’这种以往流行的典型和观念”，如今则引进了新的“口号”，把莱茵河视为欧洲东部和西部的一个调解因素。可是，这显然不符“历史和自然资料”。

这部著作包含着三种分析、一个主题，因此必须认真对待，并予以摈弃。《莱茵季刊》率先出马，而且似乎为以后定下了调门。但是实际上，普法伊弗尔从中汲取的，只不过是1935年10月他在巴德迪克海姆（普法尔茨）举行的一次内部研讨会上大体表述过的

[102] 弗兰茨·佩特里（Franz Petri）：《边界问题在西方》，载《德国史学季刊》11，1935，（1936年出版），563页。保罗·文策克（Paul Wentzcke，1879—1960）发表在《历史学报》160期上的文章，161—162页。弗兰茨·佩特里（1903—1993）是波恩学派的弗兰德尔专家。第二次世界大战期间，他主管在被占领的比利时推行纳粹文化政策。保罗·文策克起初是斯特拉斯堡的档案管理员，后来担任杜塞尔多夫档案馆馆长，1935年起任第三帝国阿尔萨斯—洛林科研所所长。他出版了多种以《为莱茵河而战》为主题的著作；二战期间，他主管隶属于党卫军帝国安全总部的西方出版署。

[103] 《历史学报》（参见本文注102），下注同。

思想(因此,不难从他的文章看出他内心的踌躇);这次研讨会是由西德科学研究协会主办的,这是一个私下由德国外交部和内政部出资的地区研究机构。地理学家弗里德里希·梅茨(Friedrich Metz)在会上宣读了一份报告,题为《法国地理学家和德国地理学家的莱茵河观念》。这篇未曾出版因而无人知晓的报告,可以被视为批评费弗尔和德芒戎的《莱茵河》的始作俑者[104]。

梅茨并非等闲之辈。自20年代中期以来,他就是研究"德意志的文化土壤和民族土壤"的学者圈子里的一员,对"上莱茵"即巴登和阿尔萨斯地区寄予高度重视[105]。纳粹上台执政后,他立即加入纳粹阵营,1936年被任命为布赖斯高的弗赖堡大学校长。他在巴登迪克海姆研讨会上宣读的论文中指出,刚刚问世的德芒戎和费弗尔的著作,证明了"法国大学宣传"中的灵活性和危险性;他就此写道:"出自一位地理学家和一位历史学家之手的这部著作所表明的,显然是法国政治人物的官方意见。"对于梅茨来说,"这部书的精神"在费弗尔所执笔的那几章中,表现得尤为惹眼,"在德芒戎所执笔的那几章中,……没有什么需要驳斥。"反之,在费弗尔笔下,"莱茵河不再是德国的河流,而是一条欧洲的河流。这条河变成了联络东欧与西欧之间的接触线。"这种想法掩盖着一种智力花

---

[104] 外交部政治档案,波恩,第60274、62167—62170页。下面引文的出处同此。

[105] 弗里德里希·梅茨(1890—1969)起初担任设在莱比锡的德意志文化与民族研究基金会秘书,后来在因斯布鲁克、埃朗根和布赖斯高的弗赖堡讲授地理学,在布赖斯高的弗赖堡,他主持阿勒曼尼语研究所(阿勒曼尼语包括一系列方言,与巴伐利亚—奥地利语(Bairisch-Österreichisch)同属上德意志语(Oberdeutsch)。"阿勒曼尼语"原指阿勒曼尼人的语言,阿勒曼尼人是日耳曼人的一支,列支敦士登人(Liechtensteiner)即其后裔。——译者)并于1936年担任该校校长。

招，如果回归到“服务于欧洲和连接各国人民”的莱茵河观念，法国人的莱茵河国际化政策就可以从历史上得到充分的理解，这种政策因而就会显得合理合法。所以，费弗尔的书完全只是为“强加于德国的凡尔赛和约所作的新的辩解”。梅茨严肃地提醒道：

> “德芒戎和费弗尔的著作是写给极为广泛的国际公众阅读的，所以，它必须为欧洲莱茵河这个神话提供科学基础，出现在莱茵河的法国不再是征服者，而是文明和文化的使者。对于这种伪造历史、制造神话的伎俩，应该坚定不移地予以最有力的打击。”

西德科学研究协会的研讨会由于政治上的极端敏感性，所以严格保密，任何记录都不得公开出版。不过，弗里德里希·梅茨的发言引起极大反响是在情理之中，因为，与会者中有多位研究莱茵河者的重要代表人物，其中包括佩特里和弗兰茨·施泰因巴赫，后者既是科学研究协会的主席，也是设在波恩的莱茵兰各国地区史研究所所长[106]。在对德芒戎和费弗尔的著作持批评态度的德国学者中，唯有普法伊弗尔没有出席此次研讨会，他大概是从梅茨提供的讯息中了解到此次研讨会的情况，并听取了梅茨的意见。正如我们前面所提及，普法伊弗尔对德芒戎和费弗尔的著作的批评，并非仅限于个人的理解和争论，他当然不可能完全不顾及自己的“责

[106] 施泰因巴赫本人也在研讨会上宣读了一篇论文，探讨导致法德两国历史学家对立的分歧。

任”，不去揭示这部著作的“危险性”。

《莱茵河》一书在遭遇这次半学术、半政治的批评之后，迅即为人们所遗忘。它从未被译成英文，遑论德译本。随着第三帝国重新武装莱茵兰地区和日益咄咄逼人的侵略政策的推行，德芒戎和费弗尔在莱茵河问题上平静的语调，被彻底抛诸脑后了。

在二战结束后的法国，莱茵河问题，确切地说是萨尔问题[107]，一时间重新成为一个现实话题，然而即使在此时，《莱茵河》也依然没有再次出版[108]，而且很少有人引用[109]。如今，只有雅克·勒高夫等少数几位关注《经济与社会史年鉴》的历史学家和地理学家，有时偶尔提及费弗尔的这部著作，称之为法国历史地理学的“杰作”[110]。

1953 年后记

吕西安·费弗尔对于莱茵河的关注与他曾在斯特拉斯堡生活

[107] 一个名为“法国东部边界和德国西部问题研究委员会”的组织，当年出版一份杂志，名叫《莱茵兰札记》。这份期刊的总编辑费尔南·吕利耶(Fernand l'Huillier)曾是费弗尔的学生，他大张旗鼓推荐老师的著作《莱茵河》(该杂志 1945 年 3 月号。第 7 页)。

[108] 米勒(参见本文注 3)所编书目的 212 页显然有误，《莱茵河》并未于 1967 年再版。

[109] 斯特拉斯堡的地理学家艾蒂安·朱利亚尔(Etienne Julliard)对德芒戎和费弗尔的这部著作赞不绝口，他自己的作品《欧洲的莱茵兰——一个广阔地带的地理》，巴黎，1968，堪称成功地重提费弗尔曾经论述的问题的第一部著作。

[110] 雅克·勒高夫为让—克洛德·施密特的《异端之死——14、15 世纪上莱茵河地区在不愿发愿的修女面前的教会和教士》，巴黎，1978，第 6 页。参阅克里茨多夫·鲍米安(Krysztof Pomian)：《“年鉴”时刻，土地、人与世界》，见皮埃尔·诺拉(Pierre Nora)(主编)：《记忆之地》，2 卷，巴黎，1986，第 377—429 页。

密切相关，此后就再也不曾表现出同样的热情[111]。不过，他对于河流的兴趣依然时而有所显露。例如，当他1933年在法兰西学院开讲时，为了说明有人偏好把当今的政治冲突投射到历史上时，他就以河流作为实例[112]。1936年他出版了一部著作，论述“国务活动家”在历史上的作用，在他看来，这些人并没有创造历史；在这部书中，他把德法两国在莱茵河问题上的争吵，作为历史神话的“典型事例”加以引用。当然，无论提出“莱茵河是一条纽带”的理论，抑或臆造“莱茵河是一条边界、争夺的对象和战场”的理论，都不乏头头是道的论据，然而，这种不动声色的变种从来不曾“具有神话价值的力量”[113]。

二次世界大战证实了这种悲观主义的看法，费弗尔在战后有机会最后一次就莱茵河问题表明了自己的看法。这个机会仍然来自斯特拉斯堡，当地的商会邀请为该会成立一百五十周年（参阅本书正文）之际出版的一部书撰写一篇文章[114]。此时已经70余岁高龄的费弗尔利用这次机会，为他自己20年前的旧作《莱茵河》补写

---

[111] 参阅亨利·博理格：《吕西安·费弗尔在斯特拉斯堡》，载《斯特拉斯堡文学院通报》，36卷，1957，第169—184页。菲利普·多兰热（Philippe Dollinger）《吕西安·费弗尔与阿尔萨斯史》，同上，第193—196页。

[112] 参阅上注，又见本文注52。

[113] 费弗尔：《国务活动家的是与不是》，载A. B. 迪夫（A. B. Duff）、F. 加利（F. Galy）（主编）：《国务活动家》，3卷，巴黎，1936，第703—723页，此处引语见于第719—720页。

[114] 吕西安·费弗尔：《关于莱茵河经济史的若干思考》，载《为纪念斯特拉斯堡商会和工业150周年而出版的斯特拉斯堡研究》，1953，第17—26页。与此同时，费弗尔在他的《致菲利普·多兰热的信—序》中也谈到了同一问题，载《数百年间的阿尔萨斯与瑞士》，巴黎，1952，第11—20页。

了一篇“后记”。这篇被他自己称作“笔记”的短文，以简要地介绍全书内容作为开篇。《关于莱茵河经济史的若干思考》这个题目本身就表明，费弗尔想要把他在30年代一笔带过的经济因素作为主要内容，因为这个问题当年归他的合作者撰写。然而显而易见，费弗尔重新阅读了全书后，就几乎不加掩饰地批评德芒戎当年撰写这一部分时所秉持的原则。德芒戎对莱茵河的基本观念，是把莱茵河看作一条历史悠久和“横贯欧洲大陆”的河流；费弗尔认为，德芒戎的这一基本看法是一种幼稚的投射，一种弄错了时代的谬误。在他看来，德芒戎只看到当代的莱茵河，在他眼里，莱茵河是一条“驯服、畅通、适应人的需要的河流”，从巴塞尔到鹿特丹顺流而下，毫无阻碍；其实在莱茵河的历史上，直到19世纪，能够通航的也只有若干河段，这就是说，莱茵河在交通上的作用比不上古罗马大道。费弗尔指出，这位已经故去的昔日同伴[115]在方法论上不大讲究，而在费弗尔看来，弄错时代的错误是致命的罪过，是“罪过中的罪过”，他自己则把重点放在此书的中心议题上：阐明莱茵河的历史性，阐明莱茵河并非拥有不变特性的一条“永恒的河流”。

所以，在费弗尔看来，严格意义上的莱茵河经济史仅仅是针对最近150年而言的。反之，“莱茵河大史”则是一部“置羁绊、边界、碉堡和王朝于不顾的精神史，唯有这种精神才能自由自在地穿行在所有峡谷，从阿尔卑斯山脉随风漂向大海，成为生活、集聚和文化的组成因素”。说得真好，不过，这段话同时也是一个令人惊奇

---

[115] 参阅由费弗尔执笔刊登在《经济与社会史年鉴》上的德芒戎讣告，3卷，1941，第81—89页；后来收入《为历史而战》（参阅本文注52），第381—386页。费弗尔在文中赞扬了德芒戎对《莱茵河》一书所作的贡献。参见本书第384页。

的论断，因为我们知道，费弗尔及其年鉴派同仁们向来鄙弃传统的“精神史”，主张从社会—历史的角度进行观察。正因为如此，“心态史”概念才应运而生，藉以摈弃脱离躯体的“思想”研究，转而研究凝固在社会中的思想方式和行为类型[116]。费弗尔难道重归他的初始要求了吗？这个判断似乎过于仓促了些。当然，在这篇面向广大公众的文章中，费弗尔使用的是一般读者易于理解的术语；其实在《莱茵河》正文中，他就已经在很大程度上放弃了学术语言。为了更好地与当代人沟通，他甚至提到了“莱茵河精灵”。因此，他在这里与其说是勾勒传统的思想史，毋宁说是追述莱茵兰历史上的连接纽带，对于他来说，就像在1931—1935年间那样，这条纽带存在于莱茵兰历史场景中生气勃勃的文化之中。因为，在以往的数百年间，尽管地理、经济和政治都未能主宰和控制这条大河，“莱茵兰大神话”却作为心态的核心始终不断地发挥着作用，把莱茵河沿岸的一些城市当作“祭坛”或是物质固定点。“政治态度”和“有时相当可怕而且永远固执的精神状态”即由此而生。这也为费弗尔提供了一个方便，让他有机会议论罗贝尔·曼代(Robert Minder)发表于1948年的那部论述心态和莱茵兰文化的著作[117]。印刷业和最大的书市在莱茵河两岸的出现与发展因而具有“高度”象征意义。所以说，在以往的数百年间，促使人们彼此相连的不是政治，而是“精神”。

---

[116] 参阅皮特·舒特勒：《心态、意识形态、话语，关于‘第三层’的社会于历史主题化》，载阿尔夫·吕德克(主编)《日常史》，巴黎，人文科学出版社，1994，第71页，尤其是第73页及其以后多页。

[117] 罗贝尔·曼代：《德国与德国人》，1卷，巴黎，1948，第165页及以下多页。费弗尔把此书视为《论20世纪的德国》，(AESC，5卷，1950，第272—277页)。

莱茵河，欧洲的河流

莱茵河不是一条“德国河流”，而是一条“欧洲”河流，这就是《莱茵河》一书最根本的观点，显而易见，这个观点在30年代构成了一种挑衅，至少在德国是这样。今天，这个观点仿佛已经毫无新意，而实际上也确实如此。可是，欧洲轴心西移却是冷战和德国一分为二的后果。在50年代，极端保守势力期待着西方帝国观念在“欧洲莱茵兰(哈布斯堡的奥托*语)”重新崛起[118]。就在同一年代，被比作“西方的尼罗河”(拉马丁**语)的莱茵河形象则正在法国逐渐形成共识，双方的对立十分明显[119]。费弗尔本人此时已经不再相信什么“欧洲联邦”了，而德芒戎当年所向往的却正是“欧洲联邦”，他发表在1932年的《经济与社会史年鉴》上的一篇文章中谈到了这一点[120]。一方面，他担心某一个国家独揽霸权，另一方面，政治和经济问题早已具有世界性了[121]。欧洲共同体的出现渐渐

* 哈布斯堡的奥托(Otto de Habsbourg，1912—2011)，前奥地利大公，社会活动家，用德文和法文撰写了许多有关洛林地区的文章。——译者

[118] 参阅理查德·法贝尔(Richard Faber)：《西欧的长期政治斗争》，希尔德斯海姆，1979，第150页及以下多页。此外，莱茵兰诸国的欧洲使命和查理曼的实例，也被纳粹利用来动员西欧居民对付“布尔什维主义”。

** 拉马丁(Alphonse de Lamartine，1790—1869)，法国诗人、作家和国务活动家。——译者

[119] 参阅让·迪蒙(Jean Dumont)：《莱茵河，西方的尼罗河》，巴黎，1964。书中没有提到费弗尔的这部著作，保罗·勒约在《经济与社会史年鉴》上指明了此事(AESC，2卷，1947，第377页)。

[120] 德芒戎：《欧洲联盟、欧洲联邦或地区谅解的地理条件》，载《经济与社会史年鉴》，4卷，1932，第433—451页。

[121] 关于这个问题，参阅马尔林·韦塞尔(Marleen Wessel)：《吕西安·费弗尔与欧洲》，载《欧洲研究手册》，4卷，1991，第203—216页。

改变了欧洲人的生活，可是，欧洲共同体诞生时，我们的历史学家已经撒手人寰，离我们而去了。从此以后，欧洲面临的是与从前完全不同的问题。令人难以说明白的是，旧有的冲突重现显现的地区不限于欧洲东部。因此，历史学的使命之一便是对先前的此类危机进行分析，从而为其和平解决作出贡献。一百多年中显然找不到出路的“为莱茵河而战”，毕竟终于得到解决。它可以用作实例提醒人们。正如大量出版物所表明[122]，从欧洲角度看待莱茵河今天已经完全被公众接受，费弗尔提出的“另一个”边界心态史观念也将成为现实话题。尚处于发轫阶段的此类关于边界地带的微型历史[123]，必将有助于法德一体化的进程，有助于其

[122] 重点参阅朱利亚尔(本文注 109)，同时参阅皮埃尔·艾索贝里(Pierre Ayçoberry)、马克·菲洛(Marc Ferro)(主编)：《莱茵河史》，巴黎，1981；汉斯·博尔特(Hans Boldt)(主编)：《莱茵河，欧洲一条大河的神话画与现实》，科隆，1988；贝尔纳·勒福尔(Bernard Lefort)：《莱茵河——欧洲的记忆》，巴黎，1992；霍斯特·约翰内斯·蒂默斯(Horst Johannes Tümmers)：《莱茵河，欧洲的河流及其历史》，慕尼黑，1994。近几年举行了多次展览会，不仅让我们有机会欣赏到莱茵河秀丽的景色，而且能得到丰富的书目：理查德·加桑(Richard Gassen)、伯恩哈特·霍莱采克(Bernhad Holeczek)(主编)：《莱茵河神话》，3 卷，路德维希港，1992；克劳斯·霍奈夫(Klaus Honnef)(主编)：《莱茵河的魅力—发现莱茵兰的景色》，慕尼黑，1992。

[123] 例如可以参阅克劳迪亚·乌布里希(Klaudia Ulbrich)关于萨尔的著作《莱茵河边界，反抗与法国大革命》，载福尔克尔·勒德尔(Volker Rödel)(主编)：《法国大革命与上莱茵河——1789—1798》，锡格马林根，1991，第 223—244 页；《边境是一个机会吗？评法国大革命前夕萨尔—洛林—卢森堡等地区帝国边界的重要意义》载阿尔诺·皮尔格拉姆(Arno Pilgram)(主编)：《边界开放，移民，犯罪》，巴登巴登，1993，第 139—146 页；弗兰茨·伊尔希格勒(Franz Irsigler)关于法尔茨—卢森堡地区的著作《边界政策对移民和文化发展的影响》，载《移民研究》，9 卷，1991，第 9—23 页；皮特·萨赫林斯(Peter Sahlins)关于鲁西永和法国与西班牙之间的比利牛斯山脉边界的研究《边界，法国与西班牙的比利牛斯边界的形成》，伯克利，加州，1989。关于边界史思考的重要性，参阅皮埃尔·图贝尔(Pierre Toubert)：《边界与边界—历史学研究对象》，载《中世纪地中海世界的边界与人群》，罗马—马德里，1992，第 9—17 页。此外还可参阅汉斯·梅迪克的文章(本文注 80)

他边界地区人民的相互接近，布格河鲁特河、德里纳河*不也都是“欧洲河流”吗？

* 布格河(le Boug)，前苏联与波兰之间的界河。普鲁特河(le Prout)，前苏联与罗马尼亚之间的界河。德里纳河(la Drina)，前波黑与塞尔维亚之间的界河。——译者

1935 年版序言

“把当代的一切观念应用于久远的古代，
这是最容易产生错误的根源。”
孟德斯鸠：《论法的精神》
第 30 章　第 14 节

在欧洲乃至在全世界，有哪一条河流如同莱茵河那样，向地理学和历史学这两个毗邻的学科分别提出了如此不同的问题，更确切地说，有哪一条河流如同莱茵河那样，把应该对这些问题作出回答的地理学家和历史学家置于如此不同的氛围之中？

地理学家进行着观察。巨大的莱茵通道由延绵不断、彼此交替的山口、平原走廊和峡谷所组成，对于地理学家们来说，生动而强烈的莱茵河观念来自这条通道在国家之间，同时也在人与人之间通过团结和互助而创造的一切。

阿尔萨斯就是这样一个平原走廊，它出现在将孚日山脉和黑林地区隔开的开阔地带中部，一侧是在贫瘠的冲积土上形成的阴暗的森林，它遮住了莱茵河从远处走来的身影，另一侧是层层叠叠的葡萄园，它布满了孚日山脉脚下和林木葱绿的小山包；两侧之间则是侍弄得十分精细的井然有序的耕地。这个地区面积虽不大，却在经济中长期扮演着十分独特的角色，原因在于这里不但土地肥沃，而且是一个与外界往来进行接触的必经之地。当我们聚精会神地对它进行观察时，展现在眼前的是叶片繁茂的烟草和在炎热的夏季里成熟的玉米，在这些产于温暖国家的作物中，还可以看到甜菜、小麦或啤酒花等凉爽地区的作物，依据德国人和弗兰德尔人的习惯，甜菜和小麦往往实行套作；人们给啤酒花纤弱的茎秆绑上了防止倒伏的支撑物，让花蕊在阳光下成熟；北方和南方在这里手拉手地和谐共存。

由此往北就进入了法尔茨[①]和黑森地区。在凯泽尔斯劳滕和诺伊施塔特之间穿越哈尔特，景色就同乎日山脉和奥登瓦林山那样，满眼郁郁葱葱的山林，大片针叶林中散布着一些光亮闪烁的居民点；贫瘠的耕地与牧场相邻，湍急的河流穿行在陡峭的峡谷中。诺伊施塔特附近豁然开朗，低变高，窄变宽，暗变亮。取高山而代之的黑土平原从诺伊施塔特延伸到美因茨，黑土平原被分割为无数块耕地，地块之间并无篱笆相隔；平原两侧低矮的小丘上生长着层层叠叠的葡萄。大自然的慷慨赠予提高了这条大通道对于人类的价值；来自浓雾弥漫的北海沿岸和阳光灿烂的地中海沿岸的商人与商品，川流不息地从这些富饶之乡经过。莱茵河畔这些地方的形象闪闪发光，早已为人们所熟悉。

整个欧洲没有一条河流能与莱茵河匹敌，从鲁罗尔特到鹿特丹这一河段上的景象，最能体现莱茵河的重要性。当人们航行在宽达 500 米的河面时，只有一直伸延到远方雾霭之中的那些陡峭的河岸，才会引起人们注意，人们不像在高山中穿行于雄伟的隘路

① 法尔茨，又译普法尔茨，法文为 Le Palatinat，德文为 Pfalz。

上那样，将注意力集中在壮观的城堡和布满葡萄园的山坡上。用一些端部紧贴水面的石块砌成的河岸护坡，向航行者显示水路里程的巨大的白色标牌，沿河城镇中交通井然有序的林荫大道，这些由河流本身所呈现的千变万化的景色，犹如它生命的律动，把河上船客的注意力牢牢地吸引住了。喘着粗气的拖船颤巍巍地牵引着低矮的平底船队，排成两列擦着水面行驶，这样的船队有时会同时出现在河的两侧；航行在河上的船只样式各异、千姿百态；作为古老运输方法的见证，木排在船队两侧展示着它们巨大的身躯；闪闪发光的白色游船从木排旁边驶过，汽轮拖着满载煤炭和矿砂的驳船，小型帆船也运送着为数不多的货物；有时还可以看到海轮高大的身影，海鸥在海轮周围上下翻飞，勾勒出一幅出人意料的图景……然而，这条长长的莱茵河走廊，这条风平浪静的水道，不就是一个海湾、一个海峡吗？20 个国家的旗帜飘扬在航行于莱茵河上的船只上……

地理学家眼中的莱茵河就是这样的。因为，河谷为整个欧洲大陆提供了建立广泛联系的可能，人员和商品的流动极其频繁，众多的联系在这条水上大动脉上结成，这一切使地理学家们眼里的莱茵河仅仅是欧洲最活跃的自然通道，这一切使地理学家们把因现代经济而重新变得强大的莱茵河沿岸诸国，视为全世界人类的和平劳动和生产劳作最积极、最活跃的地区之一。

历史学家怎样呢？他们读着书，倾听着隆隆之声，今日的隆隆之声或是淹没或是增强了往昔的不谐和之声。他们力图作出努力，以超脱的姿态，勇敢地从大量相互矛盾的事实和解释中，对莱茵河在以往各个时代中的作用、价值和意义，梳理出一个全面性的看法来。这是一个极为艰巨的任务，在地理学家以往的著作中，在一代又一代的学者、作家、想入非非者和卫道士们为颂扬无与伦比的莱茵河的光荣而撰写的大量书籍中，如果说确实往往缺少某种东西的话，请你别说那就是不偏不倚；如果说这许多作者全是为了眼前利益而自觉或不自觉地热衷于篡改事实的作假者，那也不是事实；其实，他们中的不少人只不过走上了歧途而已，若能好好地加以引导，他们是会回到正路上来的。那么他们错在哪里呢？首先，他们顽固地把莱茵河看做一条应该坚守或夺取的边界，一个应该首先夺取然后严加控制的猎物；莱茵河曾经勾勒了边界，如今它的某些段落再次成为边界；也就是说，在许多年月里，年迈的莱茵河老爹在人们的心目中是一个囚徒，是一个人质……这些年月离我们并不遥远。在精神的自然作用下，历史学家们把不久前的过去和活生生的现在，一股脑儿抛进了遥远的往昔。在他们天真的想象中，眼前的悲剧年深日久，一部充满着人与人之间的知识、宗教和艺术交换、借鉴和接触（姑且暂不深入到经济方面去）的历史，经常被他们不自觉地说成是一部不人道的屠杀和战争的历史，如今他们又以巨大的努力故伎重演。事情尚不止于此，历史学家们无缘无故地对莱茵河的过去所施加的重压，便是套在人类愿望头上既盲目又有目的命运桎梏的重压。

遣责他们的狂热吗？可是，恰恰是各国人民的狂热，即暴烈的历史的现代参与者，企图从过去为这种历史找到辩解。我们的同时代人自以为熟知所有路口，于是便在每一个转弯处，向沿着崎岖的莱茵河命运之路而下的朝圣者们，一一指明所有的路口。观察历史的角度于是被危险地扭曲了。其实，历史并不是无法避免的命运所造成的结果，而是由善于倾听不同声音的人们所创造的，所以无论以多大的努力恢复历史的原貌都不为过。为了各国人民的利益吗？历史学和地理学不必为实用主义推波助澜；我们所需的只是对各种事物正确和合理的理解，其中包括过去的事物，当然也包括现在的事物，这就足够了。

刚才谈到应该加以引导，是否可以说这件并不轻松的差使意味着要完成两项任务呢？一项是破坏性的，即消除所谓的命运幻影；另一项是建设性的，那就是告诉大家：在莱茵河的历史中，除了用来编织不和与冲突的那些事实和事件之外，还有另外一些截然不同的事实和事件。曾被歌德热烈赞颂的这块乐土，虽然曾经遭受仇恨之风的摧残，却也曾受到才智的气息、充满活力的欧洲文明和文化的气息的熏陶。我们应懂得如何采集这些气息。姑且把“天然边界”的说法归之于一些人的诡谲和另一些人的天真吧，要知道，所有边界都是人为的。边界有“公正”或“不公正”之分，但是，要求人们讲“公道”或者建议人们使用暴力的，却不是大自然。把“人种”留给不怀好意的牧羊人吧，他们对此拥有发明权。我们之所以这样做，不仅因为科学研究迄今所获得的成果提出了这样的要求，还因为我们是法国人，我们不必因为正处在动荡不安的时刻而不敢这样说。法国人不会面对外国人挥舞被米什莱①从我们的中世纪史中清除的那种观念，这样做并不背离我们民族的愿望，我们这个民族对于愿意在接受法律的前提下与我们

① 米什莱(Jules Michelet，1798—1874)，法国历史学家。

共同生活的每一个人，永远张开双臂表示欢迎；米什莱不同意奥古斯都·梯叶里①、弗朗索瓦·基佐②和昂利·马丹③的看法，把他们的观念清除掉是他的光荣；弗斯泰尔④曾将这种观念追溯到墨洛温王朝和加洛林王朝，卡米伊·茹里安⑤则一直上溯到史前时代的边缘方才罢休。他们都看到了如下事实并且把它说了出来：在被称作"法兰西"的这块土地上，人群之所以能在经历了许许多多决裂和动荡之后保持团结一致，原因并不是卡米伊·茹里安所说的"强加给我们的血缘命运"，而是浓缩在一个名字中的习俗使然。

由此可见，本书由一位地理学家和一位历史学家合作撰写，绝非偶然。地理学家总想从过去的角度来解释现在；而历史学家向来十分重视历史的地理范围。

事实上，他们两位的合作并非仅仅出于他们的主动。法国莱茵地区最大的银行希望出版一部书，纪念该行成立 50 周年，于是征询这两位地理学家和历史学家，请他们就莱茵河提出的基本问题发表各自的想法。在阿尔萨斯兴业银行慷慨资助下，这部著作出版了，书很漂亮，但是印数很少，而且是非卖品。许多读过这部书的人觉得，这样一部以真诚之心写成的充溢着国际公正精神的

① 梯叶里(Augustin Thierry，1795—1856)，法国历史学家。

② 基佐(François Guizot，1787—1874)，法国政治家和历史学家。

③ 马丹(Henri Martin，1810—1883)，法国历史学家。

④ 弗斯泰尔(Fustel de Coulanges，1830—1889)，法国历史学家。我国史学界多以其姓氏古朗统称之。

⑤ 茹里安(Camille Jullian，1895—1933)，法国历史学家。

著作，没能以广大公众便于获得的形式出版，实在太可惜了。兴业银行再次显示了大度，允许两位作者抽出书中版权属于该银行的那些篇章，另出一个经过改写的增订本。对于参与策划这部书的人来说，莱茵河畔的生活不是写在书本上的一个概念；但愿这部以新面貌出现的著作，能为驱散孕育着灾祸的乌云，为摧毁地方主义的战争和仇恨的历史，代之以和平交流和团结的历史作出贡献。这么说吧，我们以追求客观知识为唯一关注，撰写一部活生生的莱茵河的人类史。

面对一大堆问题作了长久的思索之后，最佳选择便是提笔开卷，勾勒轮廓，俾使研究顺利地向前推进。材料实在是汗牛充栋，如果我们能把两三个经过选择的时期交代得比以前更加清晰，如果我们能在读者的脑海里留下两三个我们认为正确的想法，我们就感到非常幸福了。

第一章 莱茵河的三个题目

不必担心我们追溯得太远，以致越出了历史的范围。早在1907年，卡米伊·茹里安就发表了与梅叶①的意见相似的看法。梅叶认为，在语言研究中如果将史前时代的史实与此后的史实分割开来，就有“经常割裂属于同一趋势的众多事件”之虞；茹里安则在一篇铿锵有力的“史前辩护词”中指出，与古老的历史学相比，一个尚在蹒跚学步的学科也许从现在起就能对人类真正的命运作出更多的回答，他说：“史前史中丝毫没有关于这些个人、战斗和革命的记载。摆脱了充斥于历史学的超人之后，科学才终于认识了人类。”心灵和精神、信仰和对未知的征服、技术和社会，总之，人的这些创造正是人的主要特征，它们的起源和某些最初的确认已经相当古老，以致人们只知其然而不知其所以然了；莱茵河这样的大江大河便是如此。

Ⅰ. 通道：一条大河的形成

莱茵河，当代人诵读着这个短促的名字时，一幅图景就会涌现

① 梅叶(Antoine Meillet，1866—1936)，法国语言学家。

在眼前，这条古老大河的全部流程就会异常清晰地显现在人们的脑海中：它发源于阿杜拉山，蜿蜒曲折，渐渐形成河床，起初水流湍急，然后穿行于峡谷之间，最终以其宽阔的河面将丰沛的水量注入北海。当我们想到这些时，既没有丝毫的神秘感，也不觉得有任何问题。莱茵河犹如一个人，从源头到入海口，我们对它如此熟悉，以致把它当作站在眼前的一位交游已久的老朋友。

可是，问题还是有的。一个人出生之后才能成为我们的朋友，河呢？河显然也是一个个体，人们在久远的年代就把它人格化了。大自然在造化个体的过程中，并非不曾有过迟疑和求索；莱茵河曾经与奔腾在布鲁瓦河和阿勒河峡谷中的罗讷河上游相连，后来不是彼此隔绝了吗？它曾经流经勃艮第的边缘，经由杜河、索恩河和罗讷河中游的河床流入地中海，可是后来它不是改道了吗？重新穿过阿尔萨斯平原流向北方以后，它不是不再经由威悉湾流出美因茨盆地了吗？作为新来的客人，它从巴塞尔悄悄地进入那个同样以莱茵为名的峡谷，从宾根附近的一条斜路流出这个峡谷后，终于成为一条宽阔的大河。此处是它的主流，是名副其实的莱茵河，彼处是它的支流，是汇入莱茵河的小河；挺好，可是，依据谁的规定说这是主流，那是支流呢？是大自然还是人？是一个个体，也就是这条河。不过，大自然并没有为莱茵河规定最终的模样，是人依据合理的选择和自觉的意志为它确定了如今的模样。

从罗腊西人的奥古斯塔到各个岛屿、卢克马尼尔山口，到巴达维人的克莱蒙山，只有一支水流和一个河床可供主流使用，别无选择，这一点非常清楚。但是，巴塞尔以上地段呢？河水来自康斯坦茨湖，河床突然被无法穿越的沙夫豪森瀑布切断；或者说，河水来自四州湖的罗伊斯河和从哥达湖流出的古老的阿勒河，来自土恩湖和芬斯特腊尔霍恩湖；水量充沛的阿勒河与莱茵河汇合之处，水量大于传统的莱茵河，可是，为什么要保持主流的尊严，用莱茵河来称呼这许多水流呢？在习惯面前没有惊愕。我们从孩提时代起就看惯了将山川河流分成等级的地图，习惯于把河流当作现成的地理现象，谁也不曾讨论过它们的必要性。再说这有什么用呢？就莱茵河而言，我们甚至不曾觉得以下两点有什么奇特。据我们所知，许多河流（我们只举两条河作为例证）曾多次更换名字。例如，波河在被称作帕杜斯河之前，曾时而被称作伯丁古斯河，时而被称作埃里达努斯河；索恩河则曾经有过三个不同的名字：布里古诺斯河、阿腊尔河、索戈纳河；可是莱茵河从它出现在希腊文献之日起，就与现在一样叫做莱茵河。就是说，不为我们所知的先辈们在两千余年之前就像现在这样称呼它了。从那时起，这个名字所指的是从雷蒂山到巴达维亚湿地的那条河流的全部流程，沿途的地理特征也与现在几乎完全一样，变化极小。在凯尔特语中，莱茵河的第一个名字雷诺斯的含义是流水、河流或大海，古爱尔兰语为此提供了佐证。莱茵河获得这样一个普通得无以复加的名字，是在公元前的哪个世纪呢？现在当然不必为此确定年代，而是要知道人们如何和为什么将选定的若干条水流头尾相接，使之成为一条河，成为我们传统上的莱茵河。我们把目光投向地图，便能作出一种推测。

对于人来说，山的重要之处不在于山顶而在于山口，更重要的是山谷的两种功能，其一是人们可以从朔风劲吹的山脚向上攀登，其二是可以沿坡下山，去往兴趣和信仰吸引的地方，满足一下看一看外面世界的热烈愿望……如今地图上的每一个点都有详细的标注。可是，在绘制地图尚未成为科学之前，人们感到有必要（通常

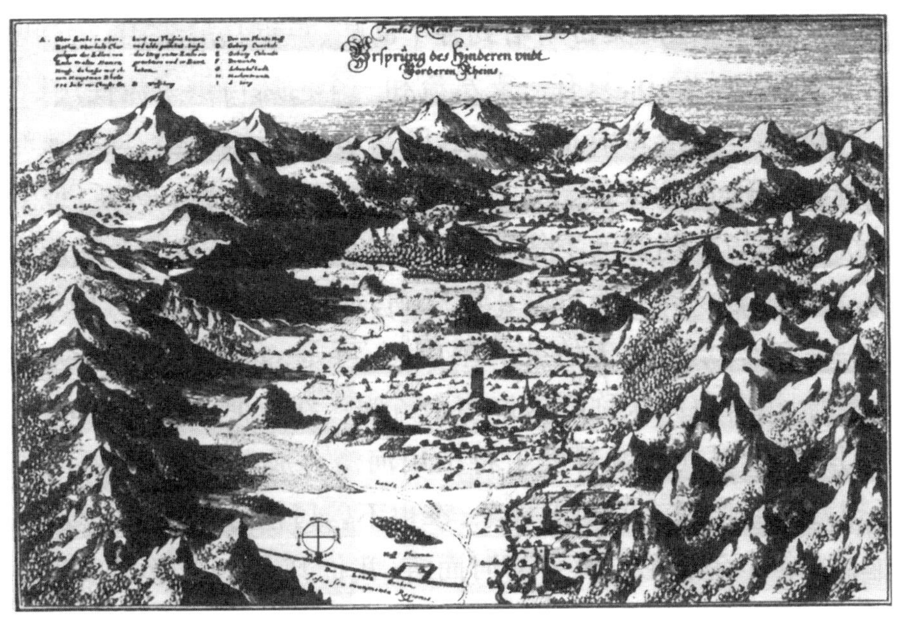

17 世纪对于莱茵河源头的描述

很少感到)给每个山顶竖一块名牌;为山顶命名的想法自然来自居住在山麓的乡民,山这边和山那边的乡民给同一座山各自起一个名字,一些雄伟的山峰于是往往就有两个名字;比如,同一座山峰,南麓的乡民称作切尔维诺峰,北麓的乡民却称作马特峰。为一些较大的河流命名也是这样,一条河流过一段距离后往往会与另一条河交汇,为了能够始终辨认主流,不因远离源头而混淆主流和支流,人们只用一个名字来称呼主流的全部流程,这样一来,大河与它们的支流便得以区别。莱茵河就这样诞生了。

阿杜拉峰脚下,一望无际的芦苇……不,莱茵河并非发源于充满诗意的芦苇丛中,它诞生于一些比较便于通行的山口,这些山口俯视着莱茵河的一些源流,其中有布雷诺河与雷诺河之间的卢克马尼尔山口，控制着莱茵河下游的圣贝纳迪诺山口、斯普吕根山口、塞普蒂默山口和狭窄凶险的维亚马拉峡，以及俯视着哈尔伯施塔特的尤利尔山口；这些可以通行马车的大山口常令我们忘却了一些较小的山口，比如南方的马伊拉河与北方的马德尔河交汇处的马齐奥山口；三个相似的名字：马伊拉、马德尔和马齐奥启发了聪明的乔治·德·曼泰耶，他依据地名学理论，逐一审视了那些刚刚形成的河流和许多山口，无畏的商人们翻山越岭经过这些山口贩运商品……莱茵河就诞生于这些通道和通道那边的马乔列湖、科莫湖和伦巴第平原，方便的水路交通为贸易创造了良好的条件，为这些地区的居民带来了长期的充裕和富足。不必试图在各个山口之间进行选择，不必试图弄清各条河流的源头有什么关系。例如，罗讷河与莱茵河之间，分别发源于阿尔贝格山口两侧的莱茵河与因河之间；因河这条巨大的水上通道本身又被布伦纳山口和阿迪杰河谷割断，然后流到交汇处，哈尔施塔特人从这里离开特劳恩河，走向下奥地利平原。也不必试图确定美丽的康斯坦茨湖在莱茵河的形成中究竟扮演了什么角色，康斯坦茨湖简直就是中欧的一个小型内海，从飞艇上往下俯瞰，可以清晰地看到它的周遭分别是瑞士、奥地利和德国。我们不妨概括地说，莱茵河像是一条导线，一目了然地径直伸展在波河平原和北方地区之间。确切地说是哪些地区呢？从历史上看，就是皮莱讷[①]以极其敏锐的历史感称之为第二个意大利的那些低地地区；这个地区港湾众多、河道密布，围成无数小岛，其作用恰如威尼斯地区之于航行在地中海上的水手，史前时代的北方民族曾在这里波涛不兴的水边捡拾琥珀，在

① 皮莱讷(Henri Pirenne，1862—1935)，比利时历史学家。

他们看来，众神之中最了不起的光明之神与一缕阳光，一同被禁锢在这些神秘而奇妙的琥珀里面，而在此后的漫长岁月中，人们把琥珀看得远比黄金和宝石更加珍贵。

琥珀大概产于维斯杜拉河与涅曼河（梅默尔河）之间遥远的萨姆兰。很久很久以前就有一些水路通向萨姆兰，水路周围散布着扼守埃斯科河[①]和马斯河河口的神圣的瓦尔赫伦诸岛，这些水路还控制着易北河、赫尔果兰岛及其险峻的岩石。费马恩岛监视着后来分别被称作基尔湾和卢卑克湾的两个海湾……可是，长长的商队从黑海沿岸缓缓走来，穿过德涅斯特河和南布格河河谷，然后登上这块令人垂涎的"海泡石"。这条走向东部的路线把莱茵河渐渐抛在身后了；不过，琥珀也可以在弗里斯兰[②]地区西边找到，商人们沿着祖先迁徙时走过的老路，在神甫和上帝的佑护下向蕴藏着琥珀的地方前进，用他们带来的金首饰、铜制品以及后来的铁制兵器等珍稀之物，交换无价之宝，然后把琥珀如同战利品那样带回到地中海边的神庙，一直带到多多纳和提洛岛。路线当然不止一条，长期以来最常用的路线是这样的：从波希米亚和莫尔道河来到易北河，然后从马格德堡附近的拐弯处抵达威悉河，直到威悉河流出赫西尼安山的那个地方。然而，莱茵河不久就担当起了通向弗里斯兰路口的向导角色，莱茵河从北海导向阿尔卑斯山脉、特辛以及众多的湖泊，最终到达波河河谷。德尼斯[③]在2世纪用一系列富有教益的彼此混杂的手法，向我们展示了在白杨树下嬉戏、在河边采集琥珀的……凯尔特人儿童。这是一条十分久远的路线，记

① 埃斯科河（Escaut），又名斯凯尔德河（Scheldt）。

② 弗里斯兰，荷兰北部地区，法文写作 Frise，荷兰文写作 Friseland。

③ 德尼斯（Denys le Périégète，生活于公元1—2世纪），希腊地理学家。

17 世纪初的库尔

载在罗得岛的阿波罗尼乌斯[①]诗中的驾驶阿尔戈号的英雄们[②]，走的也是这条路线。据这位诗人神秘而奇特的地理记述，当时叫做罗达诺斯河的罗讷河分为三支，有三个入海口：一支是注入大洋的今日的莱茵河，另一支是注入爱奥尼亚海的今日的波河，第三支是注入撒丁海的今日的罗讷河；罗讷河的入海口几乎面对着斯托察德，即耶尔群岛，在第一铁器时代[③]，一条向大陆输送珊瑚的通道

① 阿波罗尼乌斯(Apolonios de Rhodes，？—295)，希腊诗人。

② 依据希腊神话，迦森(Jason)率队搭乘阿尔戈号前往科尔希(Colchis)求取金羊毛。此事在阿波罗尼乌斯的诗中反映最详。

③ 第一铁器时代相当于公元前 1000—公元前 500 年。

以耶尔群岛为起点。被赫拉[①]弄得晕头转向的阿尔戈号上的船员们最终到达的地方便是这里……如果这里说的是三条路线，而不是三条河流，那么，这个观念从各方面来看都是合乎逻辑的。

其实，三这个数字一点也不算大。早在我们所知的第一批商人之前，许许多多人已经发现并使用这几条古老的商路了，他们当时使用的语言如今再也听不到了……三这个数字远远不足以说明这些古老商路之多。注入莱茵河谷的水流同样作出了贡献，它们使它终于成为莱茵河，使它为人们所熟知，使它能为人们提供服务，使它有一个确定的流向，对此怎能不置一词呢？

水路可以分为两组。南面是多瑙河的一条或多条水流，也就是从雄伟的伊斯特洛斯河（后来才叫做达努比奥河，况且仅指其上游）谷地中看到的那些水流。事实上，这条水流不单为商人及其商品指明了方向，他们来自亚洲的十字路口黑海和也许对形成新石器时代的生活方式作出过贡献的黑海沿岸平原，最终到达我们这个世界的中心。水路也许不止一条，其中之一通过康斯坦茨湖和阿尔河，直达潮湿的沿岸布满了史前人类栖居地的那几个湖泊，拉泰纳[②]这个史前人类栖居地有力地说明，这些遗址当年的规模十分巨大。另一条则通过突兀在前的蒙贝里亚尔山崖脚下的隘口和环绕着弯弯小河的贝桑松卫城，直达很早就有人类居住的索恩河和罗讷河地区。这条水路不仅提供了水流和河谷南部湿软的河

① 赫拉（Héra），希腊神话中的主神宙斯的妹妹和妻子。

② 拉泰纳（La Tène），瑞士境内的古人类遗迹，后被用以指称第二铁器时代。

泥，为那些外来者向前推进提供了方便，外来者带来巨大破坏，也带来了新习俗和新发明，他们深入欧洲中部走廊，在那里你追我赶地展开厮杀；这条水路还得益于与之交叉的另一些水路的特殊贡献，这些水路有的与之垂直相交，经由纳布河和萨尔河通往易北河及其早已被发现的各个河口；有的则经由赫芬根、瓦尔茨胡特和森德哥河或者内卡河，从罗滕堡到坎恩施塔特和海德堡，从而得以绕过黑林地区抵达莱茵河；所经地区的各类产品扩大了这条水路上的商品交易量。

这些通道还用来运送食盐。水路两侧散布着一些著名的盐矿，其中包括一些声名远扬的盐产地，诸如哈尔施塔特和哈莱因、科赫尔河畔的哈雷、斯塔斯富特南边萨尔河畔的哈勒；在日耳曼尼亚战役中，朱利安[①]在这里见到了勃贡德人和阿勒曼人手持刀剑争夺盐矿的情景。这些水路还用来运送金属、青铜和黄金从欧洲东南部经由这些水路运往欧洲西北部，诺里库姆的铁沿着多瑙河上游和内卡河，以接力方式运到罗讷河和莱茵河。下面这一事实颇能说明问题：第一铁器时代早期特有的巨剑，不见于高卢南部和瑞士西部，却可以在巴登地区、阿尔萨斯、洛林和勃艮第等地找到。但是，只谈产品在这里是否就够了呢？在水路交织的森德哥，在内卡河的各个入海口，在北面的美因茨盆地，人们彼此交换的不只是工具、武器或首饰，而且还有思想，是的，彼此交换的还有文明前进的脚步。美因茨盆地从新石器时代人在河边建造茅舍起，直到成为青铜和铁的重要集散地，始终如一地得到人们的培育；青铜和大

① 朱利安(Julian)，罗马皇帝(361—363 年在位)。

量的铁经由尼达河和韦特河来到这里，然后去往富尔达河和威悉河方向。剑能够驯服地听从持剑者的直接命令和他的瞬间直觉，因而被看做“用以延长血肉之躯的铁臂”，当剑开始分享人们对于斧头这种粗笨的杀人凶器的青睐时，难道仅仅是一种工具或一种行为方式的传布吗？由此而形成的难道仅仅是更加灵巧的举止吗？在舒马赫一部漂亮的著作中，有一张地图为这些后来的水路勾勒出了轮廓；通过今日的人口分布状况，我们不难发现这些水路在当年的重要性；事实上，借助这些古代水路，不同地区和不同人群之间的接触不断扩大；这些地区包括莱茵河沿岸、中欧平原、较早得到开发的波希米亚和诺里库姆、稍远处的庞尤克辛（今黑海——译者）沿岸；这些人群包括哥特人、斯拉夫人和上百个其他人群，他们后来以密集的方式组成为日耳曼部族，成为不安于现状的杂乱而喧嚣的一大人群。

还有多瑙河通道；北方的通道同样以其伸向远方的触角通向各个人类聚居中心，尤其是日德兰半岛，那个地方简直就是产生人群和部族的熔炉……有两条路，一条是威斯特伐利亚路，另一条是滨海路。它们的走向应该从以下两部著作中去辨识：一部是维达尔·德·拉布拉什①“为欧洲土地占有史所著”的《法国全图》，书中附有一幅著名的地图；另一部是埃马纽埃尔·德·马托纳②的

① 维达尔·德·拉布拉什（Paul Vidal de la Blache，1845—1918），法国地理学家。

② 埃马纽埃尔·德·马托纳（Emmanuel de Martonne，1873—1955），法国地理学家。

《世界地理》，此书的第 4 卷“德国”中也附有几幅很说明问题的地图。

第一条路沿着赫西尼安山脉北麓延伸在呈阶梯状和便于挖掘的黄土地上，从马格德堡地区的博尔德到威斯特伐利亚的黑尔韦格，它悄无声息地来到莱茵河，在利珀河和鲁尔河之间经过一些令人浮想联翩的地方：帕德博恩、埃森、杜伊斯堡、高级神职人员的驻地和军事古堡，这些地方后来成了浓烟滚滚的煤铁之都。这条路在芬洛与马斯河相交，第一铁器时代的一个巨大的墓群表明，此地曾是一个繁华的大地方。从这里开始，这条路线稍稍改变方向，避开皮尔，经由埃沃的湿软河泥地带和埃斯拜高原，来到埃诺、皮卡第和明净的香槟土地上。内安德塔尔峡谷中的居民从他们的洞穴就可以看到这条路与莱茵河交汇的地方。斯普罗克霍夫的一幅地图清晰地标明，早在第一青铜时代，这条水路流经的地段上就散布着 20 个货栈。德鲁苏[①]的第二次战役就是沿着这条路进行的。

德鲁苏在公元前 12 年也利用了另一条路，这条路沿着盛产鱼类的海岸延伸在冲积滩地上，这片低洼的冲积滩地异常肥沃，人口比较密集，一大片贫瘠的砾石地和沼泽地将它与内地隔开。由此从波罗的海到英吉利海峡，从维斯杜拉河到埃斯科河，然后再到索姆河，一块又一块受着海浪威胁的坚实的土地，与一些岛屿、湿地和沼泽中的绿洲连成一片，居住在这些绿洲上的是过着两栖生活的弗里斯兰人和冷漠的巴达维人；进入新石器时代之后，这些绿洲的居民便是那些经常成群结队地前往南方贫瘠的赫西尼安土地上

① 德鲁苏(Drusus，公元前 38—公元 9)，罗马帝国将军。

进行殖民活动的部族了。不过，这里依然是十字路口，依然是居住中心。例如，通格尔和巴韦便是如此，巴韦附近的一条罗马时代的大道表明了这个地方对于人类生活的重要性，而安特卫普、根特和布鲁日则证明了通格尔的重要性。一位古代历史学家提及的唯一的一座日耳曼古城，恰恰是只能在这个地区找到的阿希布吉乌姆（今埃森堡——译者），这难道是偶然的吗？塔西佗声称这座城市是尤利西斯及其父亲列尔泰斯建造的（见《日耳曼尼亚志》第 3 章），也许这是因为他错读了一则碑铭而产生的误解。近年进行了一些考古工程，旨在搞清莱茵地区的琥珀贸易输送路线的起点和储存库；大胆而审慎的马萨里奥特人不愿贸然进入波涛汹涌的北海，于是从公元前 6 世纪到公元前 1 世纪，就利用储存库从居住在易北河与莱茵河之间的中介人坦科特人手中，接收用船只从阿邦库尔岛运来的珍贵的商品……

过于详尽的细节并不十分重要。我们应该牢记的，或者说，自古以来照亮莱茵河的命运的，是这样一个事实：是人，是将众多的水流集为一条大河的人，把山口、激流锻造成为一条通道，而不是一堵屏障；是一条纽带，而不是一条鸿沟。

Ⅱ.天然边界

也许是南北之间的一条纽带；如果愿意，也不妨说是两个荷兰、两个威尼托之间的一条纽带。然而，是否也可以说是东西之间的一条纽带呢？除了莱茵河这个名字，我们对于这条河所知甚少，所以若想了解它所扮演的角色，就需要从它作为一条交换通道的历史着手。是不是一条和平的通道，这是另一个问题，既然是交易，当然就会有赢利，就会你争我斗，就会经常动武。这些河流往往起到了息事宁人，让商人们和平相处的作用，直到有一天为了这些河流本身，人们彼此争斗起来，那是埃迪恩人与塞夸尼人，他们因索恩河的过河费而伤了和气，发生争执……总之，自从学者开口之后，情况就不一样了，这是一些令人尊敬的学者，他们所提供的不再是诗篇或传说，而是历史学家和地理学家的论述，这些学者宣布说，莱茵河不只是一条纽带，还是一条界线。是这样吗？不。因为古希腊人，例如大约公元前 440 年的希罗多德，并未谈及莱茵河，他们知道阿尔卑斯山以北只有一条河，这条河的河谷似乎是为了将东部的产品和思想运送到西部人的心脏地带而定制的，此河便是伊斯特罗斯河，即今日的多瑙河。可是，以后到来的那些人把多瑙河叫做雷诺斯河，在他们迅速提出的各种体系中，莱茵河扮演了界线的角色。

当然，他们让我们猜的谜起初含混不清；例如，狄奥多罗斯[①]在公元前 1 世纪提出，莱茵河是分隔凯尔特人和加拉西亚人的界线，前者居住在莱茵河左岸，后者居住在莱茵河右岸；这种区分十分令人惊异，因为狄奥多罗斯的前辈，例如波利比乌斯[②]，认为凯尔特人和加拉西亚人是两个相当含混的称谓，彼此可以交替使用。不久以后，大约在公元前 30 年，哈里卡纳苏的狄奥尼修斯[③]在描

① 狄奥多罗斯（Diodore，生活在公元前 1 世纪），古希腊历史学家。

② 波利比乌斯（Rolybe，公元前 205—前 125），古希腊历史学家

③ 哈里卡纳苏的狄奥尼修斯（Denys d’Halicarnasse，生活在公元前 1 世纪），古希腊历史学家。

述凯尔特时宣称，莱茵河是仅次于多瑙河的欧洲第二大河，它将这个广大的地区均分为二，一部分是日耳曼尼亚，与斯基泰相近；另一部分是加拉西亚，靠近南部，朝向比利牛斯山脉。这与我们今日的习惯性说法比较接近，但是，恺撒的《高卢战记》那时已经出版，此书提到了高卢的凯尔特，成为法兰西正式形成之前存在的证据；在这部首次向地中海地区的居民提供有关凯尔特可靠资料的巨著中，恺撒谈到比尔及人时说，他们与“居住在莱茵河那边的日耳曼人为邻，永不休止地与他们作战”，此类名言多达20句。恺撒在别处谈到这些比尔及人时说，他们“大部分”来自不久前渡过莱茵河的日耳曼人，与真正定居在大河这边的日耳曼人联手对付罗马。“那边”与“这边”的变化值得注意，是不是由于知识不足而在不经意间写下的呢？恺撒虽然拥有信息机构，却早已停止运转了。再则，他刚刚接替败在他的军团手下的高卢人，如今驻扎在河边的是这些军团；它们已经渡河，而且打算守卫这条河。由此在历史上产生了第二个观念，其影响之严重甚于第一个观念。由于征服者刻意所为，莱茵河是边界的说法出现在征战的一片嘈杂声中，它不再是一条纽带了。

我们姑且就此打住，转过头来看看当代资料，但不讨论细节。处在比尔及人和日耳曼人中间的恺撒犹如一条分界线，引导他走向莱茵河的，不正是以标明在土地上的界线将游移不定的人群固定在一定范围之内这种需要吗？而他这位杰出的苏丹社会观察家实际上同样被这些人群引导着。首先，他在一部厚厚的著作中告诉我们，说不清有多少部族毕恭毕敬地在尼日尔河的某条支流边上止步，他以一位受过书本和外交传统熏陶的优秀欧洲人就此说道:“这是他们名副其实的天然边界。”可是,仅隔数页却出现了一句无意之中扇自己耳光的话:“除了尼日尔河和下乌埃梅河,其它河流在旱季完全不是障碍,因为河床里一滴水也没有了……”

莱茵河无缘享受这份失宠的滋味。曾有一段时间,莱茵河完全不像我们所知的那样,航道很深,到处都有人工堤岸;冬季和冬季的冰冻,夏季和夏季的干旱,都可能令罗马人忧心忡忡。他们不能不忧心忡忡,因为尽管没有桥,却可以涉水而过;众多的部族扶老携幼,带着行李,拉着夜间可以宿营的大车,一直在涉水渡过莱茵河。“渡过莱茵河”这几个字出现在《高卢战记》中有多少次?在《日耳曼尼亚志》第 32 章中,塔西佗不是将河床坚实、可以当作边界的莱茵河,与无法用来当作界线的莱茵河作了明确的区别吗?此外,他不是在《编年史》第 4 章第 126 节中向我们指出,为了阻止蛮族涉过无法载舟的河流,一些军团不得不在岸边构筑工事吗?

在我的脑海中浮现这样一幅图画:在孚日山脉和黑林之间的平原上,在树木和芦苇后面,在河狸和候鸟经常光顾的沼泽地后面,远比今日更加严实地隐藏着一条河,河水不那么深,水流不那么急,流沙在河中涌动,树干横躺在河泥中;灌木丛散发出腐烂的气味,蚊子成群成堆,莱茵河几乎被稠密的灌木丛彻底孤立了,它与有人居住的土地、农田、农庄和村落之间的联系几乎完全被割断了,只有少量过着两栖生活的渔人、猎人或在河中洗沙的淘金人,能够在这里出入。既然无人监视河流,渡河便是轻而易举的事,于是,性喜冒险的好战部族麇集在河边,看准合适

的时机，涉水或者踏冰越过河面，突然扑向诱人的庄稼和富足的茅舍。

上面说到的是阿尔萨斯地区的莱茵河，可是，稍稍掉换几个词，同样可以用来描述其它地段的莱茵河；正是这些不同地段的莱茵河，首尾相接连成了我们的莱茵河。

现在让我们来看一看莱茵河的众多的支流和支流的支流，有什么更令人惊奇的吗？最初的源头是无数的小溪以及连成网状的小河和湖泊；在瓦尔茨胡特对面，莱茵河不是汇集了瑞士的几乎所有水流，其中包括阿勒河吗？可是，此后什么也没有了，在巴塞尔上游，某些地段的支流流域宽度不足50公里……此后什么也没有了，在阿尔萨斯和巴登之间，莱茵河奔腾而下，伊勒河将它与孚日山脉隔开，近在咫尺的黑林地区只把几条很短的小河投入莱茵河。此后什么也没有了，直到内卡河、美因河、纳赫河、兰河和摩泽尔河从东西两面汇聚过来，在莱茵河主流两侧重新形成稠密的支流网。再往前去直到汇入大海的漫长路程上，支流全都集中在一侧，其中有锡格河、鲁尔河和利珀河，还有埃里特和尼尔斯两条小川，于是，莱茵河与另一侧的联系再次中断……这幅图景其实很能说明问题：与其说莱茵河所呈现的是同一性，毋宁说是多样性。这样一条明显地在不同时期由不同源头形成的大河，它的每一个河段都与众不同，各有特点；不同河段的河岸呈现不同的面貌，它们向人们所提供的支点价值也各不相同，难道不是这样吗？

激流从巴塞尔直泻斯特拉斯堡，像一头猛兽闯入它流经的地区；莱茵河不但没有把不同的地区连成一片，反而把同一地区分隔开来了，从科隆到注入大海，莱茵河沿岸的背景呈现出幻觉般的力

量，高炉、炼钢炉、炼焦炉和轧钢机向天空喷吐着混有金属的浓烟，后面不远处便是一幅三角洲的景象，我们不妨称它为莱茵河边的美索不达米亚，下面是稠黏的黏土平原，农庄孤零零地散落在平原上，就像是伦勃朗的油画一般。除了都叫莱茵河以外，激流和莱茵河还有别的共同点吗？河岸变得模模糊糊，顺流北上的游客犹如向着永不枯竭的海洋水库走去，映入眼帘的只有架在波光粼粼的河面上的苍穹，天际不时有一行行大雁划过，一缕金光满含不宜示人的希望，在形状不断变化的灰色云层中，把整个天空染红。各个河段各不相同，流速不一，景色迥异，文化和居民状况也各具特色。这些条件造成了各个河段的景观，也可以用来解释，何以在这个普通生活之风劲吹的山谷里，总能见到各种独特的关系，其中有的偏于传统，有的更富人情，而不管前者或后者，都显现出当地的勃勃生机……因此，如果想要广泛结交，那么莱茵河总共只有一条；如果想要画地为牢或者与人争斗，那么莱茵河就有若干条，若干条时而将人们聚拢时而将人们分开的莱茵河；一言以蔽之：两个世界。

一个是我们的世界：西欧的端部。这是一大片由众多的河流浇灌的土地，交织着平原和高山，既有湿润的溪谷，也有干燥的高原，还有有人经管的树林和种满庄稼的盆地，在维达尔·德·拉布拉什所说的“善意的力量”——“善意的力量”超脱于地区多样性之上，从而弥补了地区多样性的缺陷——的秘密作用下，这片土地逐渐组成为一个容貌匀称端正的法人，这便是高卢和后来的法兰西；这是两个强有力的人群，然而他们的总体生活的营养却来自地方生

17 世纪巴塞尔的莱茵河

活，在他们独一无二的火焰中，融入了成千上万个小家庭和个人的灶火……

面对这个面目清晰、向着早已开发的海洋开放的世界，还有另一个截然不同的世界，那便是广阔无垠的中欧，这片土地的大部分或是与东欧相接，或是与更远的无边无际的亚洲大地相连。这是一块密布森林的土地，经由荒原和草原上长长的路径与东面连通；在漫长的历史上，混杂着众多的民族或部族的巨大人群不间歇地活动在这块土地上，其中包括桑布里人、条顿人、哥特人、日耳曼人、斯拉夫人和另外许多人；他们的差异虽然被一些表面的相似之处所掩盖，他们共同的无能却无法掩饰，那就是说，他们始终未能从森林的腐殖土和沼泽的淤泥中清理出一种明晰的政治制度来，以至于他们的政治制度长期处于模糊不清和半消失状态。

可是，北方的大海与南部地区之间有一个中介，这便是莱茵河；我们本能地这样看，历史也要求我们这样看。它是欧洲的半岛部分与大陆部分之间的鸿沟吗？我们有时候这样说，但是并不确切，或者说仅在某些时候确切。许多宽大而便于通行的隘口沟通了多瑙河河网与莱茵河河网；也许确实是一条鸿沟，可是请问，不是有许许多多的桥梁架在这条鸿沟上面吗？莱茵河地区诸国便是桥梁，尤其是如下这样一些国家，它们各自把政治或宗教的罗泰尔公国[①]未定型的后续者，安插在两个明显有别的世界之间。

这是一些起着界线作用的地区吗？是的。从此岸到彼岸，从此地到彼地，人们并不采用同一方式进行接触。有一些生活节奏缓慢的孤立地区，受着发酵的腐烂物、节节上升的狂热和不断滋生的虫子的保护。还有一些令人厌恶的林带，四周奔跑着迅速繁殖的狼，林子深处如同天然储存库，生活着第四纪遗留下来的各种野生动物：有爪子的驼鹿、凶狠的原牛、披着长毛的野牛、北方的棕熊等等，这还不包括那些体积较小的动物：猞猁、野猫和狼獾……粗壮结实、踽踽独行的樵夫时常光顾生长着山毛榉和松树的树林，哈尔特对面大片阴暗的森林，把奥登瓦尔德山遮盖得严严实实，在右岸更高处的绍尔兰山上，艾费尔高原与之遥遥相对；两侧陡峭的山坡把河的世界围在当中，河流则拐成大弯，每隔一段距离后才为河

① 罗泰尔公国(La Lotharingie)，罗泰尔一世于公元855年为其子罗泰尔二世所建的王国，959年分裂为上罗泰尔与下罗泰尔两个公国，下罗泰尔即今洛林地区。

畔的居民提供一些方便。

这是一些令人止步的地区吗？我们见到的情景却是这样的：胡子上挂着芦苇的族长从未令任何不愿停留的人在此止步。如果说，狄奥多罗斯、德尼斯和恺撒笔下的莱茵河将人群分裂了，这里是高卢人，那里是日耳曼人，那么请别忘记：同一位恺撒曾说，塞纳河把比尔及人与真正的高卢人分隔开来，而加龙河则把后者与阿基坦人分隔开来。其实，这只不过是简便实用的划分范围的分类方法和让人对现实快速作出想象的手段而已，实际上，现实远远复杂得多。想要知道各个民族在地球上分布状况的人们，通常只有一些粗略的地图，而地图上的河流和几条著名的“山脉”，恰恰勾勒了出于实用目的而划分的范围。千万别以为一些定居的部族会手持长矛，以疑惑的目光盯着大路，警惕地“看守莱茵河”，而且不要求换岗。是边界线吗？不，是区域。有时走向分离，但并非处处都是如此。各个区域之间存在着一些纽带。正如我们这里有人所说的“长桥”，桥面平坦，支架稳定；高卢和后来的法兰西，日耳曼和后来的德意志，经由这条“长桥”彼此融合，高卢和法兰西饱受大洋与地中海的影响，日耳曼和德意志则在很长时期中，始终把森林的潮湿气味保持在自己身边，并向周围扩散。

Ⅲ.两个种族之间的莱茵河

在历史学家的追问下，宿命论的命运烟消云散了，国家之间进行接触的可能性显露出来了。可是，在莱茵河两侧是否曾经存在过渊源更深、性质更野的对立呢？是否存在着从恺撒时代起就针锋相对的两个种族呢？这边是凯尔特人，依据民间的想法，凯尔特人当然就是我们自己法兰西人；那边是日耳曼人，也就是德意志人和他们的祖先。这是个大问题，一个充满误解的大问题。让我们直面这个问题，不要拐弯抹角。既然没有文字资料，那就求助于人类学、考古学、语言学这些能够提供帮助的科学吧！

语言学提供的帮助不多。然而，无论为了拨开斯拉夫人摇篮周围的浓雾，或是为了向日耳曼黑夜投去一缕阳光，缺乏文字资料的历史学家都从语言学中找到了最后的援助。一部分工夫花费在寻找各种语言的不同方言之间的亲疏关系，为它们分系编组；有些方言之间的差异大得几乎没有相似之处，但它们依然属于同一种语言。对于这种共同语，语言学家们同样致力于恢复它们的原貌；19 世纪的语言学家们依据在亚洲和欧洲发现的多种语言，成功地重建了这些衍生语的母语，并将它命名为印欧共同语。

语言与历史有什么联系？最直接的联系。一种语言就是一个人群。没有一个人群不拥有自己的语言，没有一种语言不表达一个“单位”的思想：是否应该说政治单位？政治这个词由于它的现代含义而具有危险性，姑且说是文化单位吧，同时并不排除它的政治含义。不同方言的某些符号是否拥有共同的起源？应该说，这些有着亲缘关系的方言曾经拥有一个共同的母语。所以说，必定有一个人群在同一个时期中使用这种语言。在哪里？什么时候？这就是问题。借助经过精细加工的语言材料获得对于“雅利安人摇篮”的确切认识，这是祖先的梦想，我们离它还相当远。但是，凭借武力实行征服的贵族将民众置于自己的奴役之下，用某种机制把自己的语言强加给他们；语言学家为我们描绘的这幅图像，符合祖先们团结一致时的情景，也符合他们分裂时的情景；他们分裂之后产生了新的组合，却没有任何文字资料告诉我们这是些什么样的组合。不过我们同样可以通过已知或重建的语言，获得有关征服者人群的某些概念。比如，梵文就是跟随征服者进入印度的，而拉丁语进入意大利，德语进入德意志东部，还有葡萄牙语进入巴西，无一不是借助武力征服实现的。茹里安把操印欧共同母语的同一文明的携带者里古利亚人以及凯尔特人，都视为远离我们欧洲社会的人群，不也是出于同一考虑吗？里古利亚人是由于发现了印欧共同母语的一种子语，即意大利—凯尔特语才被确认的，他们控制着从爱尔兰海到坎帕尼亚地区、从易北河畔到埃布罗河畔的广大地区。茹里安认为凯尔特人的活动范围更小，他们侵入了后来称为高卢的那个地区；后来罗马人借助同样的征服和取代手段，在他们征服后的废墟上建立起自己的统治。当然，这些只是假说，有人表示异议，可以继续讨论。然而，凯尔特人、里古利亚人、印度—欧洲人，这些含义并不确定的神奇字眼，究竟指的是什么呢？是种族？绝对不是，在这一点上，语言学家、历史学家和考古学家完全一致。

语言学家梅叶在他的名著《印欧语比较研究导论》中写道："没有任何依据允许我们谈论印欧人种，如果说确实曾经存在一个印欧民族，那么我们并不知道它存在于何时何地。"卡米伊·茹里安在1903年刊登在《人类学》杂志上的一封致萨拉蒙·雷纳克[1]的

[1] 雷纳克(Salomon Reinach，1858—1932)，法国考古学家。

信中说:“在民族问题上,拉丁人不是远比我们幸运吗?他们对于‘种族’一词及其概念一无所知,在此类事情上,他们只知道具体的名字。他们说这是拉丁人,那是罗马人;他们完全正确,因为罗马人无非是个名字,凯尔特人也不说明名字以外的其它东西。”皮塔[①]在他的《人种与历史》中嘲讽了这样一些人,他们想在亚洲或东欧“某地”为一些河流找到源头,由这些源头发育而成的是一些神奇般地纯而又纯的河流,诸如里古利亚河、凯尔特河、加拉西亚河、诺曼河等等,似乎这些河流都不是“人类学意义上相同的河流”。

人其实是一种古老的东西。当我们开始讲述摸索时期中人的故事时,人已经在生活、劳动和创造中度过了数千年。凯尔特人、里古利亚人、印欧人,那时都是一群又一群“未名人”,而“未名人”之前的人呢?发明了最原始的技术、筛选了种子并把它们撒在垄沟里的那些人呢?建造了茅舍、驯服了畜牲、平庸地创造了人类家庭——我们的欧洲家庭——这件简单东西的那些人呢?他们都在那里,而且始终在那里;每当发生入侵、征服的时候,每当配备着更先进的武器和更巧妙的工具的大队人马潮水般地侵袭他们的田地和习俗时,他们这些人始终在那里。我们应该从最佳已知或较好已知出发,向一片漆黑的未知挺进。数千法兰克人征服了罗马人的高卢,当他们胜利地进入这片广阔的土地时,除了他们就没有别的居民吗?在他们之前的数千罗马人呢?这些人征服了高卢的凯尔特人之后,没有在这块处女地上扎根定居吗?凯尔特人呢?数

① 皮塔(Eugène Pittard,1867—1962),瑞士人类学家。

千凯尔特人到哪里去了？人群逐渐屈服、归附，最终融为一体。恺撒以后，克洛维斯[①]以后，经过一两代人以后，在高卢那些有衣服和财产的人当中，还能依据语言、服饰、习惯乃至他们所崇敬的神祇，分辨谁是征服者谁是被征服者吗？茹里安指出，被罗马人征服的高卢人迫不及待地接受了主子的行事、说话和思考的方式。费迪南·洛特[②]指出，从4世纪中叶起。高卢—罗马人就令人惊异地醉心于蛮族的服饰和习俗乃至姓名。不妨说这是一种归附行为。那些归附者的祖先是一些混杂的人群，漫无目标地迁徙、劫掠妇女、交换战俘，他们受之于这些祖先的根深蒂固的本质，是否在50年间改变了呢？他们依然停留在那里，而他们人数的众多和秘密而混杂的遗传性，犹如一个巨大而无声的重物，悄无声息地压在后来者的身上。借助含有某些新成分的外来者，人群的混血过程重新开始并继续进行。人们面对自己拥有什么呢？一个名字：古人；两个名字：日耳曼人和凯尔特人。我们还可以说这是两个巨大的人群，其中一个比另一个早熟、早开化。总之，这是一个既深刻相似又鲜明对立的模糊不清的混合体。

《欧洲首批居民》的作者阿布瓦·德·茹班维尔[③]以略显自相矛盾的口气说，在南部德意志人的血管中，凯尔特人血液多于日耳曼人血液；他甚至说，日耳曼人身上的凯尔特人血液比我们法兰西人还多，尽管我们并不认为自己是一个混杂人群的后代，而是其中

① 克洛维斯(Clovis，466—511)，法兰克国王(481—511年在位)。
② 费迪南·洛特(Ferdinand Lot，1866—1952)，法国历史学家。
③ 茹班维尔(Arbois de Jubainville，1827—1910)，法国历史学家、哲学家。

的凯尔特人的唯一继承者。姑且把这看做笑话一句吧。可是请仔细想想，如果说“我们的祖先凯尔特人”确实是恺撒的高卢人，而且罗马作家通常也说：“操凯尔特语的人是我们高卢人”，那么这些高卢人却被拉丁人说成是金发碧眼的高个子，就是魏吉尔在《埃涅阿司纪》第8篇第658行中高唱的金光闪闪的红毛发人，也就是那位虚张声势却又不乏坦率的戈比诺[①]蛮有把握地所说的，既拥有优越性又拥有典范的、完整的“日耳曼特性”的那些长头型人。当我们在莱茵河左岸大唱反调“这里是凯尔特人”时，站在我们面前的是前额短而宽、棕发而不是金发的矮人；这是些短头型人，因而是凯尔特人、法兰西人……那么，高个子高卢人呢？红头发亮眼睛的高个子呢？

事实上，一位做事谨慎、信息灵通，而且不以成见作为理由的人类学家在谈及德意志时曾说：数千金发高个、如同戈比诺所描述的那种长头型人曾经生活在德意志。可是，另外也有数千棕发的短头型人，非得说他们属于凯尔特人类型吗？不错，经过空前激烈的争论后，大家一致同意布罗卡[②]的意见，承认莫尔旺、中央高原和孚日山脉等地的居民属于“凯尔特型法兰西人”；这种人的特征是较短的前额、较矮的身材、棕色头发和深陷的眼窝。然而，这是因懒得再争论下去而达成的一致，是昨日的科学。在出土了大量骸骨的那个著名的索吕斯特史前墓葬群里，略多于1/3的长头型

① 戈比诺(Joseph Arthur de Gobineau，1816—1882)，法国作家、外交家，著有游记多种。

② 布罗卡(Pierre Broca，1824—1888)，法国外科医生、人类学家。

人与正好 $1/3$ 的短头型人并排葬在一起；此外还有略少于 $1/3$ 的中头型人，这就令我们对他们的存在不能视若无睹。既有主流，也有反主流。在涌进我们家园的入侵者中间，有多少"长头型人"和"短头型人"在这里找到了他们自己的祖先，从而与他们重新聚集在一起？正因为如此才有以下这许多人名：苏埃维亚人和阿勒曼人、哥特人、勃贡德人、伦巴第人、法兰克人、萨克森人、诺曼人；如果说这许多名字搅乱了历史学，那就让人类学去梳理吧。每个名字都包含着"种族等同物"吗？不。只是一些不纯的成分所组成的混合物，"长头型"与"短头型"无法区分地掺和在其中。神话就是神话，如果愿意，也可以把它看做幻影。人们在许多笔战中所说的人种，其实只是一种幻影而已；语言学家将帮助我们正视这一点。

遗存至今的各种日耳曼语古文献(从公元前3世纪到公元9世纪)中所使用的语言，构成了"日耳曼共同语"，出现在这些文献中的各种日耳曼语都是这种共同语的变种。欧洲中部的居民使用这种共同语，德意志北部平原上的居民大概也使用这种共同语；什么时候？大概在公元前三四世纪，这样的推测大概不至于太离谱。可是，操这种语言的人究竟是谁？一个民族，而不是一个种族。塔西佗毫不含糊地写道："日耳曼是民族，不是人种。"一个民族，也就是若干人群的一个集合体，其中每个人群拥有各自的首领或酋长，使用各自的方言；梅叶说："若干人群的一个集合体，其中相邻的人群形同一体，他们自己也觉得彼此同属一个整体，但从未组成为一个政治单位。"这是众所周知的说法，我们能超越这个固有的概念吗？

可以超越。因为我们知道，在征服过程中，失败者不会神奇地消失得干干净净。"新来者"强迫"残存者"使用的语言呢？语言习惯犹如擦不掉的印记，征服者把他们的印章原封不动地盖在白纸上了吗？梅叶回答说不是白纸；他从重建的日耳曼共同语中发现了印欧语的某些成分，主动（或被动）接受了日耳曼共同语的人"用一种新的方式"讲这种语言，而从他们自己的角度看来，这也许是一种"相当古老"的方式。征服者是少数，他们统治下的民众在讲征服者的语言时，改变了发音方法，使之与原来的发音方法不同，以此显示他们固守根本的愿望；与此同时，他们对于印欧语奇特和复杂的语法规则的吸收也很不完全。此外还应指出，操日耳曼语的人群，包括征服者和迁徙者，不都是长期处于不稳定状态之中吗？在众多地区和部族之间的频繁迁徙，造成了语言的多样化，使得同一种语言很早就出现了差异。巧妙的语言学为文献匮乏的历史提供了一些轮廓，在不同的名字后面它发现了如下事实：众多的人群滞留在原地，在创造未来的同时永远保存过去。

历史学可以开始工作的时刻终于到来了。可是条件依然极不充分，因为可以算作文献的东西，仅仅是一些名字而已，而且只能从日耳曼人这个名字开始。

我们第一次遇到日耳曼人这个名字是在何地、何时，什么日期？还需要知道的是，这个名字出现在古代作家笔下时，实际指的是什么？关于这两个问题，已经写出了许多著作。塔西佗的《日耳曼尼亚志》中的一句名言告诉我们，日耳曼是一个新的名字："日耳曼是一个不久前添入的新词"；那么日耳曼人呢？萨鲁斯特①在公元前73年使用了这个词。在他之前，这个词见于波塞多尼乌斯②的一部希腊文著作（约公元前80年）。《大事记》中有一条关于公元前

---

① 萨鲁斯特（Sallust，公元前86—公元前34），古罗马史学家。

② 波塞多尼乌斯（Posidonius，公元前135—公元前51），希腊哲学家。

222 年的记载：执政官马尔克卢斯[①]在皮亚琴察附近的克拉斯蒂狄奥姆战胜因苏布雷斯人和日耳曼人，不久即率领罗马军团进入米兰。这条记载是否应视为真实可信，是否应据此将日耳曼一词的出现一下子提前许多年？一支包括一些因苏布雷斯人在内的混合部队打了败仗，这是确凿无疑的，可是除了因苏布雷斯人，这支混合部队还有什么成分呢？波利比乌斯说是吉萨特人。在普洛佩斯[②]的诗中，吉萨特人的首领在一个巨大的盾牌保护下，手持两杆叫做"格萨"的投枪站在战车上；诗人还说，这位首领"不无自豪地声称自己正在顺莱茵河而下"。吉萨特人令我们想到了比尔及人，可是，有多少古人不把比尔及人混同日耳曼人呢？

让我们面对现实。名字只能使我们迷失方向。在罗马的一般人头脑里，凯尔特人和日耳曼人这两个名字指的是同一个人群；前者指这个人群中最野蛮的那部分人，也就是特别凶残、非常热情、吃苦耐劳的日耳曼人；后者则指开化程度较高、离地中海家园较近的那些部族，他们因与外界频繁接触而渐渐失去了原有的特征。但是，越是往北和往东，这些高卢人因众多的森林和沼泽而变得越发野蛮；到了比尔及人那里，就再也分不清谁是前者谁是后者，谁是比较凶残的高卢人，谁是比较开化的日耳曼人了。这是斯特拉博[③]和波塞多尼乌斯的看法，也是西塞罗的看法，而当他表明这一看法时，恺撒已经挥兵驰骋在高卢了；在西塞罗这位罗马辩护人眼里，日耳曼人与赫尔维特人看过去都是"高卢人"。无论如何，日耳

① 马尔克卢斯(Marcellus，公元前 268—公元前 208)，古罗马将军。

② 普洛佩斯(Properce，约公元前 52—公元 15)，拉丁诗人。

③ 斯特拉博(Strabon，约公元前 63—公元 20)，希腊地理学家。

17 世纪中叶的施佩耶尔

曼人(Germani)这个词令人想到其他一些有着同一词尾的高卢人部族,例如佩曼人(Poemani)、科曼人(Comani)、内高卢人(Cenomani);那么,这些所谓日耳曼人是否并非日耳曼部族,而是罗马人在某地遇见的一个或数个凯尔特人部族呢?

罗马人可能由于文字原因而弄错了,因为在罗马人的文字中有一个与日耳曼人(Germani)相近的形容词:germanus,其含义是真实、自然。由此很快就在民间产生了一种生命力极强的关于词源的说法:日耳曼人(也可理解为“真实而自然的人”。——译者)即高卢人,真正、纯粹、上等的高卢人。恺撒本人是否对这个词有不同的理解?不管怎么说,他不具有塔西佗后来特别强调的那种概念(然而,我们这些经常把若干世纪搅混的人却不应忘记,《高卢战记》和《日耳曼尼亚志》以年为单位计算时间,这与伏尔泰作于

1753—1758年的《风俗论》中有关罗马征服的那几章，以及卡米伊·茹里安作于1908—1912年的《高卢史》头几章是一样的）；我想说的是：当时人们都有这样一个概念：日耳曼尼亚是一个广大的地区，被圈在莱茵河、大洋和多瑙河中间，东面是萨米蒂亚人和达契亚人的土地。这个概念完全是地理概念，而绝非人种概念；这是那些具有建设精神的人所获得的概念，因为他们所面对的那些地区令人担忧：活动在黑森林边沿上的好战部族，对于他们身上那种南方人对阳光的喜爱心怀敌意，时刻准备倾巢而出，向远方实行攻击。由于不甘心于对这些部族一无所知，他们决心搞清楚这些部族究竟是什么人。他们终于获得了一些信息，尽管其中有些并不十分准确。就这样，恺撒仅仅知道这些部族的一条界线，而塔西佗却不仅已能勾勒出这些部族的活动范围，而且把日耳曼人置于这个活动范围当中；这是很自然的事，因为他把这些部族的活动基地叫做日耳曼尼亚。可是，为什么不着手使之靠拢呢？

日耳曼人（Germani）这个部族的名字，渐渐变成了一个地方的名字（"日耳曼是一个不久前添入的新词"），又从地名变成对这个地方居民的称呼，最终成为一些人的名称，而这些人的血统、语言和习俗都与原来叫做日耳曼人的那些人不同。同样，在另一个大陆上，向迦太基进军的罗马人把阿非利（Afri）这个称呼赋予被布匿人征服的土著居民，并由对人的称呼变成了对地域的称呼，阿非利加起初是一个行省的名字，后来变成一个洲的名字。当阿拉伯人到来时，这些名字都消失了，戈迪埃在他的《马格里布的黑暗年代》中写道："这是因为阿拉伯人头脑中没有这些基于地理的大类别，阿拉伯人眼前唯一有意义的东西便是部族。"如果把阿拉伯人换成日耳曼人，岂不是也会把起先指凯尔特人的日耳曼人，后来指日耳曼人的日耳曼尼亚这段历史颠倒了吗？

可是，这一切涉及种族吗？即使在恺撒时代，人群也是混杂的，日耳曼人或多或少有些凯尔特化，凯尔特人则加入了日耳曼人联盟，他们长久地互依共存，历史学、考古学和语言学都对此提出了彼此吻合的佐证；既然如此，还能在这些人群之间划出一条基于种族的界线吗？地名也为此提供了佐证，一些与高山大河有关的地名，除了显然来自凯尔特人对这些高山大河的那些称呼之外，其余的都来源不明，而与日耳曼毫无干系。莱茵河右岸的支流便是如此，其中包括 Lupia 和 Raura、Sigina 和 Langona、Moenus、Nicer 等河流；Lupia（即 Lippe，利珀河）与我们尼斯人对狼的称呼 Loup 相似，Raura（即 Ruhr，鲁尔河）则与摩泽尔地区的 Roer（罗埃尔河）以及 Arauris（埃罗河）读音相近；Sigina 是日耳曼化的塞夸尼人对 Sieg（锡格河）的称呼；Langana（即 Lahn，兰河）和 Moenus（即 Main，美因河）中的二合元音并非日耳曼语所有，与洛林地区的尼德河（Nied）堪称姊妹河的尼达河（Nida）和 Dubra（即 Tauber，陶伯河）都是美因河的支流；汇入 Nicer（即 Neckar，内卡河）的有 Alisantia（即 Elzens，埃尔斯特河）、Anisus（即 Enz，恩茨河）、Armisia（即 Rems，雷姆斯河）。更不必说，在南部和东部的日耳曼人范围内，还有许多非日耳曼人的聚居点，诸如杜努姆（dunum）、里土姆（ritum）、布里加（briga）、博纳（bona）、杜鲁姆（durum）、塞纳（cenna）；当然，还有属于同一文明的一些词汇，既见于凯尔特语，也见于日耳曼语，它们的相似之处可以理解为相互借用的结果。例如，人们早就指出，印欧诸语中用来指称首领的词，拉丁语

为 rex，高卢语为 rig，而 rika 则是同一个词的日耳曼形式；毋庸置疑，日耳曼语的 rika 来自高卢语的 rig，倘若有 e，则应变为 d，而不是 i。许多你中有我、我中有你的部族集合在一起，踩着脚跟一同前进，推进速度较低的人群骤然间壮大起来。日耳曼人朝莱茵河方向前进，起初很快到达下游，接着到达中游，即美因茨地区，那里长期存在着一条由东向西的边界；凯尔特人在日耳曼尼亚的一些"孤岛"中固守，例如博伊人在波希米亚占据的那些"孤岛"以及沃尔克人在赫西尼安占据的那些"孤岛"；在恺撒时代，沃尔克人已经布满阿基坦地区，出于一种奇怪的原因，他们的名字始终被德意志人用来称呼罗马人，被英格兰人用来称呼威尔士人（先是 Walah，接着变为 Walch，后来又变为 Welch）。暂时的平衡很快建立，又很快打破。上次的征服者和上上次的征服者之间有什么关系呢？

现在作一个小结。是神话还是现实？文明其实已经开始回答这个问题了。刚才讲述的是"势力"，是借助人的思想和情感对事实产生过最直接、最丰富多彩的影响的那些"势力"。因为，这些由多种多样的人群组合而成的"势力"，并不在同一时间里一起行动，并不以同一种方式行动。既有商路，也有军事边界；既有时而就借贷进行谈判，时而明目张胆地进行掠夺的那些武装部族所施加的压力，也有文明的冲击；既有覆盖整个莱茵河地区的巨大人群，也有损害整体却有利于某些地区的地方性小股势力。总之，多种多样的成分组成了这部历史，它在不同时期所展示的，既非同样的趋势，也不是同样的成功。

正是为了让大家看到这种多样性，我们才在上面努力通过对比来展示莱茵河绚丽多彩的过去所具有的若干特征鲜明的图景。

第二章　三个形象，三种酵母

Ⅰ.罗马化地区

公元前58年，一个日耳曼人在高卢奉命向一个叛乱集团提供雇佣服务，他便是苏埃维亚王阿里奥维斯特；他的队伍日益壮大，他的影响与日俱增。打了几次胜仗之后，他成了一位了不起的首领，蛮族纷纷前来分享他的运气。于是，一种忐忑不安的情绪由近而远地在所有寻找福地的人中间渐渐扩散开来。在莱茵河与马斯河或是那条“小马斯河”即摩泽尔河的交汇处，乌希佩特人和登克德里人打算渡河。苏埃维亚人则在上游的锡格河和美因河之间集结。在上游的瑞士平原上，结束被迫迁徙后刚刚得到休养生息的赫尔维特人，焚毁了新近建造的房舍，将老弱妇孺装上车子，经由高卢径直向桑通纳人的居留地走去。大规模的迁徙、大规模的入侵开始了……

恺撒在数月之中就消除了威胁。赫尔维特人残部心情愉快地回到原来住地。阿里奥维斯特垂头丧气地重渡莱茵河。罗马人却不走了，因为，他们拯救了高卢，却并非为了高卢人。七年之中打了六仗，战争以其狂暴的火焰殃及高卢全境，从威尼托人的大洋到奈尔维人的桑布尔河，从阿基坦各部族的比利牛斯山到梅纳皮人的北海。公元前 55 年，大批罗马军团从一座用 10 天时间架起来的木桥上跨过莱茵河，小心翼翼地向右岸挺进。与此同时，两个罗马军团渡过加来海峡，进驻多佛尔。就在此时，$\frac{2}{3}$高卢人在维金格特里克斯[①]的鼓动下揭竿而起，恺撒一度濒临溃败，但终于取得胜利；随后，他便毫不留情地把高卢变成了罗马的一个行省。经过了多少世纪？这并非问题所在；重要的是一种文明从此长久地被移植到莱茵河了，那便是罗马文明。

利特雷[②]说，文明就是使之开化。就此而言，罗马丝毫不曾使高卢开化。有人说得对，早在罗马人到来之前，高卢土地上已经有了大路，边界上已经有了界碑和圣地，高山上和泉水旁已经有了男女神祇，到处都有耕地和畜群，人民勤劳，精神开放。有人一一列出了高卢对罗马人和罗马帝国的贡献，他们做得对；《高卢对罗马人和罗马帝国的贡献》是卡尔科比诺[③]撰写的一部给人以许多启示的著作。不过我们不能由此得出结论，说罗马人除了征服之外，没有给高卢人带来任何东西；恺撒征服高卢一百年之后，罗马皇帝克劳狄[④]曾向高卢人表示祝贺，历史至今没有否定他的祝贺。在莱茵河土地上，罗马人的废墟向我们大声讲述着。

莱茵河有很多功能，罗马开发了其中的哪些功能呢？莱茵河有许多文章可做，罗马做了哪几篇呢？莱茵河是一条通道，首先是

① 维金格特里克斯（Vercingétorix，约公元前 72—公元前 45），高卢人首领。
② 利特雷（Maximillian Paul Littré，1801—1881），法国历史学家、文献学家。
③ 卡尔科比诺（Jérome Carcopino，1881—1970），法国历史学家。
④ 克劳狄（Claude，公元前 10—公元 54），罗马帝国皇帝（41—54 年在位）。

一条通道。当恺撒来到高卢寻找帝国时，希腊、意大利和北方的商人早就知道那条“流着的水”即里诺斯河（今莱茵河。——译者），并加以利用。运送琥珀和青铜的脚夫与运送诺尔地区首批铁制武器的脚夫都知道，在伦巴第平原和北海之间的这条大河是一个路标，是指引正确道路的最佳路标。所以，他们不需要再去发现什么。

因此，无须作任何夸大……罗马在这里与在别处一样，做了一件好事，那就是组织并理顺了人与物的关系。它维护了莱茵河两岸的和平，在莱茵河上建立了船队，并为之配备了港口、检查部门和时刻保持警觉的巡逻队；它疏浚了莱茵河的入海口和弗莱沃湖的入海口，即今日的须德海；它挖掘了运河，筑起了大坝，使航道得以向上游延伸。在罗马时代，在难以顺流而下更难以逆流而上的水道上，在蜿蜒曲折、到处是岔道和浮岛的航路上，此时响起了船夫们节奏整齐的号子声，交通运输活动已经相当频繁。莱茵河沿岸各个博物馆中丰富的藏品为我们展现了一幅栩栩如生的图景。那些勇闯大海的船东们在他们的还愿画上，把莱茵河与可怕的大海连接起来；他们往来于罗马化的大不列颠和巴达维亚之间，从乌特勒支附近的维赫滕出发，时而顺流而下，时而逆流而上；当他们的努力得到成功的回报时，就向女神尼哈莱尼亚还愿……莱茵河、马斯河和摩泽尔河等内河上的船夫们也非常活跃，他们驾着有桨又有帆的小船，为一个个兵营和一个个城市运送各种各样的货物，其中包括沉重的红釉陶器和铁锅；阿雷佐的托斯卡纳窑场出产的红釉陶器，在高卢和莱茵河地区的同类窑场参与竞争之前曾遍布罗马帝国；产于意大利坎帕尼亚的铁锅叮当作响，既有平底锅，也

有油炸锅，锅上铸有当时非常有名的工匠的名字，犹如今日的“格拉蒂欧”或不久前的“嘉比”一样；货物被运送到很远的地方，直到英格兰、日德兰或波美拉尼亚……

运送葡萄酒的摩泽尔商人

大范围的长途贩运经常出现货物断档；从一种经济过渡到另一种经济，大笔本钱应该获得赢利……于是出现了大批从事货币供应和交换的人，他们的摊子或“铺子”开在美因茨、波恩、科隆、特里尔等大地方的集市上。如今还可以在浮雕上和博物馆的玻璃窗上看到这样的画面：大腹便便的美食家、装满意大利或西班牙葡萄酒的酒罐、雕刻精致的调料瓶和瓶里的意大利鱼露；还可以看到高卢匠人制作的酒桶，这些酒桶被送到一个个军营，摩泽尔的葡萄园于是渐渐有了名气；此外还有重量较大的货物，诸如马尔萨勒的小麦和盐，对于泥泞的三角洲来说十分珍贵的洛林石材，科布伦茨附近的尼德尔门迪希出产的用玄武岩打制的石磨等等。1910 年从泥沙中发掘出一条公元 275 年沉没在旺兹诺的船，船上装载着运送给斯特拉斯堡的面包师傅和磨工的小麦，佛雷尔的调查表明，在上蒙泰、红房子近旁、圣皮埃尔勒冉纳附近以及格朗侣大路沿线，当时有很多面包师傅和磨工。

这幅生机勃勃、赏心悦目的图景，为追溯罗马时代的莱茵河航运史提供了材料；那时候，来自各地的船只在莱茵河上川流不息。这幅图景还告诉我们，不应抹杀以四海一家为宗旨的那个文明的功劳，正是在那个文明的作用下，出现了许多面向世界各地的大商铺，而这些商铺则使得一些工匠的产品，诸如佛尔梯的陶制油灯、弗隆丁的玻璃器皿、波里布斯的铁锅、置有下列工匠名字的餐具：阿雷佐的阿特尤斯，格罗菲桑克的默默，切里亚斯、莱茵扎本的克布内图斯，得以不借助战争而声名远扬，乃至越出了欧洲，他们的名气丝毫不亚于今日经营得最好的公司。可是，难道就这些吗？当我们说到罗马时代的莱茵河地区生活时，仅仅局限于河运是否真的就算看法正确了呢？

从军营到军营，从城市到城市。可是，莱茵河沿岸的城市是从哪里冒出来的呢？如果说不是罗马人建立了这些城市，那又是谁呢？

这些莱茵河城市在将近两千年的历史上，犹如始终发挥着积极作用的酵母；它们是一些地区的实力之所在，这些地区在数百年中借助强大的城市组织促进了文明的发展，而这些城市组织则以其光彩、富有和生气令外来者赞叹不已；能剥夺这些城市名副其实的建立者的功劳吗？他们是罗马莱茵河部队的将领和士兵，这支殖民军当年就拥有他们自己的加利埃尼①；谈到这支殖民军时，里

① 加利埃尼(Joseph Gallieni，1849—1916)，法国将军，非洲殖民地创始人之一。

奥泰[1]曾说，这是取之不竭的“储存库，里面存有各类师傅、工匠领班、教师、花匠和农夫，这些人都是开发殖民地的首批干部，却不需要宗主国支付任何新的费用”。

莱茵河部队，即罗马殖民军，是一所为罗马帝国培养将领和建设者的学校。在共和国传给皇帝们的巨大机器上留下了印记的人，诸如提比略[2]、图拉真[3]、马可—奥留勒[4]和朱利安，都曾是军人。这所学校还培养了学者和能以深邃的目光注视人与事的观察家，我们不妨想一想大普林尼[5]，这位驻扎在克桑滕的军官，用他惊异却具有远见卓识的目光，注视着半蛮荒半罗马的莱茵河三角洲；再想一想撰写了日耳曼人社会学概略的塔西佗，他那些新颖和闪烁着智慧的笔记，若说不是借助军官和行政官员提供的日耳曼资料，还能来自何方？而这些日耳曼资料却是经过莱茵河驻军的“阿拉伯人管理局”精心爬梳的。在大规模的军事行动结束后军人不再天天操练的一段时间里，罗马军团的官兵们放下投枪，拿起铁镐和瓦刀，为军官们建造住房，为栖身在军营旮旯里未被撵走的妻子和在棚户区里来回踱步的“军团夫人”搭建小木棚；围着她们的是一群军营里的孩子，他们是未来的随军商人、不要命的冒险家和排队等候退役的百人队长；这些孩子在随军学校里学拉丁文，还在外面玩耍时学几句高卢语、布列塔尼语、日耳曼语……十多种语言

① 里奥泰(Louis Lyautey，1854—1934)，法国元帅，曾代表法国驻节摩洛哥。

② 提比略(Tibère，公元前 42—公元 37)，罗马帝国皇帝(14—37 年在位)。

③ 图拉真(Trajan，53—117)，罗马帝国皇帝(98—113 年在位)。

④ 马可—奥留勒(Marc-Aulèle，121—180)，罗马帝国皇帝(161—180 年在位)。

⑤ 大普林尼(Pline l'Ancien，23—77)，罗马帝国作家。

杂乱地混在一起，成了一种奇异的莱茵混合语。各种各样的人从早到晚挤在脏乱不堪的商店、小铺子和小酒店里，其中有皇帝的兄弟或侄甥、未来的皇帝本人等大贵族、到“这里”来谋求升迁的军官、整天训斥奴隶的军官太太、军团里炫耀自己出身的意大利人、勉强算是来自莱茵河地区以外的高卢商人、对颁发给再度服役者的“罗马城”勋章垂涎欲滴的辅助部队士兵、叫卖叙利亚地毯的小贩、来自埃及的神甫、讨人喜欢的女孩、随处可见的修女等等，女人们向军人的酒杯里倒上大麦酒或用特里尔新近种植的葡萄酿造的酸酒；经常光顾酒店的“文明人”挂在嘴边的是这样一些话：“漂亮的军人，为你的健康，祝你长寿，干杯！”人们一边喝酒吞牡蛎，一边望着河上气喘吁吁地划桨的船夫……

不错，荷兰、莱茵河地区，这些古老的地方有条不紊地过着日子；奈梅根小巧玲珑的房舍非常干净，十分漂亮，令脚蹬粗笨大鞋的人不好意思踏进去；科隆两座钟楼的尖顶映照在水面上，一座铁桥无声地卧在河上，其牢固程度令任何担心都显得多余；丰美的阿尔萨斯舒坦地浸润在文化、工业和贸易三重繁荣之中；在我们眼里，所有这一切都是宝中之宝，都是古老西欧的基石，这块基石虽然曾被砸碎。然而，无论在经受困苦还是享有繁荣的时候，它总是把整个西欧连成一片。在不久之前的一段时间里，对于恺撒、奥古斯都和早期罗马帝国来说，西欧曾是一块有东西可抢、有人可剥削（也可同化）的殖民地，这里有许许多多不寻常的职业可供选择，还有大量不成功就完蛋的生活方式可供选择，对于今天的我们来说，这些都已成为再普通不过的职业和方式了。有那么一段时间，在这个被叫做“北方摩洛哥”的地方，曾有人倡导一手持剑、一手扶犁；而一个名叫比若[①]的人，时隔两千年后才艰难地再度想出这个主意来。有那么一段时间，正如塔西佗在《日耳曼尼亚志》第 16 章里所说："没有任何一个日耳曼人居住的城市为我们所知。"在这条神奇的布满古老城邦的街道上，莱茵河河边没有城市。

舒马赫在他那部名著的第 2 卷中罗列了一些莱茵地区堡垒的名字，参照出土的文物、碑铭和钱币便可知道，这些堡垒肯定是德鲁苏时代的遗迹，即公元前最后 20 年的遗存，其中有奈梅根、佑护着克勒弗要塞的林登，护卫着加尔卡要塞的蒙特贝格、克桑滕、诺伊斯、科隆、波恩、雷马根、安德纳赫、科布伦茨、博帕德、宾根、美因茨、沃尔姆斯、施佩耶尔，也许还有塞尔茨、斯特拉斯堡……就此打住吧。当罗马，也就是罗马的莱茵河驻军点名时，左岸的城市没有一个不回答"到"！

当然，宏伟的事业进展神速：公元前 46 年，恺撒大获全胜，维金格特里克斯人头落地；公元前 44 年，恺撒遇刺身亡；公元前 43 年，依据元老院的命令，两个城市拔地而起。这边，数百罗马公民在一次骚乱中被赶出维埃纳，普朗库斯[②]将他们集中起来安顿在福尔维耶尔山上，由此形成了里昂城，从公元前 19 年开始成为交通要地，并从公元前 12 年起成为名副其实的高卢首府。那边则是终点：皇帝命名的罗腊西人移民区，公元 3 世纪在由此向西大约 10 公里处建成的城市便是巴塞尔。在里昂与奥格斯特之间有一

---

① 比若(Thomas Robert Bugeaud，1784—1849)，法国元帅，曾在摩洛哥推行殖民政策。

② 普朗库斯(Lucius Mutatius Plancus，公元前 1 世纪)，罗马将军，恺撒的干将。

条大路，在斯柳伊斯城脚下沿着莱芒湖北岸向远方伸延；途中有一个在恺撒亲自主持下建成的驿站，这便是汝拉山口和马尔谢吕山口外侧的尼翁，而在圣塞尔格山口和福西耶山口被利用之前，马尔谢吕山口大概曾用作翻越高山的通道。

恺撒在他建设帝国的决策中有了第一个主意。罗马帝国一下子就落脚在最重要的十字路口，莱茵河在这里不再向西延伸，它坚定不移地面向北方，进入阿尔萨斯平原，而且久久地在这里停留。另外两条来自东边的水路连同另一条水路，一起在巴塞尔地区汇合；其中一条源自里昂，急转弯绕过沙隆和贝桑松之后，在阿尔萨斯的康斯与莱茵河汇合；另一条源自米兰平原，在奥格斯特的卡斯特隆与莱茵河相遇。从科霍特的奥古斯塔也就是欧斯特，到罗腊西人的奥古斯塔，经过清除了盗匪和小国君主的阿尔卑斯山，一条由许多城镇组成的链子不断向前延伸；它通过凄凉的圣贝尔纳山口（这里的人们崇敬阿尔卑斯山的丘比特），先后经由马蒂尼、韦维、穆东、阿旺什和索勒尔，把士兵、将领、军需品和夹杂着随军商人的人群，一步一步引向莱茵河。

建在莱茵河畔的第一批军营是哪些呢？这是应由学者们来回答的问题。我们只研究大路，只研究阿格里帕[①]奉奥古斯都[②]之命勾勒了主干道的那个道路网。从里昂出发经由沙隆、朗格尔、图勒和梅斯，一条上行的主干道直通北方，去往特里尔和摩泽尔河，那里是个岔路口。一条支路去往东北方向，终点是莱茵河边上的肯

---

① 阿格里帕（Agrippa，公元前63—公元前12），罗马帝国将领。

② 奥古斯都（Auguste，公元前63—公元前14），罗马帝国皇帝（公元前27—公元前14年在位）。

特里希台地。公元前16年，德鲁苏在这里建立了一个可以驻扎两个军团的军营，用来监视这块打扫得干干净净的美丽平原，在这里汇合的有尼达河、金齐格河和美因河；罗马军队前哨的建立使美因茨有了金光灿烂的前程。另一条支路也以莱茵河为终点。在七峰山的俯视下，莱茵河张开臂膀在一望无际的平原上接纳了锡格河；这里是波恩，德鲁苏时代建立的一个堡垒；后来在公元前40年，这里是军团的驻地，一个个小木棚里挤满了女人和小孩、奴隶和随军商人；数百年之后，这里终于变成了城市。在下游一块荒芜的土地（这块土地是阿格里帕让给温顺的日耳曼人的，后者受到了苏埃维亚人的骚扰）中央，可容纳两个军团的一个方形军营建在河边的高地上。公元37年出发时是两个军团，后来却只剩下日耳曼人和乌比人，由于流民的加入，队伍才得以扩大。他们集合在罗马和奥古斯都的祭坛周围，这表明梦想已经迅速破灭。出生在军营的格尔马尼库斯①的女儿，也就是克劳狄的妻子，在这里创建了“克劳狄—阿格里皮娜退役军人移民点”。这是莱茵地区的第二个此类移民点，我们一直把它叫做科隆。在朗格尔从第一条干道分出来的另一条支路，经由沙隆和兰斯，抵达巴韦，在这里分为两支，一支经康布雷去往布列塔尼对面的加来海峡，另一支经由通格尔去往利珀河的汇流处。菲尔斯滕贝格山从50米高处俯视着莱茵河，就在这里，就在克桑滕附近一个名叫维特拉的地方，从奥古斯都时代起就建起了军团军营的木棚。图拉真在把一个巴达维人的旧城堡改造为罗马人的新市场时，在这里设立了一个移民点。

① 格尔马尼库斯（Germanicus，公元前15—公元19），罗马帝国元帅。

攻击蛮族的罗马士兵

奈梅根和克桑滕、科隆和波恩，美因茨，还有斯特拉斯堡，罗马人看得又快又准。罗马人留下了标记的那些地方和他们创建的那些城市，没有一个消失，只有两三个挪动了几公里。最大的那几座城市自豪地向人们显示镌刻在罗马琢石上的各种场景，诸如纪念性建筑物和雕像、碑刻和货币以及古老街道和传统的民居，这些场景远比画在羊皮纸上更壮观、更说明问题。科隆的一个小丘经发掘表明，这个小丘是用积存的废墟残渣人工堆积而成的，在这个小丘上，大教堂高高耸立在罗马城墙的东北角。这个巨大的基督教神殿与另外20个神殿一起，拥挤在一个神圣的围墙里面；这些神殿属于罗马天主教吗？神殿中供奉的大多是当地的神祇，尤其那些圣母都是高卢人普遍信仰的圣母；每逢圣母节，高卢人就以守夜进行庆祝，届时"土地和亡人"广场上空无一人。圣母节是哪一天？从12月24日夜间到25日，也就是基督教徒们庆祝基督生日那一夜，是基督战胜了异教徒们的神祇……

长达千余公里的战略通道犹如一条长线，把这些日益繁荣的城市连接起来，这条线有时是单向大路，但基本上是双向大路，比如从莱顿到奈梅根，从美因茨到巴塞尔；就这样，经由这些新生活日益焕发的城市，一种文明向罗马地区扩散。我们虽不博学，却也对这种文明有详细的了解。只需参观一次美因茨的罗马—日耳曼博物馆，甚至只需参观一次斯特拉斯堡的罗兰宫，就可以对这种文明有相当的了解。我们的传统精神讲究精确，主张一切最终都应该有个名字；那么，应该怎样为这个文明命名呢？

17世纪中叶的特里尔

高卢—罗马文明？前面已经说过，没有比这样称呼更加顺理成章了。我们从特里尔车站往下走，来到坐落在鲜花盛开的绿地当中的圣西门教堂，这是一座中世纪的基督教教堂，一扇黑色大门突兀地显露在陈旧的砖砌围墙当中；我们接着来到公共浴池、大教堂、露天剧场和与大教堂连成一体的皇宫中的御座厅；然后又来到漂亮的君士坦丁桥，由于桥拱十分结实，这座桥至今依然可以通行。在这个行程中，我们不禁想起了纳尔榜奈斯，这全然不错。可是，这难道就是被河流咔嚓一刀切下来的一小块罗马—高卢文明吗？罗马—高卢文明在各地都同样稠密，连成一片地集聚在莱茵河畔。

河的西南或西面10公里左右处，美丽的罗马油漆剥落了，显露出来的只是或几乎只是古老的底色。古斯塔夫·布洛克①说：弗兰德尔地区、布拉邦特和肯彭“这三个地方不算数”。亨利·皮莱讷说：图尔奈、康布雷和阿拉斯“这是三个外省小城市”。周围的农耕地区和居民区为数甚少，重要性不大。稍微远些的阿登高原呢？依然处在森林的古老蛮性之下。

马斯河谷没有大城市，凡尔登是梅迪奥马特里克人的一个可怜的小镇；那边是未遭破坏的孚日山脉和它古老的野生动物群。只有到了通格尔地区才能重新看到人的活动和生气，那儿比人们过去想象的更加生机勃勃。鲁索②的研究不久前表明了这一点。在大河的水面上，或是在由科隆通向巴韦的大道上，运送着孔德罗兹高原和昂特尔桑布尔默兹铁匠铺用比尔及的铁打制的兵器等产品，下莱茵河军团前去保卫比尔及时使用的就是这些兵器。不过，这里已是军事地区了。同样，沿着摩泽尔河与杜河这两条从里昂通往莱茵河的军事通道，也会看到军队和它们在大路两侧繁忙的活动、它们驻扎的城市和马戏团、剧场，以及讲究排场的行政官、指挥部和罗马贵夫人；到处都是欢娱和节日，达官贵人乃至皇帝本人常常前来参与，每当这时总会掀起新的狂热。后面我们还将多次谈及莱茵军团。面对着莱茵河地区在长达数百年的罗马帝国时期中的总体面貌，我们完全可以说：“这便是罗马文明”，或者更确切地说：“这便是高卢人罗马军队的文明。”

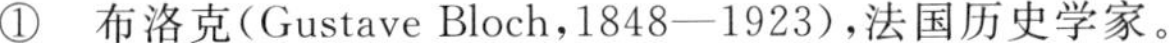

① 布洛克(Gustave Bloch，1848—1923)，法国历史学家。

② 鲁索(Henri Rousseau，1844—1910)，法国画家和作家。

环境十分杂乱。来自各地的人在一统帝国的名义下拥挤在这里。有许多意大利人，他们既在指挥部里，也在军队和罗马军团里，尤其在最初一百年的初期。有高卢人，他们来自高卢各地，麇集在辅助部门里；不过，罗马军团里也有高卢人，例如第五云雀军团，这是公元前51年恺撒用外阿尔卑斯人组成的部队，还有同样驻扎在维莱拉、可与鹫媲美的第二十一鸷鸟军团或第二、第十三联合军团，即斯特拉斯堡和温迪施军团。碑刻铭文向我们表明，他们大多来自凯尔特人的土地。还有被征服的日耳曼人和布列塔尼人、西班牙人、拉雷蒂人和诺里库姆人；还有非洲人或者说是东方人。是巴别塔[①]吗？不是，他们彼此听得懂，因为他们都使用通俗拉丁语，而我们的各种语言全都来自通俗拉丁语。罗马人说罗马是他们的祖国，罗马的伟大是他们特有的财富，雄鹰是他们最初的神祇，是这个世界上守护他们最精心的神祇。事实上，罗马人有时是奇异的罗马人。

让我们回过头来谈谈神祇，这是认识人的一种好办法。我们的博物馆里和钱币上面有许多神的浮雕与雕像，还有信徒们挂在庙宇、教堂的墙上的还愿物。我们看得很清楚，罗马诸神继罗马军团之后占据了整个莱茵河。这里是猎熊者希望得到其佑护的狄安娜，那里是海克力斯和他的狼牙棒以及狮子皮，他与他的同伴尤利西斯一起被人一直送到日耳曼尼亚。还有弥涅尔瓦、阿波罗、马尔

---

① 巴别塔，意为语言混乱。据《圣经》，挪亚的子孙协力建造巴别塔，上帝欲加以阻止，遂令语言混乱，互不相通。

斯、朱诺以及丘比特本人，这个丘比特就是在罗马各城邦的神庙中都享有官方信仰崇高地位的卡皮托利山上的那个丘比特。然而，在特里博克人、勒克人和梅迪奥马特里克人三个部族的边缘，多农山口凯尔特人的墨尔库里却将他们的敬意，献给比德多姆的阿维尔尼人的墨尔库里和哈利根贝格的桑布里人的墨尔库里……

只是，当我们注意到小神庙、乡间简陋的小教堂和居民家中的神龛时，似乎觉得当地一种十分古老的万神信仰从地下冒了出来；在高地上受人崇拜的勤劳和善良的艾苏斯，经常被人与他的妻子罗斯梅尔塔联在一起，他用一个阔边圆浅帽替换了他的高卢士兵外套，还把普拉克希泰尔[①]的雕像“幼年巴考斯”笨拙地放在自己粗壮的匠人胳膊上，然而这一切都是徒然，他依然是艾苏斯。与他一样，手持木槌的苏塞鲁斯和他同居一庙的南托斯维塔、头发和驴子的保护神埃波纳、温泉女神、把手里捧着一条龙的圣·乔治挤走的骑士安吉派德，以及一贯受到尊敬的三位并肩而坐的圣母，始终保持着他们的原来面貌和源远流长的信誉。罗马人将上述三位圣母变成了他们的生、死和命运之神；我们南部普罗旺斯的男人们则在对于三位玛丽亚的崇敬中，找到了古代对于这几位神祇的信奉，她们是养育我们的土地之神，每个城市和几乎每个家庭都想将她们据为己有，于是就千方百计为她们取一个独特的名字。

这是一些残存的遗迹，是古老的印欧之根活生生的遗存。但是，崭新的东西就在这些遗存旁边，那就是枝叶茂繁的东方万神之花，她极富性感，令人想入非非，常常让人躁动不安。因为，在莱茵

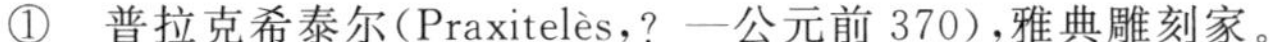

① 普拉克希泰尔（Praxitelès，？—公元前370），雅典雕刻家。

河地区随处都能遇到的，首先是那些为数不多的神祇，四处游荡的神甫、来自小亚细亚的商人和男女奴隶所兜售的也正是这些神祇，其中有：科马基那的多里谢的丘比特（他在边境上的军营里和守备的城市里受到崇敬）、他的邻居叙利亚的赫利奥波利斯的丘比特、埃及的男女神祇、既是一个又不止一个的爱色斯、与她同居一庙的塞拉皮斯和安努比斯，尤其是伟大的母亲弗里几亚的库柏勒，库柏勒坐在她的狮子上，手持圣琴主持血洗礼：鲜红的热血从被切开的公牛脖子上飞溅出来，信徒则在一个盖有钻孔木板的沟里接受热气腾腾的热血。从牛脖子上飞溅出来的血令人恶心，让人讨厌，但却清除了污秽；随后进行的水洗礼则将血洗礼的痕迹清洗掉。洗礼进行时，疯狂地跳着舞的妇女、背着圣树的背树人行列、脸上涂脂抹粉的神甫队列，在人们面前鱼贯而过；这些去了势的神甫一边在自己肉身上画道道，一边将溅满血污的长发在他们的东方式长袍上乱晃；他们都是托钵僧，常常令人生疑，然而，他们懂得应该生活在平民中间，满足平民神秘的敬神要求、他们的炽热的渴望和拯救灵魂的愿望。对于不可战胜的弥斯拉（波斯太阳神）的信仰不那么模糊，这位神祇也将圣牛的脖子割断，为的是得到植物和牲畜的品种；弥斯拉信仰在二三世纪非常盛行，以至于在一段时间里，他几乎可以与基督平起平坐。任何地方都比不上莱茵地区，那里的每个城市甚至每个军营都供奉形似洞穴的弥斯拉。所有这一切，所有这些拯救灵魂的宗教，相互照亮，彼此接续，库柏勒的神庙旁边是不可战胜者的弥斯拉庙和科马基那的巴尔的军事庙宇……东部的兄弟情谊被置于突然被宗教之风穿透的西方之中，置于这个对于神秘者来说是珍贵的，而且已经为他们而燃烧的莱茵河谷里了。

三圣母

过去：对于水和森林古老的崇拜。如今：被重新命名的那些神祇的地方之根所激活的罗马人的宗教。将来：为一个明晰而人道

的一神教的胜利而努力的东部宗教。一边是作为贫贱者、奴隶和被战胜者藏身处的基督教，一边是对皇帝——上帝的强制性信仰，这两者之间的冲突已经开始。这边是一种民族性的人格化；那边是兄弟情谊的象征。在这片东北部的土地上，不同的感情与思想竟如此神奇地交汇融合！被黑森林所局限的视野竟拓宽了这许多！在冲突、迫害和自相矛盾的信仰改变中，罗马文明就这样乱哄哄地汲取了长时间中它所短缺的亲密和炽热的感情与梦想。一个美好的人类事业正在冷水沁骨的河边一天天实现。温暖的微风吹得人心变软。人们梦想着自己的生活，梦想着今天的生活和钥匙掌握在拯救灵魂之神手中的彼岸生活。

一个早晨，蛮族来了，他们击溃了驻军，冲破了罗马军团的前线阵地。于是，世界的面貌变了。如果我们企图忘掉这一切，那么有人会警告我们：莱茵河谷不只是一条通道，不只是一个可以用来集合军队、培育出许多繁荣的城市、组建和平而勤劳的移民点的河谷，它还是一个你争我夺的对象。

Ⅱ. 蛮族

公元 843 年签订了凡尔登条约。历史上第一次出现了分得一清二楚、政治上得到确认的德意志和法兰西，两者即使算不得仇敌，至少也是对手。长达千年的争斗由此发端。这是写在火漆印封的羊皮纸上的一张出生证，它标志着西欧从此有了一个大问题。此外还有什么呢？还有某种必然会发生的事，引起纠纷、造成不安的名字和地点问题。

凡尔登，公元 843 年；凡尔登，公元 1916 年。布鲁塞尔的历史学家莱翁·勒克莱尔写道："对于懂得区分经常和偶发的人来说，以久远的历史眼光来看，凡尔登条约是引发凡尔登之战的最古老、最深刻的原因之一。"这似乎是传统的真理，永远不会受到挑战。可是，事情似乎显得有些奇怪，在《一个历史神话是如何产生和被广泛接受的》这篇文章中，这个一变再变的神话始终追随着纷争不休的王朝之间、争夺遗产的兄弟之间的那次瓜分①所注定的命运；这份遗产分得不好，由略带喜剧性天真的若干 9 世纪商人起草的这份条约，突然被奉为神的意志的体现，影响欧洲历史达千年之久；因为，欧洲历史似乎从此被禁锢在臆想的两个敌对国家或"王族"无休止的冲突之中了。历史学家似乎具有强调偶然性的癖好，回顾当年，他们作为君主的助手，不仅在文书中竭力为君主辩护，必要时甚至不惜伪造文书。

查理曼的儿子虔诚者路易②身后留下的偏偏是三个儿子，而不是两个或四个儿子。这三个儿子经过一番激烈的解释之后，委托当时的一些"技术专家"，把父王的遗产均分为三份。这桩"公证人和土地丈量者的交易"的某些细节不乏动人之处（为了让路易③得到一些葡萄酒产区，特意将盛产葡萄酒的美因茨分给了他，于是形成了莱茵河的天然屏障）。老大获得的那份土地包括父王的两

---

① 公元 843 年，查理曼的三个孙子在凡尔登签订条约，将查理帝国一分为三，分别称作中王国、东法兰克王国和西法兰克王国，从而奠定了近代意大利、德意志和法兰西的基础。

② 虔诚者路易（Luois le Pieux，778—840），查理曼之子，查理帝国皇帝（814—840 年在位）。

③ 此处指三兄弟之一的日耳曼人路易，而非三人之父虔诚者路易。

个首府，即亚琛和罗马，这样一来，父王的遗产只能分成三份纵向的长条，而不是横向的长条；人们难以相信的是这桩交易竟然影响了此后一千年，就连斯特拉斯堡教堂的塔尖也未能始终巍然耸立。这座教堂那时尚未建成，它怎么能巍然耸立呢？

我们应该写人和民族的历史，而不是“封臣”及其“封主”即大王小王的历史。即使敲响外交史上的所有大钟，奏响外交史上的所有管风琴，公元 843 年签订而于 12 年后即公元 855 年撕毁的凡尔登条约也罢，公元 855 年签订而于公元 870 年失效的那个条约也罢，公元 870 年签订而于公元 880 年取消的梅尔森条约也罢，同时代的其它同类文书也罢，这些文书中的任何一个也不曾产生过“促使德意志和法兰西直接接触”的后果。梅尔森条约提出了这样一个问题：“将一个包括 63 个行政区的地段一分为二”，而它提出的解决方法则是：“将 29 个完整的行政区和另外 4 个行政区的一半给予日耳曼人路易，将 30 个完整的行政区和另外 4 个行政区的一半给予秃头查理。”而这样做的目的仅仅是让天平上的两个盘子处于平衡状态。太晚了，也可以说太早了。我们不妨考察一下事实，看看法兰西和德意志这两个词在 9 世纪究竟意味着什么。

在罗马世界行将毁灭的悲惨时刻，法兰西和德意志这两个词的原形出现在拉丁文中；那时，莱茵河畔狂乱的移民们纷纷躲进城市和设防的兵营；由兵营演变而成的城市数量大减，退回到了初始状态；移民们把坍塌的神庙中的柱子和路边祖坟上的石块取来，胡乱地筑墙自卫。在右岸令人焦虑而又动荡不安的日耳曼部族中，

人群迅速地聚集起来。“民族工场”炉火熊熊，接连不断地锻造出一些游移的部族和民族。原来生活在狭长海岸的萨克森人集聚在海边道路两侧，不久便沿路到达科唐坦半岛；另一些人很快分裂成两个人群，即萨里安人和里比埃尔人，他们与布鲁克特里人残部以及卡马维人、安希瓦里人一起组成为法兰克人各部落，落脚在帝国的贝蒂沃和托克桑德利亚，然后在稍稍往南的地方渡过莱茵河，对科隆、科布伦茨、美因茨、沃尔姆斯构成威胁，不久又威胁到特里尔。与此同时，在陶努斯山的另一侧，生活在易北河与奥德河之间的古代塞农人的后裔，与上美因河的一些小部落汇合，自称阿勒曼人。

法兰克人和阿勒曼人拖儿带女地四处游移，女人和孩子在男人的严酷管辖之下，如同一群在主人的淫威下毫无保障的牲畜；他们的名字随着他们游移的足迹四处传播。法兰西这个名字随着法兰克人来到南方；法兰西这个词指的是法兰克人生活和治理的地方，而在 9 世纪初，法兰西指的是位于阿尔卑斯山北麓的加洛林王朝的那些省份；罗马帝国溃亡之后，法兰西指的是在帝国的废墟上建立起来的两个比较坚实的国家。在古代高卢的是秃头查理的“西法兰西”，这是一片广袤的土地，其中最法兰克化的地区即北法兰西继续保留着法兰克人的名字；大“西法兰西”当中的这个小法兰西不断缩小，最后仅指圣德尼北部一小块地方，也就是马莱伊、普瓦西、沙特奈昂法朗斯，那里的土质适宜于种植小麦，成为达马尔坦和戈内斯昂弗朗斯面包师的谷仓，这些面包师深受我们祖先的钟爱。与此同时，路易和他的“东法兰西”也在往昔的日耳曼尼亚落地生根，其中法兰克化最甚的美因河地区也称作法兰西，而且

延续很久，我们则把这个名字一代一代传下去，管它叫法兰肯、法兰克尼亚。当东法兰西落入一个萨克森王朝手中时，这个最法兰克化的地区渐渐消失了……

起初叫做阿勒曼尼亚，接着变成阿勒曼涅，后来则变成阿勒马涅[①]，在很长时间中这个名字并未广泛地扩散。随着肆虐的水流和觅食的鸟群，这个名字渐渐传开，一直到达康斯坦茨湖畔。从4世纪到10世纪，它回荡在整个上莱茵河和上多瑙河地区。很久以后的一天，正是在这个地区，作为邻居的我们也开始使用这个名字，但不再用来指称那个窄小而特殊的阿勒曼尼亚，而是用来指称曾经被塔西佗称为日耳曼尼亚的那块广袤的土地。“阿勒芒人”[②]自己并不以“阿勒马涅”称呼这块土地，如同埃米尔·戈迪埃[③]谈到的那些阿拉伯人一样，“阿勒芒人”关注的不是地区，而是部族，即他们的根，他们的族系；这些人群经历了很长时间之后，才增强了自己有别于他人的独特意识，才在自己的土地上落地生根。他们十分清楚地知道，日耳曼民族的故土就在他们的鞋底上：

巴伐利亚人和苏瓦松人纷纷前去聚集，
还有普瓦图人、诺曼底人和法兰克人；
以及许多阿勒曼人和蒂埃人……

① 阿勒马涅(Allemagne)，法兰西人对德意志的称呼。
② 阿勒芒人(Allemands)，法兰西人对德意志人的称呼。
③ 埃米尔·戈迪埃(Emile Gautier，生卒年不详)，法国历史学家。

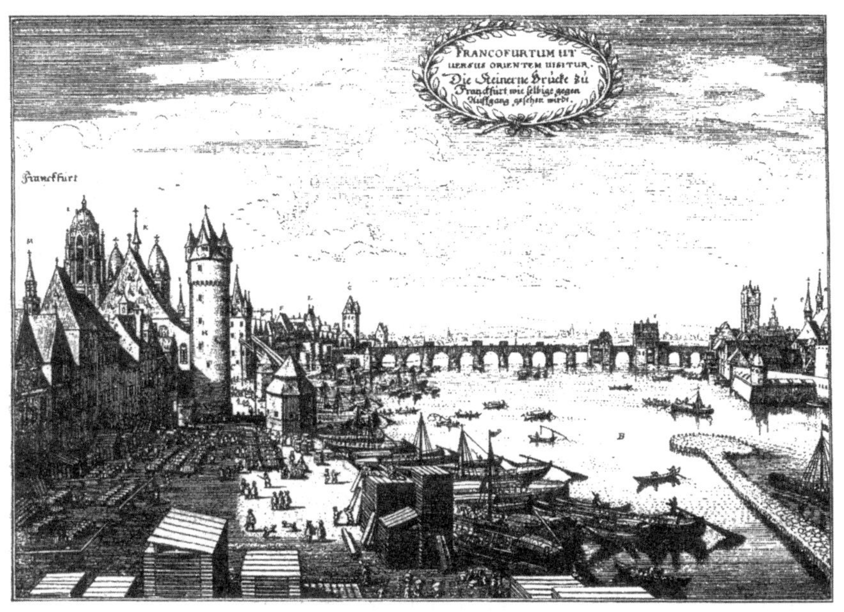

1646 年的法兰克福

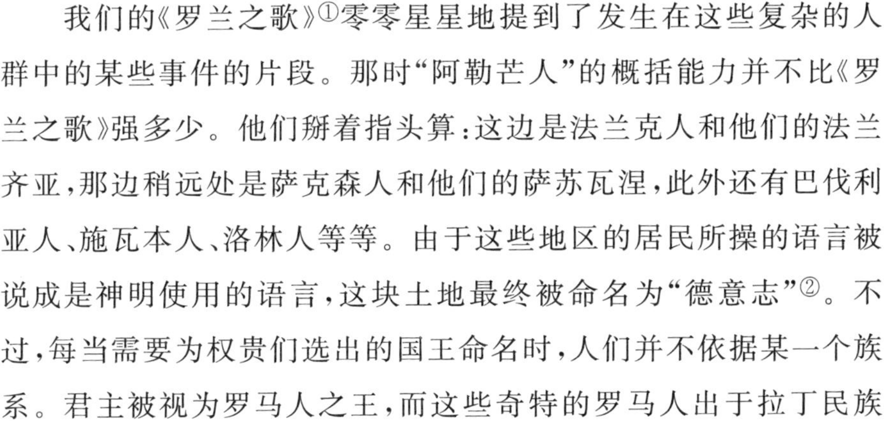

我们的《罗兰之歌》[①]零零星星地提到了发生在这些复杂的人群中的某些事件的片段。那时“阿勒芒人”的概括能力并不比《罗兰之歌》强多少。他们掰着指头算：这边是法兰克人和他们的法兰齐亚，那边稍远处是萨克森人和他们的萨苏瓦涅，此外还有巴伐利亚人、施瓦本人、洛林人等等。由于这些地区的居民所操的语言被说成是神明使用的语言，这块土地最终被命名为“德意志”[②]。不过，每当需要为权贵们选出的国王命名时，人们并不依据某一个族系。君主被视为罗马人之王，而这些奇特的罗马人出于拉丁民族

① 《罗兰之歌》(*Chanson de Roland*)，成书于 10 世纪末的法兰西民间史诗。

② “德意志”的原文为 Deutschland，意为“上帝的土地”，其中 Deu 来自拉丁文的上帝或神 Deus，land 为土地。

对往昔的追忆，以典雅的风格自称条顿人①。

说实话，无须过于认真。这些名字游移不定，而且没有什么意义，我们对他们的称呼其实是弄错了年代的。无论是这些名字，无论是短暂的墨洛温王朝或加洛林王朝的那些条约，都不值得历史学为之着迷。支配历史的绝不是一些空洞无物的形式，而是有血有肉有生命的人群。凡尔登、梅尔森，它们是原由、起因抑或开端？难道只要把一个空匣子的壁板放在土质不一的土地上，就足以创造出一个生活和活动中心吗？需要有一些实实在在的、彼此协调或相互斗争的力量，在外表可见的框架内部发生作用；此外还得有一些力量在外部发生作用。需要一些人在房子内部为自己进行整修，首先把尚未抹灰的墙壁支撑住，然后在室内从新砌筑，依据自己的意愿搭支架，加固，增高。在这里，重要的是人而不是匣子。

戏剧并不是在路易们和罗泰尔们的宫殿中上演的。这是一出更波澜壮阔、更富有人性的戏剧，一出关于文明的戏剧，一种文明受到另一种文明的挤压，被一片一片地拆散，于是它只得蜷缩成一团，否则就难逃灭顶之灾。

公元1世纪和2世纪，罗马人控制着莱茵河。罗马文明延伸在从乌特勒支到库尔的广大地区和莱茵河两岸。因为，往前便是边境这个梦想幻灭的见证者；前面还有许多被帝国征服并程度不同地罗马化了的日耳曼部族；罗马的铸币带着恺撒的头像，从一只手传到另一只手，一直传到波罗的海。罗马帝国的和平存在于统

① 拉丁民族以条顿(Teutoni)泛指日耳曼人。

一的帝国内部。分成行省的各地情况各不相同，却是同样的井然有序，同样的绝对安全。各地的工作机构采用同样的机制；目光所及，各地的公共建筑和私人房屋采用同样的式样，虽然各地气候不同，但房顶上的瓦却是成批生产的同一产品。礼服和制服式样相同，马戏团的节目从南到北都同样血腥残忍。最后，从里到外，作为一种处处都被接受的思想体系的载体，人人使用一种几乎到处通用的语言；各地的学校为相似的目标采用同样的教育制度；而同样的忠诚则为这一切提供了保证……面对这幅景象，人们不禁肃然起敬。人们不曾看见，罗马帝国本身也不曾看见，在完全一致的表象后面，沸腾的激流汹涌澎湃。

因为，莱茵河老爹对于我们来说如同传说中的查理曼，左边是听话的小学生，右边却是蓬头垢面的淘气鬼——蛮族。可是，恺撒和他的继承者们却混淆了各个部落的区别，忽视了人与人的不同之处。罗马帝国把自己无能的子孙赶往左岸，让蛮族驻扎在右岸，这是一种自然而然的平衡手腕；凯尔特人和日耳曼人对于罗马帝国具有什么重要性吗？政治上太重要了，不能放任不管。于是，罗马帝国把他们拿起来，揉成一团。

是些什么呢？就在凯歌高奏的时刻，左岸出现了阿里奥维斯特[①]率领的人群，幸存的士兵、老人、妇女和儿童，一群丧魂落魄、不知所措的乌合之众……把他们收作奴隶吧？罗马帝国的奴隶已经太多了。把他们扔给莱茵河对岸的敌人？恺撒最终让他们种地和看门。他把特里博克人安置在下阿尔萨斯的布吕马特附近，把

① 阿里奥维斯特(Arioviste)，公元前1世纪苏埃维亚人的首领。

拜占庭帝国时期莱茵河流域及其道路网

内梅特人安置在上阿尔萨斯的施佩耶尔附近；把汪琼内斯人的残部安置在沃尔姆斯地区。这仅仅是开端，接下来人群继续移动。不久之后，勤劳的乌比人在科隆盆地定居下来，他们抛弃了原有的名字，自豪地变成了阿格里皮纳人。早在奥古斯都皇帝统治下就落脚在左岸的库杰恩人，定居在克桑滕这一边；苏努克人则在迪伦扎根。库杰恩人和苏努克人以古老的西坎布尔人的名义让别人与他们一起渡河，后来人们把克洛维斯称作西坎布尔人，以此作为他头上的光环。灵巧的巴达维人能渡过莱茵河而使队伍保持不乱，然而，他们在河流的入海口却也尝到了罗马人的厉害。

这样一来，日耳曼人就按照罗马的意愿，散布在从巴塞尔附近的莱茵河拐弯处到北海的一个条形地段上，密度不大，常有间断。在“那边”地区上，日耳曼人总起来说赋予了土地以“这边”的面貌，也就是渡河的商人和冒险家十分熟悉的那种面貌，即日耳曼人与凯尔特人并肩而立，表面涂上了薄薄的一层白色罗马油彩。因为在右岸也一样，那里的人身披兽皮，肩上搭着用钩子缀成的袍子，望着塔西佗曾经提及的那些一丝不挂、满身污垢的孩子们在草棚周围四处乱跑；在这个地区生活着一些凯尔特人的部落，他们散布在整个美因河沿岸，在奥伯恩贝格的是皮都里日人，在米尔滕贝格四周的是图通人，在下游瓦尔迪恩周围的是桑通纳人。不过，在赫尔维特人大迁徙之后，许多来自高卢的流浪者，在现今的符滕堡耕种休闲地，重新展开与水和树木的斗争；在碑铭上不曾留下日耳曼人的名字，也许因为今天以名叫普里姆斯或希尔瓦努斯而深感自豪的人，很可能如同兄弟那样，与阿尔博加斯特有相似之处，此人过去的名字是加里蒙德。总之，如果说在符滕堡找不到日耳曼人

的名字，那么，在恺撒安置了特里博克人、内梅特人和汪琼内斯人的左岸，同样也找不到凯尔特人的名字。这就再次表明，在人群混杂的莱茵河地区，被激流分开的不是种族。凯尔特人、日耳曼人，这些名字指的是有着奇特的混血关系的两个民族；由此而来的问题便是：在明显的表象方面，文明的影响是否有效和持久？全部问题就在这里。

罗马帝国将自己的势力延伸到了大河彼岸，在头晕目眩的莱茵河右岸居民中取得了进步，罗马帝国声望很高，它尊重法律；塔西佗在《日耳曼尼亚志》中对这些作了充分的赞扬；莱茵河右岸的居民身在右岸，心向左岸。可是，据《编年史》第 4 章所记，巴达维人希维里斯[①]为了共同反对罗马，不仅拉拢行省总督们认为已经罗马化的居住在右岸的弗里斯兰人、查特人、玛提雅克人、乌希佩特人和登克德里人，而且还拉拢居住在左岸的通格尔人、库吉恩人、苏努克人、汪琼内斯人和特里博克人，不久之后，乌比人被卷进大潮，后面的高卢、克拉希库斯和图托的特雷维尔人与萨比努斯的林贡人，也都先后被卷进反对罗马的大潮。后来人们称颂塔西佗有意不把这些部落称作高卢人或日耳曼人，而称作莱茵河右岸人和莱茵河左岸人。人们不会急匆匆地把安南士兵说成法国人，把印度士兵说成英国人，除非令人遗憾地混淆了人们对于军旗的忠诚和人种的改变。最后还得重申：当罗马帝国收缩到这条大河及其河谷地带时，“莱茵河是边界”这个说法是对的。如果仅仅涉及

① 希维里斯(Julius Civilis)，公元 1 世纪中叶巴达维人的首领。

拉丁语，那么，“莱茵河是语言的界线”这个说法也是对的。对“莱茵河是文明的界线”这个说法应该有所保留。然而，界线并非隔绝。至于文明，与其说是民族文明，毋宁说是移民文明。

我们终于说出了这个重要的字眼。莱茵河沿岸各国因土地、交往和居民而各不相同，罗马却在这些分割为小块的国家里建立了协调一致的体制。尽管大河沿岸的众多小国彼此差异甚大，罗马却把它们纳入了一个从北海到康斯坦茨湖的大框架之中，这个框架不仅巧妙地分成为一个个小间，而且牢固地矗立在地面上。这个框架的耐久力令人震惊，竟然在经过了 19 个世纪，经历了法国大革命、法兰西共和国和法兰西帝国之后，才开始更新。罗马帝国还有另一个奇迹，那就是从乌特勒支到库尔创建了一种相同的文化；这真是伟大的业绩，那么，是什么东西支撑了这个伟大业绩呢？是名副其实的民族感情吗？是罗马这个名字带来的自豪吗？可是，这种自豪并未摧毁蛮族对于自己日耳曼渊源的自豪。是军人的忠诚吗？是的。是军人的忠诚；拉维斯[①]说得很对，对于这些人来说，帝国不是敌人，而是职业。

到了 3 世纪，裂缝突然出现，这便是发生在公元 276 年那场灾难。从莱茵河到比利牛斯山脉，城市、乡村、豪宅和草棚全都大火熊熊。人们蓦地惊起，进行顽强的抵抗；在 5 世纪行将到来之时，人群蜂拥而来。旺达尔人、阿兰人、苏埃维亚人纷纷从美因茨、沃尔姆斯、施佩耶尔和斯特拉斯堡等惨遭蹂躏的城市突破莱茵河，大批蛮族则时进时退，或攻或守，向着南方，向着太阳，向着罗马帝国

① 拉维斯(Ernest Lavisse，1842—1922)，法国历史学家。

的心脏——地中海沿岸挺进。于是，长久以来对于他们既不神秘也无诱惑力的莱茵河便摆在面前了。其中一些人精疲力竭地倒在非洲的土地上，旺达尔人便是如此。西哥特人来到了西班牙和阿基坦，东哥特人先于伦巴第人来到了意大利。迟到者无一试图乘隙抵达理想的河岸。如同不久之前的凯尔特人，勃贡德人悄悄向罗讷河河谷推进。法兰克人刚刚在高卢站稳脚跟，立即对普罗旺斯、伦巴第和西班牙……垂涎三尺。

这是大批人群的移动，但是，我们不应因此而忘却少数孤立人群的移动。在贪婪地觊觎荣耀和实惠的首领带领下，这些蛮族的“大部队”长驱直入，来到罗马帝国的内地，建立起他们昙花一现的统治；他们到处遇到了先于他们到达的人群，也把行动迟缓的人群留在他们后面；这种情况不仅见于莱茵河两岸，尤其发生在高卢。

罗马帝国早就开始招募蛮族，让他们既当农夫又当兵，不过，这项组织工作从3世纪起进行得更为积极。帝国甚至以“脑袋”的名义正式把蛮族圈在乡间，强迫他们干双重活计，既种地又守卫；他们所种所守的土地，有些在数年前曾被他们的兄弟蹂躏，而他们奉命防备的正是目前还两手空空的他们的子弟。于是，在巴约、阿拉斯、努瓦永出现了巴达维人，在库唐斯、勒芒、克莱蒙出现了苏埃维亚人，在沙斯特尔出现了条顿人，在雷恩出现了法兰克人。罗马还做了另一件事：它在稍晚些时候确立了一些部族，这些部族的名字至今留存在我们的许多地名中。萨尔马提亚人这个名字留下的遗迹较多，在瓦兹、埃纳、马恩、塞纳—瓦兹、卢瓦雷、涅夫勒和荣纳等省，有些地方叫做塞尔麦兹、索麦兹、塞米塞尔，它们都源自萨尔马提亚这个词；泰伐尔人这个称谓也许来自哥特人，而旺代的提佛杰则是它的衍生物；属于多瑙河人的马克曼人给我们留下了马尔马涅这个地名，在科多尔、索恩—卢瓦尔、阿利埃、歇尔、马延等省都有以此为名的地方；阿勒曼人这个称谓衍生出阿勒芒和阿勒马涅，在埃纳、马恩、安、卡尔瓦多斯、多尔多涅和下阿尔卑斯等省，都有以此为名的地方。

当我们以费迪南·洛特所要求的考证精神，翻阅奥古斯特·隆尼翁编写的源自蛮族的法国地名集时，我们为它所提供的启示和对比大吃一惊。读了此书，下面这些古人似乎就站在面前：法兰克人中的卡马维人和哈图阿尔人、阿勒曼人（他们曾任命法朗什—孔泰的 4 位总督）中的瓦拉斯克人和斯戈丁格人、哥特人等等。马恩省有个地方叫戈，奥布省有个地方叫蒙戈，塔尔纳—加龙、热尔、下朗德、卢瓦雷、塞纳—瓦兹省等地则有古杜维尔、古杜尔维尔、古尔维尔等地名，这些地名都从哥特一词衍生而来。书中还提到诺尔省的萨索纳和埃纳省的希索纳，这两个地名都来自萨克森人一词；1222 年的一份证书还把希索纳这个地方称为“萨索尼亚的条顿人村落”，可是从 1276 年开始，这个村落就骄傲地挂出了“法兰西的希索纳”的牌子。极其丰富的地名学资料告诉我们，许许多多莱茵河那边的人曾经居住在我们的土地上：阿博纳这个地名衍生出如今的阿彭库、阿邦库和库达彭；巴多纳衍生出如今的巴东维尔、巴东维莱以及巴东维里埃；贝通纳则衍生出如今在孚日、杜、上索恩、上马恩、埃纳、瓦兹、下塞纳、加来海峡、索姆、诺尔等省到处可见的贝彤库、贝托库、贝东库、贝多库、贝通库、贝通维里埃、贝通瓦尔、贝通萨尔等地名。此书还告诉我们，在“罗曼”地区，马恩省

的奥尔贝这个地名源自日耳曼人的奥尔巴赫，鲁贝源自罗斯巴赫，旺拜、旺贝和冈拜源自旺巴赫。在塞纳河盆地，今日的乌当和杜当等地名都有一个日耳曼词尾ing，这就表明，当年一个家族曾在此定居。今日的费雷昂塔德努瓦、费雷尚帕努瓦兹、费雷布里昂杰都让人想到，当年这里曾是一个氏族（法拉，Fara）的驻地；在汝拉省的阿布瓦，在安省和伊泽尔省，一些地名中还保留着蛮族首领们的称谓“法拉马尼”（Faramanni）的痕迹。

这并非一切。费迪南·洛特所说的这个“出奇的日耳曼名字热”早在4世纪就已出现；哥德弗鲁瓦·库特在费迪南·洛特之前就说过，罗马人狂热地“要让自己变成蛮族”，此事导致拉丁名字在7世纪和8世纪完全消失。但是，我们不应把蛮族视为被有极高教养的贵族们带着强烈的鄙夷勉强容忍的擅自闯入者，因为，高卢—罗马大家族的最后继承者们虽然被迫屈服在实力面前，但仍然觉得他们的拉丁文化高人一等，因而以其一切隐秘的优越之处来羞辱蛮族……简直是神话。从6世纪开始，尤其在7世纪和8世纪，法兰克人在古代高卢的威望是无法否认的；当时是普里姆斯、塞贡杜斯，是席尔瓦努斯和马格南蒂乌斯①等人，谦卑地希望改名为里奇梅尔、阿尔博加斯特或梅洛博德②，因为这些名字受到大家的尊重。这是一种时尚。可是，难道只有时尚吗？随着改名的时尚而来的习俗、设备、武器装备等等又如何呢？朱利安在4世纪披上了兽皮，奥古斯都和提比略如果还活着的话会作何感想呢？

① 这些都是拉丁名字，其中普里姆斯和塞贡杜斯意为第一和第二。

② 这些名字都具有蛮族的特征。

到了5世纪末,希亚格里乌斯[①]作为拉丁文化的最后堡垒,也用日耳曼方式指挥最后一批“罗马人”,这些“罗马人”脑袋刮得精光,头顶留一小撮头发,用布条扎成一束,甩在后背上……他们的父辈是苏埃维亚人。

事实上,罗马化的人们希望蛮族化的心情多么急切!进入高卢人的“罗曼”语中的法兰克词,既不罕见也不特别,我们如今每天上百次地使用这些词。我们的祖先在7世纪使用的词汇大概不比一个庄稼汉在1850年使用的词汇丰富多少,当我们想到这一点时,蛮族对于高卢和高卢民族的巨大影响就不言而喻了。关于战争和军备的词:侦察、窥视、负伤、战争、剑术、铠甲、头盔和马镫,关于猎人在丛林中寻找方向的词:北、南、东、西,所有这些拉丁语原有的词都被蛮族使用的词取而代之;森林一词改变了意义,取代了热带雨林一词;此外还出现了树木、草地、栅栏、山毛榉、枸骨叶冬青、青苔、芦苇等词。从妇女的裙子到日常生活中的点心,从小镇到小村,从凳子到扶手椅,从竖琴到舞蹈,有多少常用词?所有这些雄辩地表明,“罗马人”最终只有一个念头,那就是模仿他们以与之攀亲为荣的蛮族,他们模仿得如此到家,以至于他们自己竟然被人当作法兰克人的首领,无知而好斗,蔑视一切知识和文化,而他们自己却认为这是对他们的最高褒扬。他们因利己心理而倡导无序,成了很久之后那些迷恋血亲而目光短浅的法国封建领主的原型。

我们离莱茵河很远吗?仅仅表面上如此,而且是故意的。因

① 希亚格里乌斯(Syagrius,? —486),高卢将军。

为，当人们对于凡尔登、梅尔森等条约的真正意义尚存误解时，为自己展现这样一幅前景难道不是错误吗？这些条约“对未来作出了规定”，真是这样吗？出现在高卢和高卢以外直至最南端的那些地区中的语言和文明现象也许并不重要，但它不能用来解释千年以来莱茵河沿岸国家的命运吗？人们仔细查阅地图，看到了画在地图上的路易、阿努尔夫、赞蒂博尔德等君主们的疆界，其严谨程度令人颇感困惑。人们不禁喟然感叹：倘若罗泰尔当初只有两个或一个儿子，甚至……，东王国和西王国的边界会划在哪里呢？全是胡思乱想，切勿忘记这件小小的事实：到了 3 世纪，罗马人依旧留在莱茵河上；到 6 世纪换成了日耳曼人。还有一件更容易忽略的小小的事实：在 3 世纪，罗马文明自以为前途无量，而到了 6 世纪，另一个文明在莱茵河流域残存的罗马文明的基础上逐渐发展起来，不久就主宰了莱茵河；这个文明应该唤作蛮族文明或日耳曼文明。

当然，亨利·皮莱纳说得对，经济交往的一般体系在墨洛温王朝时期并无重大改变，基本上依然是罗马帝国的体系。地中海犹如一座沟通欧洲与亚洲的桥梁，马赛、阿尔勒、纳尔榜等港口则是通向内地的商业要道的起始点。在沃尔姆斯、科隆、梅斯等城市里，以前就有的叙利亚人以及后来的希腊人和犹太人，建立了各自的聚居点。一些人贩卖丝绸、东方地毯、西顿的玻璃制品、菲尼基的革制品等工艺品，另一些人把纸莎草纸运来出售。装载着希腊食油、加沙葡萄酒和波斯织物的船只航行在各条河流上。不过，需要指出的是，变化还是有的，而且对莱茵河流域发生了影响。

多瑙河关闭了。凶残如同匈奴人的阿瓦尔骑兵，在中欧站稳脚跟后，把四周夷为废墟。上意大利和瑞士平原发生一连串动乱之后，通往阿尔卑斯山的道路极不安全。莱茵河于是失去了必不可少的向它汇聚而来的通道。在这个杀气腾腾的欧洲，美因河或内卡河此时能扮演什么角色呢？事实上此时最要紧的河流是马斯河。沿着马斯河河谷，在默维、格朗、索尔西、凡尔登、布略勒、穆宗、迪南、那穆尔、于伊、马斯特里赫特等地，造币工场一个挨着一个，它们乃是持续不断的人类活动的表征。在三角洲地带，费希特之后的大港是多尔施塔特，它是对大不列颠商贸中心，也是急欲征服澳大利亚市场而且颇有胆略的弗里斯兰商人和船商的储货库。与这个港口有联系的是马斯河上的城市和商人。墨洛温王朝和加洛林王朝的历史将向我们提供一些新的证据，说明此时的马斯河地区和马斯河上的运输业，已经把莱茵河沿岸地区和莱茵河上的运输业，挤到阴暗角落里去了。

当然，罗马人并未死绝，他们的事业也并未完全终结。蛮族所利用的正是罗马人的道路，他们所继承的正是罗马人的村落。罗马人打开城门迎接蛮族，罗马人的引水渠继续向蛮族供水。然而，世界毕竟颠倒过来了。不久之前，在罗马帝国的土地上有一些蛮族的聚居点，人们随便给个名字，似乎是为了说明它们的存在。如今蛮族的桌布铺开来了，这张桌布如此巨大，以至于“罗马人”的聚居地变成了星星点点，散布在瑞士的沃德州和法国的安省和索恩—卢瓦尔省。因此，一个永远难解的问题便是：“罗马人”究竟是谁？是那些讲拉丁语的人吗？在罗马帝国早期，“罗马人”指的是军人和部分军人眷属，也指提供给养的商人，当然也包括上层人物、贵族和富人，总之指一切希望露脸的人。可是乡下人呢？姑且假定他们中的大多数依然操凯尔特语，也许有点儿变味，但始终充满活力。他们的先辈如果是那些饥肠辘辘、性情温顺的穷汉子，靠向大财主卖力气为生，那么，他们或许操日耳曼语。就在此时，从莱茵河外边来了大批胜利者的队伍，他们在与前卫部队会合时，把前卫部队搞得乱七八糟。谁最先退让，谁最先消失？拉丁语，不再有“罗马”军队使用它，不再有有组织的“罗马”官员，不再有出口成章的文人行文吟诗，引吭歌唱摩泽尔河或是写一些歪诗模仿魏吉尔的奥索尼乌斯①不复存在了。圣·哲罗姆②在公元 374 年就谈

1588 年的斯特拉斯堡

到了“半蛮族的莱茵河两岸”；100 年之后，拉丁诗人席多伊纳用凶狠的阿勒曼语向着莱茵河两岸高声朗读下面的诗句，对于他来说，

① 奥索尼乌斯(Magnus Ausonius，约 310—395)，高卢诗人。
② 哲罗姆(Jérome，拉丁名 Hieronymus，347—420)，基督教圣经学家。

大河两岸都很舒适，这边是他自己的家，那边是胜利者的家：

出现在田野两边的，
不是公民就是胜利者……

巨大的悲剧就在于此。真正重要的边界，在成百上千年的时间中支配着莱茵河沿岸地区深层生活的边界，事实上是语言边界。在 5 世纪、6 世纪、7 世纪的许许多多岁月里，这个语言边界来回往复，时而前进，时而后退，翻越壁垒，面对障碍，分一地为二，使欧丹勒梯什与欧丹勒罗曼①相向而立，有时还让罗曼人投入日耳曼阵营，使日耳曼人变成为非日耳曼人。

斯特拉斯堡在分割中究竟是老大还是老二，这个问题并不很重要。因为，无论老大或老二都不可能创建名副其实的国家。不过，这个城市在 5 世纪前夕叫做阿尔真托拉顿，沉睡了 150 年之后，突然如同神话那样苏醒过来，名字改成了斯特拉特布而戈；这才是这座城市的命运中重要的东西。梅斯时而被说成某个兰斯国王控制下的城市，时而被说成某个苏瓦松国王控制下的城市，而这些国王的名字，只有专家知晓；算了吧。然而，梅斯曾是一块不可动摇的巨石，种种语言的进攻在它面前碰得粉身碎骨，在梅斯地区的 900 个地名中，有日耳曼语痕迹可寻的不超过五六个；这才是具有持久意义的事实。对于梅斯如此，对于整个欧洲也是这样……

① 这是两个地名，其中勒梯什(le Tiche)即德意志(Deutsche)，指日耳曼人，勒罗曼(le Roman)指操罗曼语的拉丁人。

在这个得而复失、失而复得十余次的地区经历了许许多多的动荡起伏之后，在多次突然前进和更突然的后退之后，一个堪与对峙的军队相比的语言前沿阵地是怎样确立的？为什么能确立呢？在语言领域里如同在其它领域里一样，这是一件蚁群般的工作，若能获悉其结果将是激动人心的。如同沿着铁道建立的前沿阵地一样，语言边界位于一些战略通道的沿线，沿着这些通道可以从斯特拉斯堡到达梅斯，从阿尔隆到达斯塔沃洛，从马斯特里赫特到达通格尔、巴韦、康布雷，沿途设立了许多堡垒；若能知晓这条语言边界是如何建立起来的，那将是激动人心的。为了进行抵抗，这条边界利用了沼泽、水塘、泥潭沼地、塞耶河的砖砌地带、从兰德尔湖到贡德尔桑吉的水塘、诺尔地区的泥潭沼地，尤其利用了孚日、洛林和卢森堡的森林，以及阿登和沙博尼埃尔的大森林，如能知晓它如何利用这些地理条件，也将是激动人心的。

无须将这些地区都想象成荒无人烟的去处，大路早已穿越这些地区，一些城市在这些地区中繁荣发展；有人生活在这些时而可以见到采石场的山区；不过，对于那些寻找易于开垦的耕地或牧场的移民来说，这些地区没有多少吸引力；可是，就军事防御而言，这些地区却是上好的根据地。戴马雷的《法兰克人在下比尔及的聚居地》一书附有地图，应该看一看图中沙博尼埃尔的北部界线及其后面的环形道路，其中有从科隆延伸至大海的布吕纳豪特人道及其四周的一系列小型堡垒，这些小型堡垒的名字似乎都与意为工事或兵营的 Castra 一词有关，当然有时也不尽然。例如，马斯河上的卡斯特(Caster)，伊泽尔河源头的卡斯特尔(Castre)和卡塞尔(Cassel)……大片的树林似乎有助于防御攻击，一些村落在树林周围紧凑地排成一个很大的弧形，它们的名字往往以塞勒、塞埃勒、采勒、采埃勒结尾，这些显然从海滨法兰克人这个词变形而成的词尾，表明了它们的由来。这是对于蛮族渗入到这里来寻找土地这一事实最有力的证据，犹如布尔人或远东殖民者每天都要向前推进一小步，以便最终超越原住民。

有人说，这有什么关系，反正当时主宰一切的国王和国王的儿子们对于语言边界全然无知，他们分而治之这个事实不是有力的证明吗？我们不想争论，姑且接受这个说法；那么，从中能推导出什么呢？在一个数百年来拉丁语是精英的语言、是“有教养的人”的文明语言的国家里，人们如今使用日耳曼语，而在这条语言界线之外，在不久之前融入了同一个政治或语言实体的国家里，人们却使用罗曼语；这一事实难道没有任何重要意义吗？难道在解释人际政治关系时可以完全不考虑文明的作用吗？难道唯有匆匆划定人为的边界才值得考虑吗？在没完没了的关于“文化”和“文明”的论战中每年不惜巨资出版的二三十种著作，难道仅仅是一种智力游戏吗？应该对此表明自己的态度。

4 世纪与 6 世纪之间，在莱茵河两岸（我们当然不谈其它地区），拉丁文明在它用一种语言表达或在一种语言中被表达的全部范围内，遭到了沉重的打击。这个范围大得可怕。因为，我们不妨想一想当时的情况：经济极不发达，劳动主要是手工操作，而且采用农奴方式，雏形的科学主要是思辨科学，部分还带有神秘色彩，根本不懂得应该作出艰苦卓绝的努力，利用大胆的希腊思想所走过的道路，充分发挥物质现象惊人的复合力，通过分析去控制并驯服自然力量；此外，当时只能借助语言和手抄本保存思想，对于一个缺乏足够的手段确保其永存的社会来说，摧毁其唯一借以传播主导思想的口头语言，摧毁其唯一掌握书面语言的精英，实际上岂不就是摧毁其全部文明吗？

4 世纪与 6 世纪之间有一个事实，那就是从阿尔卑斯山到北海，所有莱茵河沿岸地区都开始使用日耳曼语。下列这种情况是可能存在的：由于某种原因或仅仅出于偶然，有些人依然旧习不改，在一段时间里，一些家庭坚持罗马传统，在莱茵河两岸的一些由于某种原因而形成的居民区里，一些老居民依然保留着它们原有的语言习惯，因为唯有他们懂得不易掌握的葡萄修剪和葡萄酒酿造技术。一些非常古老的语言不是已经对人种和政治变迁提出了挑战吗？巴斯克语便是如此，它在经历了漫长的两千年之后依旧长盛不衰。在过去的两百年中，在德国心脏地带的两三个 17 世纪难民聚居的村庄里，人们不是依然顽固地使用他们原来的语言吗？

这是一些例外，但却证实了一种规律。在日耳曼势力得意扬扬而且声望日隆的地区里，这些村庄很快就变得让人难以忍受了。一件墨洛温王朝的文书记下了一个圣戈尔人的故事：一位名叫勒吉纳里乌斯的汉子热衷于讲日耳曼语，而且容不得那些讲罗曼语的人，这些人从他面前走过时，他就开口大骂。这是一则传之永久的传说。嘲弄一种自己不懂的语言，谁若学着讲这种语言，粗俗的嘲笑马上甩过去。这位圣戈尔的墨洛温人并不如我们想象的那样遥远。况且，这里说的是罗曼语，在商业、行政、军队和司法辩论中

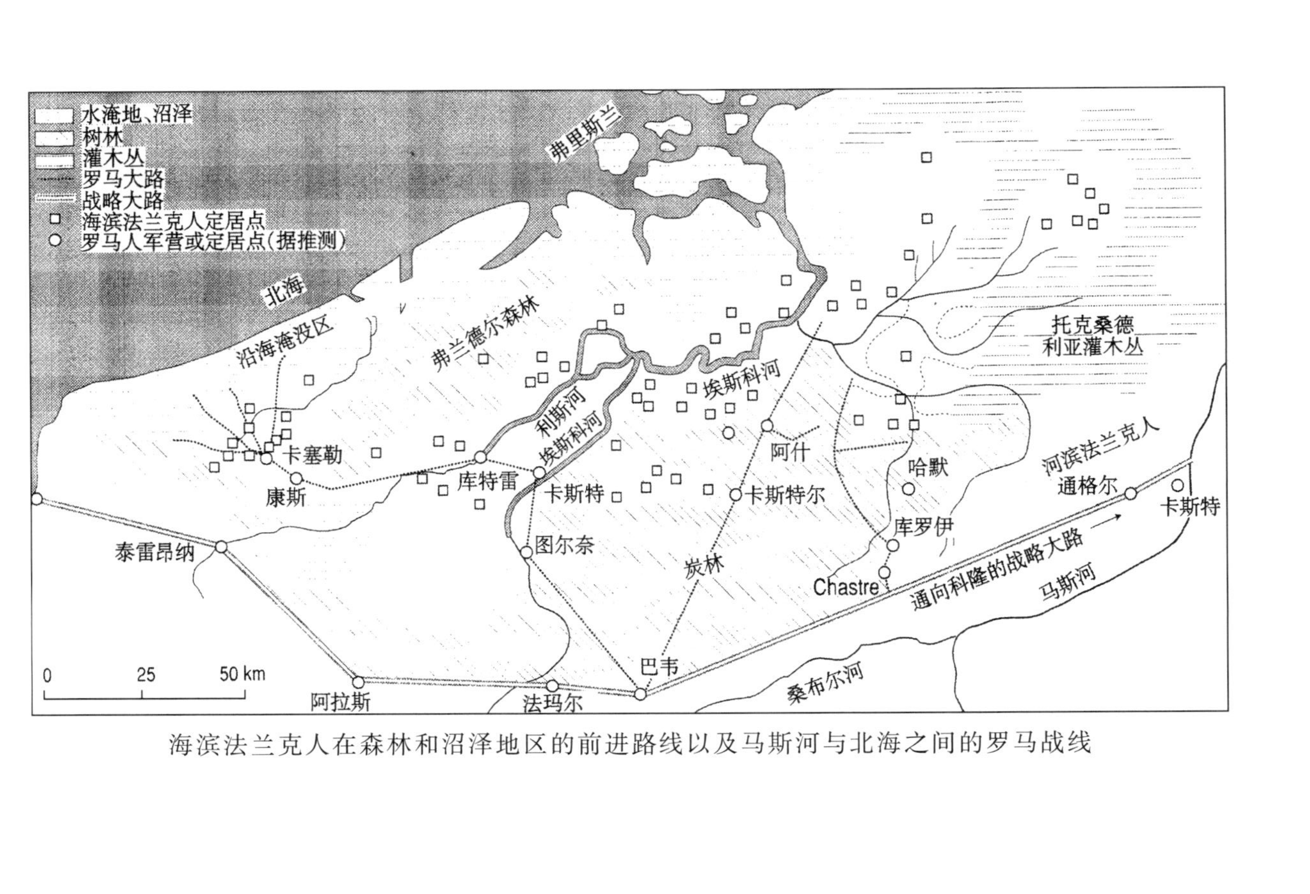

海滨法兰克人在森林和沼泽地区的前进路线以及马斯河与北海之间的罗马战线

使用的拉丁语已经死亡了,已经无法在实际使用中认识拉丁语了,没有人把它作为一种死亡的语言重新艰难地学习,试图继续使用它的人做着他们所能做的一切。编年史作者弗雷戴盖尔[①]在8世纪竭尽全力试图用拉丁文写作,步履维艰,结果被时态和语式弄得晕头转向,他不得不如实承认,况且他写的拉丁文也摆在那里。事实上,拉丁语每天都有微小的变化,渐渐向罗曼语靠拢,只是人们并未察觉而已。

拉丁语是罗马人带来的语言。不过,并非只是语言,琢石砌筑的建筑物不再有了,石质和铜质的雕塑不再有了,绘画不再有了。公元9世纪,查理曼想在亚琛修建一座与他的威望相匹配的教堂,为了给那个有名的圆厅配上珍贵的柱子,他拆毁了意大利的一些神庙,把柱身放置在大小不一的基座上;这些柱子哪里想到过会有蛮族王朝呢!战胜者手中的法律极大地巩固了罗马军团所取得的胜利,如今这些法律让出自己的位置,被新来者的法律和蛮族的习俗所取代。一个文明蜷缩了,在另一个文明面前消失了。也许话说得太重了?可是,如同默斯[②]先生所说,一个文明如果真的是众多游移的“文明现象”的整体,而且始终具有越出作为其载体的那个民族的范围的能力。那么,那时确有一种蛮族文明,而且通过和平或战争的接触,在我们的土地上广泛传播。这种文明包含着来自多种源泉的沿着东欧或北欧的大道收集起来的不同成分;这种文明有其独特的金银制品、首饰、玻璃纽扣等工艺形式,有其粗陋

① 弗雷戴盖尔(Frédégaire),传说中的一位法兰克史书作者。
② 默斯(Marcel Mauss,1872—1950),法国社会学家和人类学家。

而冲劲十足的风格，这种风格通过哥特人逐渐向西扩展；许多古墓出土文物显示出一种既古老又新颖的装饰风格，例如，东方的棕叶形饰物和常见于古叙利亚和科普特手稿的绳纹花边，从古叙利亚传到阿尔勒或纳尔榜的六角星，以及风格特殊的交织状和螺旋形等图案，此外还有四足兽和形状特异的鸟；这些图案反映出人们对于怪异、奇特和荒诞的兴趣，这种兴趣很快就得到了充分的满足。

是一种文明吗？是的，连同它的习俗、服饰的式样、居所和木结构的教堂、文学、史诗和战歌、法律、家庭和婚姻观念，以及许许多多其它明显的特征。是一种低级文明吗？我们嘛嘛嘴说是的。由于数百年来热衷于古典和拉丁传统，我们变成了一群贵族。我们的远祖在墨洛温和加洛林时代却并不像他们的后代那样想。否则，他们既然在很长时间中以 albus 表示白色，何必转而采用 blanc 表示同样的意义呢；与此同理，他们早就有 superbia 一词表示骄傲，何必转而改用 orgueil 呢？同样情况发生在另外数以百计的词上，它们之所以被采用，与新来者的特有品德或特殊贡献毫不相干。这些新来者带来了某些东西，比昔日的主人更能满足这些好奇的“罗马人”，这些被日耳曼浪潮不偏不倚地全都覆盖和淹没的高卢人—罗马人、日耳曼—罗马人以及利凡得①—罗马人；这样想是否过于轻率呢？

那么，是这些以胜利者的姿态出现的“德意志”影响主宰着莱

① 利凡得(Levant)，指地中海东岸地区。

茵河吗？真是匪夷所思……

在那些操日耳曼方言、以蛮族的方式生活、作战和思考的墨洛温和加洛林法兰克人与德意志或当今的法兰西之间，究竟有什么关系呢？我们不应把19、20世纪的政治现实搬到8、9、10世纪去，否则就会贻笑大方。历史不是化装舞会，应该把这句话再次告诉那些顽固地要把神圣罗马帝国与霍亨索伦[①]帝国捆在一起的人，神圣罗马帝国是日耳曼人的帝国，他们在数百年中极好地组织并熟练地维持了软弱无力、各自为政的众多德意志国家；霍亨索伦帝国则是俾斯麦为了缩小德意志的多样性而在统一的炉子里艰难地锻造出来的。倘若想从这个时代的文化领域转向政治领域，有些事实不应一笔抹掉。

克洛维斯利用被他征服的里皮埃尔人控制了科隆、美因茨和沃尔姆斯。可是克洛维斯死后，在他的四个儿子中，没有一个愿意立足在莱茵河畔的某个当时已经名声响亮的城市，也不愿意立足在后来被几位皇帝定为首都的摩泽尔河上的特里尔。分得东部土地的那个儿子梯也里，在图林根打击蛮族，在法朗科尼亚建立自己的王国，后来靠近萨尔河与斯拉夫人接触。这真是奇怪的征服，来自北日耳曼的人先是转到了古代高卢一边，后来又借助一些建立在马斯河与塞纳河上的据点，重新侵入莱茵河右岸地区。梯也里起先驻在兰斯，后来转往梅斯；法兰克国王从来不曾在莱茵河城市建都；也就是说，从未在日耳曼语地区中的某个城市建都。加洛林

① 霍亨索伦(Hohenzollern)，德意志的一个望族，发迹于公元11世纪，其后裔中有18世纪的普鲁士国王和19世纪的德意志皇帝。

王朝的国王们也是如此。他们是莱茵河的主人，但是他们真正的领地是半日耳曼半罗曼的马斯河地区。国王们在苏瓦松和努瓦永加冕，有的却在圣德尼安葬。这种情况有力地表明，毁损一半的堡垒该是多么阴暗、肮脏和凄凉，一堆堆破砖碎瓦告诉人们，这里曾经是城市，是日耳曼尼亚诸部落失宠的王后。这种情况也极其明确地告诉我们，对于一种建立在"分治"基础上的历史或地理来说，若要具有某种意义，必须有一种文明的历史，确切地说是几种文明的历史，来为这种历史或地理作出说明。

莱茵河土地乖戾的命运从此显现在它们的历史银幕上。单一的统治、单一的文明、单一的民族感情，当人们认识其中之一时，另一个或另两个就被疏忽了。要使这三个词、这三种力量彼此协调，需要时间，需要很长的时间。

Ⅲ. 教会

罗马或罗马人、罗马人特有的方式对抗日耳曼人特有的方式，这是一场决斗，结果罗马人特有的方式失败了……这是一种简单化的想法；不过，凡是与人有关的东西，只有在头脑简单的人眼里才是简单的。这是一种两端论法；然而，如果历史学家对此过于津津乐道，那么历史就不知道两端论法为何物了。

首先，吉本[①]勇敢地说出下面这段话的时代也许一去不复返了："人的身高在降低，北方的蛮族巨人更新了古老的自由精神，当

① 吉本(Edward Gibbon，1737—1794)，英国历史学家。

他们出现时，遍布罗马世界的实际上是一个矮小的人种。"阿尔丰斯·多普什不久前重申，5世纪以军队形式侵入罗马帝国的日耳曼人，实际上已经不是"纯日耳曼人"。他们带给堕落世界的不是在北方林间空地上的蜂箱之间初绽的那种处女文化的启示，而是一种混合物，是日耳曼传统与借鉴于罗马和希腊的某些成分的结合。我们不妨想一想哥特人和他们从黑海各种层层叠加的文明中所接受的一切。当已经受到破坏、影响和改变的哥特人来到高卢时，他们在那里遇到的是一种文明，就其威望与精神而言也许是罗马文明，但已经掺入了某些东部与北部成分，并由来自欧洲各地的人在一个曾经是凯尔特化的地区传播。

此外还有回归与反击。罗马化的浪潮不但遍及莱茵河沿岸，而且把它的泡沫溅到了易北河。巨大而深刻的日耳曼化浪潮一下子就越过莱茵河，冲向马斯河与索姆河，接着在经历了一些起伏之后，恰恰在我们划出语言界线的那些地方撞上障碍，碰得粉碎。这便是一切吗？加洛林王朝眼看着壮大起来了。是德意志人还是法兰西人？且把这种背时的问题晾在一边。主要是马斯河地区人，他们在自己控制的瑞皮耶界线之内建有要塞舍弗尔蒙，在埃斯塔勒的村落里建有它们钟爱的住所。查理曼从公元798年开始废弃这个村落，为的是在艾克斯拉沙佩尔①落脚。艾克斯拉沙佩尔属于通格尔教区，是直接连接莱茵河与加来海峡的那条交通要道上的一个驿站。在马斯河地区的这个连接点上，由于在8世纪初与圣于贝尔一起转移到此地的通格尔主教们的关心，一座新的城

① 艾克斯拉沙佩尔（Aix-la-Chapelle）是法国人对亚琛（Aachen）的称谓。

市——列日很快就诞生了，罗马文明和日耳曼文明在这个地区接触并部分地实现融合。首领们在这里长期使用两种语言，戈德弗鲁瓦·德·布伊翁[①]在这个地区成长，兼通“条顿语”和“罗曼语”，所以后来成了率领一部分十字军的将领。

查理曼如同他的先人一样以法兰西(Francie)中部为基地，这块地方最有理由称作法兰西亚(Francia)，查理曼不但改用法兰克语(为他作传的艾因哈德对此作了特别的说明)，而且再也不曾表示对法兰克语的口语不感兴趣，这与他对罗曼语的态度一样，他根本不使用罗曼语。这些通俗的、民间的、非科学的语言除了在日常谈话中使用外，还用来制作歌颂英雄和敦化民风的诗歌；当政者也用这些语言向民众发表庄严的演说，例如，公元 842 年日耳曼人路易在斯特拉斯堡发出的誓言，就是留存至今的最古老的罗曼语文献：“为了对上帝的爱，为了信奉基督教的人民和我们大家的赎救，……我将援助我的兄弟查理。”查理曼是个聪明的统治者，他通过书写重要文件将这些实用的语言固定下来，不过，他所希望的复兴和他所保护和发展的文明，并非使用日耳曼语或罗曼语的文明，相反却是重新学习拉丁语，是对自 5 世纪以来与口语失去联系，但好歹依旧作为一种体面的语言继续存在的帝国时期的拉丁语的重新学习；此后数百年间，拉丁语的地位大有提高，被尊为高尚的语言，内行人的语言。

① 戈德弗鲁瓦·德·布伊翁(Godefroy de Bouillon，1061—1100)，下洛林公爵，曾积极参与十字军东征活动。

拉丁语在墨洛温王朝的官府中已经普遍使用，到了加洛林王朝，拉丁语更是官府的语言，而且其俗气有所减少，讲起来也不再声嘶力竭。加洛林王朝的宰相府里使用拉丁语，很重要的一件事是与加洛林王朝不断密切关系的教会，是以罗马为首的拉丁教会，它以拉丁语为官方语言。教会被君士坦丁堡的皇帝抛弃后，在西方找到了一位非教会保护者，而君士坦丁大帝本人曾向教会昭示过这位保护者的代价；教会在法兰克人这里找到了这位保护者，并到这里来加强教皇与其士兵—国王的联系。艾蒂安二世①在圣德尼亲自为矮子丕平②行涂油礼，使之成为第一位君权神授的君主。46 年以后，利奥三世③把皇冠戴在国王查理④头上，从而以上帝的名义创建了一个没有非教会渊源的帝国。这个帝国没有越出一个民族的范围，与信徒团体相混淆，在已被取消的 10 条疆界之上组织世俗生活，正如梵蒂冈声称由它组织宗教生活一样。

温弗里德⑤是在英格兰人痛恨不守教规和崇尚规范的氛围中成长起来的，他从罗马接受了卜尼法斯这个名字；这位注重礼仪的英国人受着不安和烦恼的熬煎，但坚信圣典、严守教规，这位来自大洋彼岸的外国人，为加洛林王朝带来了英格兰教会的传统，并为继续这个传统而重新拾起了弗里斯兰主教的事业。工于心计的温弗里德并不把萨克森和文化瘠薄、森林广阔的北方大平原作为自

① 艾蒂安二世(Etienne Ⅱ)，罗马教皇，(752—757 年在位)。

② 矮子丕平(Pépin le Bref，714—768)，法兰克国王(751—768 年在位)。

③ 利奥三世(Léon Ⅲ)，罗马教皇，(796—816 年在位。)

④ 国王查理，即后来的查理曼大帝。

⑤ 温弗里德(Winfried，约 680—754)，英国贵族，基督教德意志总主教，曾为法兰克国王矮子丕平加冕。

己的活动地区；北方大平原上的人们坚持一种虽屡遭冲击却始终挺立的异教信仰，并把他们的信仰传遍欧洲的北端与东端，基督教传道者在那里的斯堪的纳维亚人、温德人[①]、立陶宛人和芬兰人面前屡屡碰壁；温弗里德把图林根、黑森、阿列曼尼亚、巴伐利亚作为他开展活动的地区，因为长久以来，一些奇怪的神甫和与众不同的主教，在那里发展了一些更奇怪、更与众不同的信徒；这是一群为自己施行剃发礼的不三不四的流浪者、骗子和奴隶。他们向那些将日耳曼万神庙的传统与被歪曲的基督启示混在一起的令人生疑的食肉者，传布一种充斥着谬误和迷信的宗教。

传道者并非个个无可指责，不过，却有不少人是无懈可击的，例如，先后被圣科隆班[②]及其弟子圣加尔从吕克瑟伊和布雷根茨派遣到施瓦本、图林根和多瑙河去的那些人便是如此，他们对于自己在教会中的等级不大在意，他们依托的也不是正规的主教制。改名为卜尼法斯的温弗里德以他所服务的罗马和为他服务的莱茵河为依靠，致力于如下事业：组织、协调传道事业，使之走上正轨；纠正盎格鲁—撒克逊人所憎恶的凯尔特人的偏差和奇想；以严格遵守基督教教规的信徒取代零散和可疑的正教信徒。严格遵守基督教教规的信徒在所有细节上都符合教义，他们坚固的组织犹如金字塔，底部是普通信徒，往上是神甫和主教，顶端是教皇的代表，教皇则是所有修会和教派的源头。

宗教事业，也许是的。切莫以为忠于卜尼法斯传统的主教们只

① 温德人，中世纪德意志人对斯拉夫人的称谓。

② 圣科隆班(Saint Colomban，540—615)，爱尔兰传道者。

知诵经唱诗，从公元 886 年到 901 年，10 位主教死在与诺曼人对垒的战场上；在这些引导着人民大众、关心着世纪的主教们的努力下，基督教不断地在人们的心灵中扎根。基督教不只是一个“巨大的机构”，而且是为改造人和转变价值观而作出的一种巨大努力；基督教提倡博爱和行善，其教诲没有学究气，直接明了、神圣、雄浑、具有征服人心的魅力，懂得如何以不加修饰的形式保存民间传统的功效。

这里，住在莱茵河两岸的是一些本能未得到良好控制的性情暴躁的人，与条件稍好的地区相比，这里更需要宗教，宗教在这里也更能起到敦化民俗的作用。这种宗教所宣扬的首先是努力依靠自己、战胜自己，这种努力对于改造那些首先需要学会认识自己和掌握自己的人尤为有效。当然，以语言更以榜样宣扬教义的功劳，不但不能仅仅归于主教，甚至不能首先归于他们，而是应该首先归于教士和早期大修道院中的修士，诸如维桑堡、洛什、塞利根施塔特、富尔达、阿默纳堡以及其它许多地方的修道院。另一个事实是，在富有战斗性的主教们的努力下，征服信仰的组织工作开展起来了；这种征服与世俗的征服一样，也以连续不断的跳跃向前发展，从一条作为基地的河流伸向另一条河流，从一组沿河城市扩展到另一组沿河城市。

首先是莱茵河这条线，这是一条经过考验的基础线，资源丰富，全方位向外部世界开放。往前便是易北河、萨尔河、埃斯特拉河，接着是奥德河，再往前去则是梦想中的维斯杜拉河和第涅伯河。在这些长长的河流上有许多城市，每个城市都是一座沟通两个世界和连接昨天与明天的桥梁；这是一个入口，古老文明所带来的东西从这里涌入广场；这也是一个朝向新土地的出口，资本化的财富和储存起来的实力都经由这个出口，撒向将被占领的宗教中心、军事重镇、集贸场所以及贸易和航运枢纽，诸如梅泽堡、莱比锡、马格德堡和汉堡，布雷斯劳和但泽、里加和基辅。这些城市都是接力站，在整个流程中都要占用一定的停留时间。但是，它们远远地控制着整个流程，在日益扩大的棋盘上把卒子向前推进；莱茵河畔的城市始终是推动力中心，而莱茵河地区的神职人员则始终是永不失误的推动者，他们所推动的是源源不断地获得新能量的化腐朽为神奇的伟大事业。由于卜尼法斯及其对手的缘故，莱茵河成了基督教意义上的教皇和罗马人的河流，于是雄风再现，它的名字重新自豪地挂在人们嘴上。当然，这是教会和宗教的事业，但不尽然，这还是政治事业，因为它创建了德意志。我们天真而又固执地认为德意志是“固有的”，其实它是从西到东、从莱茵河到易北河和奥德河艰难地拼凑起来的。它的范围有多大？如果不是更大的话，那就与那些超然于地方分裂、集团对立和部族冲突之上的公爵领地和教会行省相似。

位于摩泽尔河和兰河沿岸的特里尔省呈长条状，它沿着兰河一直延伸到韦茨拉尔那边，在西部大河的水域中与科布伦茨相通；我们暂且不谈这个省。北边的科隆省是低地，这里有埃斯科河、马斯河和莱茵河的入海口，还有延伸到埃姆斯河和布尔唐泥潭沼泽那边的德意志平原；明登、奥斯纳布吕克、明斯特、利珀河、鲁尔河，以及莱茵河彼岸对于加洛林王朝十分重要的马斯河流域的土地，其中包括通格尔、列日、亚琛。广袤的美因茨省是德意志名副其实的心脏地区，教皇在任命卜尼法斯为大主教的信中为这座城市指明了光荣而艰辛的前程；这封信把大主教的驻地定在美因茨，把他的管辖地区确定为乌特勒支、通格尔、科隆、沃尔姆斯和施佩耶尔五个教区，此外还包括“大主教应借助语言使之认识基督教教会的日耳曼尼亚各民族”。在这片宽广的平原上住着许多人，有的已经皈依基督教，有的依然不信教；在美因茨省确立了一种罗马式的结构，组建了一个堪与罗马时期的小镇相比的教区网，在未来的日子里，教区网可以不断扩大；在美因茨省，人们还以不拘一格和不为人知的方式，将日耳曼这个名字变成罗马和教会的行政用语中的地理名词。我们可以说，在政治上的德意志创建之前，一个教会的德意志已经在美因茨省建立，它拥有自己的首领和首府；在德意志出现之前，美因茨省的首府似乎就将德意志的全部土地集中在基督教框架之中了。这当然是就罗马和教会而言的，不过，德意志紧接着就跟上来了。德意志把它最具活力的那部分安置在广阔的美因茨省，这个省的东部从汉堡到马格德堡这一段都在易北河畔，它在公元1344年以前一直拥有四边形的波希米亚，它囊括整个美因河和内卡河地带，它的南部越过多瑙河沿着奥格斯堡方向朝南延伸，经由库尔与阿尔卑斯山和莱茵河源头相接。

可是，现在仅仅涉及莱茵河吗？德意志不可动摇地确立在莱茵河与奥德河之间，莱茵河远远地被超越了，它远非德意志的西部边界。它是基地，是再度扩大版图的出发点，是从这里向东进发创建德意志的那些人的阅兵场……上面我们已经提到，法兰克人从德意志北部出发，在高卢养精蓄锐，然后再度上路，重新征服祖先的土地，在莱茵河彼岸重新缔造一个东部法兰克。这条具有象征意义的路线并非只是法兰克人的路线；它只不过十分清晰地告诉我们，一个新的德意志是如何从莱茵河畔崛起的：它发端于莱茵河畔，并借助莱茵河，借助莱茵河地区众多的基督教大城市，借助莱茵河地区与罗马关系密切的基督教，终于形成为一个新的德意志。

11 世纪初莱茵河沿岸的教会行省

17 世纪中叶的美因茨

而最初的罗马也只不过是七座威严的山丘①影子覆盖下的一块长方形土地而已。

然而，由此可能出现一种危险，况且这种危险确实出现了。教会面临危险，莱茵河面临危险。那些好战而信教的首领们日复一日地向东推进，来到易北河和萨尔河，断然组建了一个德意志世界，并在萨尔河和易北河上建造了一些新的据点，把马格德堡变为易北河上的美因茨，他们在恶斗的狂怒中放纵自己，野蛮的暴行使得对手的基督教在斯拉夫人眼中也变得面目可憎；这种带着头盔、杀气腾腾的基督教紧紧盯着什一税，不惜敲诈勒索以获取实惠，却丝毫不讲仁爱，况且其行动也与仁爱南辕北辙；随着这种情况日益

① 指罗马城内台伯河边的七座小丘，罗马城在此七丘基础上建成。

加剧，危险终于出现了，危险是如此巨大，以致热衷于争斗的征服者们无法摆脱莱茵河沿岸的高级神职人员所代表的一切，而这些高级神职人员则是罗马的倾向和加洛林王朝的教训这股强大的传统势力的继承人。

这一点看得很清楚。日耳曼人的加洛林王朝最后一位君主孩儿路德维希①死后，捕鸟者亨利②及其儿子奥托一世③等萨克森君主，先后拾起法兰克尼亚人没能保住的权力，着手在自己的控制下重新组合各个日耳曼公国，驱赶再度构成威胁的斯拉夫人，防备匈牙利人的威胁；在封建诸侯到处出现和发展的那段时间里，利用德意志政治上的落后状态大做文章；因为德意志的发展总是落后于它的西面或南面的近邻。压倒羽翼未丰的封建贵族，这个任务并不十分艰巨，可是，想要削弱那些惹是生非的城堡主可就不那么容易了，这些人在很长时间里（直到路易六世在位期间，即12世纪初）架空了巴黎的国王，致使他们赤手空拳地面对日耳曼人……

在以往日耳曼人的管辖范围内，如今只有捕鸟者亨利和奥托一世等萨克森人拥有国王称号，他们声称无须教会和莱茵河；当萨克森公爵亨利被宣布为萨克森人和法兰克人的国王时，他最初的举动之一便是拒绝美因茨大主教为他行先辈们从未拒绝的涂油礼。他向自己提出的第一项任务，是在远离莱茵河的萨克森和图林根修建一批堡垒，堡垒修在以下这些城市：戈斯拉尔、北豪森、哈

---

①　孩儿路德维希（Louis l'Enfant，893—911），日耳曼人的国王（900—911年在位）。

②　捕鸟者亨利（Henri Ier l'Oiseleur，876—936），日耳曼人的国王（916—936年在位）。

③　奥托一世（Otton Ier，912—973），日耳曼人的国王（936—973年在位），德意志皇帝（962—973年在位）。

茨山坡上的奎德林堡、盗匪聚集的梅泽堡。他的儿子奥托继承他的王位，但是并没有立即成为当时最强大的国王，为此还得做许多事，其中首先要做的是这样一件事：他必须回到莱茵河，让莱茵河接受他，把他由一个地方性的小王变成一个兼具天主教名声和威望的君主；他原来的权力所及只是属于不同部族的一些公爵的联盟，诸如萨克森人、法兰克尼亚人、施瓦本人、巴伐利亚人以及洛林人等。美因茨及其大主教股掌之中的莱茵河，两度起兵反抗奥托，战斗在克桑滕、舍夫尔蒙和布里萨切进行。对抗长期以军事冲突形式进行，尽管有匈奴人的疯狂入侵，因对立而引起的混乱依然如故，在内外交困之下，莱茵河地区对抗和抵御东部的精神、它那古老的西部与南部精神日益显现出来，表现为阴谋和公开反叛以及短暂阴险而顽强的策划……

奥托终于明白了。他的父亲曾经拒绝那位美因茨人为他行涂油礼，但奥托本人早已在艾克斯拉沙佩尔接受这个仪式了。为了争取高级神职人员、瓦解对抗、在莱茵河地区重新确立权力，还需要做更多的事。奥托找到了一个向导，此人便是他的兄弟布鲁诺。布鲁诺在莱茵河地区的修道院里长大，自幼受到罗马与查理曼交混的那种传统的熏陶，此外他还因第二任妻子阿戴拉伊达而受到意大利的影响。奥托酝酿了一个简单易行的策略：利用美因茨与科隆的夙怨，假后者之手打击前者。他灵活的婚姻政策起到了确保政权的作用，如今应该为这项政策提供一种平衡；把莱茵河地区的一些重要职位托付给可靠的人，把科隆交给自己的兄弟布鲁诺，把美因茨交给自己的私生子威廉，布鲁诺是教会科隆省的首要人物，还得把洛林公爵领地让给他；在这些结果面前，奥托不再犹豫。

他起初很吝啬，但很快就出手大方，向各地教堂捐款捐地产，还让主教和大主教分别成为伯爵和公爵，让他们在城市里拥有司法权、征召权、关税权和铸币权。他让莱茵河人、沃尔姆斯的主教们、特里尔的大主教以及科隆和美因茨人一个个心满意足。他战胜了匈奴人，保护教会和耶稣免遭蛮族的蹂躏，他主宰着整个原法兰西亚的命运。加洛林王朝往日失去的光环似乎正要套向他的头顶……

最想会见他的当然首先是主教们，是念念不忘罗马帝国的那些饱受罗马精神和拉丁文化熏陶的基督教教会的成员们。公元962年2月2日，教皇约翰十二世在罗马为奥托加冕为皇帝；奥托对于意大利式的狡诈颇有戒心，命令他的一位亲信当他跪在地上时手持出鞘的利剑侍候一旁。教皇把皇冠戴在奥托头上，对于这位低能的教皇来说，此举也许无异于承认自己软弱无能，此后他便变成了一个人和一种政策的工具。这无关宏旨，一个重大的历史事件毕竟在罗马发生了，但是，它是在莱茵河上发生的。

传统具有奇特的力量。在加洛林帝国分崩离析之后出现的欧洲，在坍塌于公元800年的建筑物废墟上重建的欧洲，一位新的查理曼诞生了。这是一位“罗马”皇帝，可是他所处的那个世界却是在对罗马模式不自觉的部分否定中形成的，这个世界本来也许可能成为一个基督教联邦共和国，一个单一的实体，但却根本不是这样。一位皇帝从历史的虚无缥缈中诞生，可是他并没有帝国，他的实际权力是从他的王国带来的；他并非因为是皇帝而强大，而是因为强大而当上了皇帝。他的强大足以册立或废黜一个教皇，然而，让他当上皇帝的却是教皇，教皇在罗马为他加冕，把天主教和罗马的光环套在他的头上。后来数百年中飘浮在欧洲头顶上的那个政治神话，再一次从那条西方大河的激流中冒了出来。罗马帝国这颗明亮的星星早就没入了地平线，如今在高级神职人员的召唤下，它的最后光亮却为不断变化着形状的云团镶上了一圈金色；15 世纪才出现的那些称号，诸如圣、罗马、日耳曼民族等等，奥托创建的那个帝国都当之无愧。莱茵河是因教皇而变为或重新变为帝国的莱茵河吗？不是，它始终既是教皇的又是帝国的，而且因为是帝国的，才是教皇的……

看得见摸得着的后果接踵而来。公元 962 年加冕的结果，使那些处于奥托的威望控制下的德意志土地，变成了基督教的势力范围。基督教则把它的重心重新挪到西部精神与东部精神的最佳结合地，即以往日耳曼精神的重心所在地；经过无数次修整的日耳曼精神，依然粗陋、不驯，依然有许多可以完善之处。一个文艺与艺术的复兴运动立即发生了。布鲁诺在科隆建造了圣—庞塔莱翁大教堂，一大批赏心悦目的罗马式大教堂随之建成，成为这个莱茵河“移民”城市名不虚传的荣耀。这些大教堂十分讨人喜欢，后来虽经多次重修，却依然保持着肃穆之美，它们的外貌如同迷人的希腊—莱茵建筑，和谐的半圆形后殿四周的伦巴第式拱廊风姿绰约；地下小教堂里沉睡着涂上金色的庄严的皇后们，她们为了主宰莱茵河，从拜占庭来到这里。不过，布鲁诺并非独一无二，科隆也不是举世无双。然而，艺术并非全部，在奥托的德意志可以看到文艺复兴时代的一切，古典的、意大利的、东方的，应有尽有；这一切使得莱茵河城市再度充满活力，其效果与日益活跃的贸易重振交相辉映，来自拜占庭的商品经由帕绍、洛什、雷根斯堡，直达汉堡和不来梅；来自意大利的货物经由奥格斯堡和莱希，直达科隆和弗里斯兰海滨。

19 世纪 20 年代科隆的圣徒教堂

无论从政治或文明角度看，这都是一番宏伟的事业。这番事业产生于莱茵河这位传统的维护者和这条维系各族人民的纽带，产生于莱茵河永远旺盛的创造力，是的，不过也产生于莱茵河的发展方向，产生于对以下事实作出解释的一切：德意志是莱茵河的产物，就在莱茵河缔造德意志之时，它似乎将德意志的活动扭向非德意志的目标，德意志一词在这里取其狭义，也就是近代史强制性地赋予它的意义。奥托难道不是使莱茵河脱离了东边的争斗，脱离了正在逐渐吞食斯拉夫的日耳曼扩张事业吗？他不是让辉煌的理想在它眼前闪耀，将它推向南方、意大利以及罗马的幻影和东部的烟雾吗？他是莱茵河的天才，他是欧洲的天才，当他对德意志事务的干预效果最好最明显时，他的天才得到了进一步的证明。是一条边界吗？我们不得不上百次地提出这个问题，因为这恰恰是由于多年的战争而时时萦绕在一些伟大人物和伟大民族心头的“那个问题”。不是一条边界，而是一个基地。可是，任何基地都得依靠交换才能存在。为了给予，必须获得。为了征服、开发一个“前方”并使之变得富饶，必须拥有一个强大的“后方”。莱茵河不甘心于仅仅是一条界线、一种遥远的、流放到偏远地区的东西，换句话说，它不甘心于仅仅是一条边界，一条贫困的国界。它希望自己是一个与不同文明接触的熔炉。带着莱茵河往前流动的金沙和卵石并不停留在某个地方，它们是随处游荡的“旅行者”。为了让莱茵河大熔炉繁荣兴旺，需要来自各地的矿石……

莱茵河形成了，又被毁掉了。它创建了神圣帝国，并将一个在奥托控制下的驯服、顺从、沉重的教会交付给这个帝国。与此同时，在10世纪末，它在各个德意志部族中推行具有神秘色彩的克吕尼改革运动①，可是，这个改革的结果却是主张由世俗君主控制宗教事务的奥托教会的彻底垮台。莱茵河是一条政治河流，莱茵河是一条神秘的河流，莱茵河是主教们的河流，莱茵河是僧侣们的河流；主教因时代不同而强弱不等，僧侣则因智力不一而强弱有异；莱茵河是卜尼法斯的河流，是他那循规蹈矩的主张以及他那部曾送交罗马审阅的严守教法的摩西法典的河流；可是有那么一天，在沃尔姆斯，在莱茵河上的沃尔姆斯，一位名叫路德的僧侣竟然发出反对墨守教规的呼吁，引起巨大反响。莱茵河还是一条为德意志服务的河流，对于德意志的建立并使之成为一个紧密的实体，而且思想健康地生活着，莱茵河的贡献超过历史上的任何其他力量。可是，无论在哪个时代，无论发生过什么事情，充满情谊和热情好客的莱茵河从来不敌视任何人，不自我封闭。正因为如此，也可以说莱茵河是地地道道的德意志的河流，即使当它把微笑向着德意志以外的地方抛撒时也是如此；说它是地地道道的德意志河流，其前提恰恰是：德意志愿意把自己确认为一个正在寻找变幻莫测的地平线的“变异因素”，而不是封闭在其清晰的意识中的一个“存在物”。

共有三种影响：第一是罗马的影响，其次是日耳曼的影响，第三还是罗马的影响，不过，后面这个罗马与前面那个罗马含义不同，后面这个罗马指的是基督教和教会。三种影响，确切地说是三种酵母，即罗马、日耳曼和教会。经历了数百年漫长的岁月，这三

① 克吕尼原是法国一座修道院的名字。10—11世纪，以该修道院为中心发起了一场改革运动，其内容除加强修道院的管理外，还鼓吹教皇权力至上，反对世俗君主操纵主教任免权等。

种酵母才在莱茵河两岸先后找到了自己的土地。不管怎么说，三这个数字并不大。可是，千万别以为历史给予我们的这三种酵母都是纯而又纯的。每当历史抓住它们时，它们都已经变坏，准备接受一切混合物，因而也就更加有效，更加积极，更加可怕。

在数百年中，对于唯一能够给予混杂的人群以尊严和方向的那些建设性形式来说，罗马既是它们的意义，也是它们的需要。在数百年中，罗马也是人们感受到的与西方和南方所有罗马化地区的一种亲属关系，是由于自己的高贵出身而拥有的一份自豪，是一种出于本能和感情而不是出于理智的倾慕，倾慕无与伦比的罗马土地意大利，那里到处是阳光下闪闪发光的柏树和外观诱人、成熟时甜汁外溢的水果。

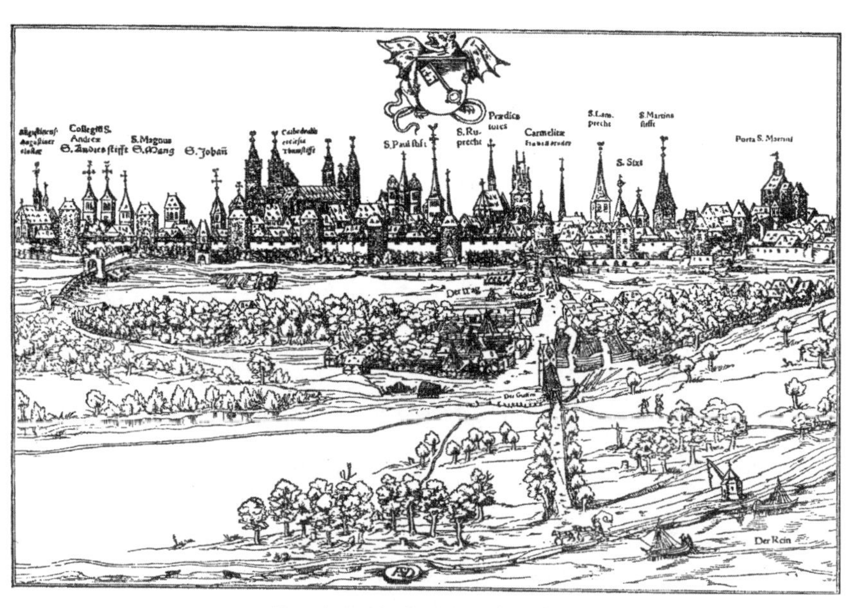

16 世纪的沃尔姆斯及其毗邻地区

日耳曼文明是一个强大的因血缘和习俗而结成的人群，是一种主要因本性而非利益而形成的相互支援的关系，是作为一种思想体系的载体的语言，是一种特殊交换体系的工具；因此，尽管边界从不固定，历史上屡屡发生意想不到的曲折，它却始终拥有许许多多永恒的亲近关系，心灵、精神和推理都彼此相近。日耳曼文明即使不能说是一种独特的文明，至少也是一种自主的文明，它拥有丰厚的基础，而且善于通过借鉴进一步丰富自己。它是一种存在、理解和行动的方式。尽管人们天生迷恋于那些粗俗的文化，然而与此同时，由于先知、神秘主义者、哲学家、思辨学者的影响，文化趣味正在逐步提高，成千上万的人从他们身上重新找到了对于自己的天性模糊的向往，并为此而感到高兴。一个理想翱翔在莱茵河一片光明的天际，凡高晏①为莱茵河所作的画数百年来盛名不衰。

最后还有基督教和罗马教会。这是一种双重的力量，兼具瓦解和重组的功能。罗马帝国彻底垮台了，它那套建立在精英的独断专行基础上的制度被摧毁了，人们反其道而行之，宣布人与人之间绝对平等；基督教和教会为所有这一切作出了贡献。基督教和教会企图捡拾起罗马帝国这架破碎机器上的残片，重新组合用来保护自己命运的坚固的框架。努力重建以天下为一家的社会，或者说，努力重建一个对边界毫不在意、将道德文化和教会的监护作为唯一关注的基督教帝国：这便是教会永不改变的倾向。莱茵河永不改变的倾向则是：当然是为德意志而努力，但同时也为

① 凡高晏(Jan Van Goyen，1596—1656)，荷兰画家。

德意志以外的世界努力，为的是让德意志更好地与意大利人和法兰西人融为一体，他们与南方保持着紧密的接触；这样，德意志就可以从慷慨而富有的亚洲人和非洲人那里得到实惠，他们为了与古老的欧洲交往而来到地中海，在这个旧世界的共同生长地里播下了种子。

第三章　从城邦到国家

Ⅰ. 莱茵河城市

朱尔·米什莱曾对他的学生说过：德国“只不过是童稚、诗和形而上学”。数年后，他对德国作了一次短暂的访问，1842 年 7 月底回到法国。他就此次访问写道：在一个月内，“我从德国身上割下了一块，我触到了西南部的所有电流。”电流一词用得好，富有表现力，也很正确。我们也只能从莱茵河的全部历史上“割下一块”，而对于贯通在整条大河中的电流，我们至少可以从从容容地触摸它们的关键触点——城市。

莱茵河的城市兼具罗马、日耳曼和基督教的特征。正因为如此，这些城市就成了对于体现着巨大劳动的过去栩栩如生的概述，而我们想以简短的篇幅加以概括的也正是这个过去。这些城市是古罗马城市吗？想入非非的米什莱就是这样说的，他在美因茨旅行札记中写道：“莱茵河，古罗马的河流，世界的河流，也是德国的河流，但不只是德国的河流；纵然还有那些在古罗马基础上建造的哥特式建筑，在堡垒上修建的城堡，在原来神庙上修建的教堂和修道院。”这位《罗马史》的作者虔诚地参观了城堡中的德鲁苏塔、柯尼斯勃隆的古罗马引水渠，以及堪称“文明世界先驱”的罗马军团军人墓地……两天以后到了特里尔，他凝视着“黑门”，遐想联翩：“身着白红两色长袍的高卢行政长官，坐在这座凯旋门前，让一个个民族出庭受审。”除了美因茨和特里尔，如果米什莱还到过巴塞尔、斯特拉斯堡或者科隆、奈梅根、莱顿，那么在他足迹所到的这些地方，他可能会察觉到，桥梁建造者和城市创建者们的精神依然活着，而且会从地下深处冒出地面。

这些城市是日耳曼城市吗？当然是的。是日耳曼城市，而不是我们今天所说的德意志城市。因为，在巴塞尔找到的许多13世纪文献一再显示，皇帝控制着莱茵河沿岸各个地区，而巴塞尔早就将自己的命运与帝国的命运分开了。斯特拉斯堡从17世纪开始获得了其它来源，不再只喝德意志的莱茵河水了。奈梅根的房子大都有暗红色的屋顶，还有漂亮的树木和通向港湾的坡道，那里停靠着绿色、橙色或红色船只，这些景色足以表明这是一个荷兰城市；可是，尽管存在着巨大的历史和文化差异，许多相同的习俗却构成了共同的宝库；习惯、风尚、民俗、许多相似的传统以及自发的待人接物的态度等等，彼此十分相似，以致在有些时候，某些思想竟然如同河谷中的飓风那样，飞快地从康斯坦茨吹到莱顿；飞快地传递的不仅是思想，还有感情、欲望，乃至口号。请想一想那些突然揭竿而起的粗鲁的农妇们，她们高喊着古老的“鞋子同盟”的口号，把缀有碎土钉的大鞋举过沾满麦草的头顶，这种鞋子是数百年来农民起义的象征；请想一想一再出现在莱茵河全流域各地区的市民和手艺人当中的异端分子，这些地方是民间泛神论永不枯竭的源泉。所有这一切都经由各不相同的多种语言进行传递，这些语言的彼此关系有时相当复杂，例如，荷兰语与德语的关系从各方

面来看都不容易理清，不过它们都属于日耳曼语，彼此相距当然不很远，比瓦隆语与法国的法语之间的差距小得多……

最后，这些城市是基督教城市吗？是的。不过这样说是有前提的，那就是考虑到在经历了灾祸、崩溃和血腥的无政府状态之后，是基督教重新创建了这些城市，是基督教主教府这个物质支点重新为这些城市提供了一个坚实的精神中心，一个共同的理念和希望。这些拥有庄严肃穆的大教堂、高傲的哥特式神殿和闻名于整个欧洲的朝圣地的城市，自然是基督教城市；修道院是热情和狂热的驿站，为如饥似渴的信徒不断地输送布道者，拥有众多修道院的城市当然是基督教城市；作为主教和大主教们的驻地，这些城市当然是基督教城市；领导主教和大主教的是高级神职人员，他们富有政治头脑，对许多坟墓显示出两种不均匀地交织在一起的感情：强大和卑顺；在卑顺占上风的时候，他们从全身心地卑顺和一边指挥一边服从中感受到一种自豪。是的，基督教的、日耳曼的、古罗马的城市。不过，先于一切的，它们都是莱茵河城市。

这是一条强大的河流，它从阿尔卑斯山流到大海，在众多的城市之间建立起相互支援的关系，这种关系即使算不得最密切，至少也是最直接和最显而易见的。从巴塞尔大拐弯到多尔德雷赫特漂亮的小拐弯，莱茵河犹如一条长长的街道，时而穿行在山间，时而流经平原的心脏地区，商人和军人，旅行家和学生，总之，形形色色的所有莱茵河的使用者，摩肩接踵地走在莱茵河两岸，有的慢条斯理地闲逛，有的急匆匆地赶路，有的忧心忡忡，有的无所顾忌。

人人都有自己的歇脚之处。城市是行程的终点和起点的标志，乘船或坐车来到城市的人各不相同，朝圣者为了信仰而来，商贾为了赶集或交付路桥费而来，另一些人则为了寻求欢乐或满足好奇心而来。所有城市之间都透着一股亲属般的气氛。当然，它们之间存在着差异，如果选取两个极端，差异就相当明显。巴塞尔的天空不是荷兰人画幅上的多尔特雷赫特的天空，凡德维尔德[①]笔下的天空是银色的，凡高晏笔下的天空是灰雾蒙蒙的。荒凉的莱茵河波涛滚滚，夹带着来自比瑟河的松树枝，箭一般穿过巴塞尔市内的桥梁奔腾而下；这条莱茵河也不是显现在阿尔贝·库伊普[②]画幅上的那种意大利景色，也不是认真而严肃的鲁伊斯达尔[③]展现在完美的天穹之下的那幅景象。可是，从霍尔贝恩[④]和博克林[⑤]笔下的城市经过许多中间阶段到伊拉斯谟[⑥]和阿德里安六世[⑦]的城市，其间有许许多多惊人的相似之处。

经历了多次改造、扩建和重新规划之后，这些城市如今全都仅仅占据莱茵河的一侧，唯一的例外是巴塞尔，它横跨在比较容易控制的河段上，两岸成排的建筑物紧紧地把它挤在当中；这些城市沿着莱茵河岸建起了现代化的高楼大厦，犹如一道高高的堤防，酒店和赌场挂着五颜六色的招牌，公共建筑物上旗帜飘扬，以其非凡的气势装点着著名的林荫大道，在最长的街道或者说两条最长街道中的一条上，低着头查阅古旧地图的饱学之士认出了古罗马军营珍贵的标记。在风起波扬的大河两岸，古老建筑完整地展示着旧

① 凡德维尔德(Van de Velde，1611—1693)，荷兰画家。

② 阿尔贝·库伊普(Albert Cuyp，1620—1691)，荷兰画家。

③ 鲁伊斯达尔(Salomon Ruysdael，1600—1670)，荷兰画家。

④ 霍尔贝恩(Hans Holbein，1497—1543)，德国画家。

⑤ 博克林(Arnold Bocklin，1827—1901)，瑞士画家。

⑥ 伊拉斯谟(Desiderius Erasme，1469—1536)，尼德兰人文主义者。

⑦ 阿德里安六世(Adrien Ⅵ，1459—1563)，罗马教皇(1522—1523 年在位)。

时的外墙，令人兴趣盎然，这些房屋是真正的城市中的真正的莱茵河建筑；15 世纪和 16 世纪的建筑，墙面上画着画，雕着花饰，屋顶偏在一边，楼层凸悬在底层上面，窗户镶有方格子，布满色彩鲜艳的图画；18 世纪的房屋大多是石结构，毫不羞涩地向人们展示它们纯朴的乡气和令人回味无穷的笨拙，这些建筑虽说属于路易十五或路易十六风格，却带有弗兰德尔人或阿勒曼人的特点，有的则处理成幼稚的洛可可式样，活像一个荷兰衣柜或是科隆衣箱。一股不可名状的莱茵河气味在这些街道上空飘荡，湿润的空气像微风一样有意朝人们脸上吹；每当夜色降临，这股气味从饱含水分的土地向湿润的空中升腾，或从狭窄的廊道向四处散发，令临窗眺望的人们似乎看到了小船、游艇和晾晒在船上的织物……

凡高晏的油画：美丽的莱茵河畔的多尔德雷赫特

这些仅仅是外观。历史学家如果进一步探索城市的过去，深入它们的历史和社会结构，相似之处就更多了，同样的事件有规律地在同样的时候发生；从上游到下游，从下游到上游，莱茵河的城市生活在同一个节奏里，作为莱茵河的女儿，这些城市都离不开莱茵河。

从10世纪末甚至更早开始，在古罗马帝国边界那边的一些地区里，城市有了决定性的进展，这是这些城市的崛起抑或重新崛起呢？

不错，巴塞尔、斯特拉斯堡、美因茨、科布伦茨、科隆或乌特勒支，它们都没有彻底死亡，罗马时代的建筑、沿用数百年的名字、用鹤嘴锄从令人肃然起敬的土地上挖出来的恺撒铸币，所有这一切都是这些古老的城市感到骄傲的理由。这些城市的围墙是用坟墓和废墟上的碎砖烂瓦匆忙地建起来的，用途不定的建筑物支撑着这些围墙；围墙始终是城市的显著标志物，罗马将军们只要瞥一眼就能辨认出来。沿途有一些重要地点，例如马斯河与莱茵河上的渡口，下游的乌特勒支，上游的马斯特里赫特，这些都是水路的汇合处和水运的集散地。科布伦茨是马斯河航路的起点，美因茨是船只卸货的地方，船员们在这里上岸，然后重新登船开始返回的路程，美因茨还是水路和陆路的交汇点；斯特拉斯堡比其它城市更古老，数百年来一直面对着一段特殊的河道，这里只有一条支流，水流出奇地平静，所以这里对于一个有两副面孔的城市来说，最适宜不过了；阿尔萨斯的亚努斯①把它的一张脸转向萨维尔纳及其山口，把另一张脸转向金齐格河和施瓦本。有些地方显得更加复杂

① 亚努斯(Janus)，神话中的罗马神，长有前后相对的两张脸。

些，科隆就不简单，莱茵河在这里分成两支，向东的那支带走了大部分流量，向西的那支狭窄而平静，为船只提供了理想的避风港，两条支流之间是一个小洲，小洲最终与陡峭的河岸相接，但是它至此已经完成了自己的使命，因为由于它的存在，通往页状岩山脚的若干条大路得以汇聚在河流一侧的一处高地上，这块高地高于上游和下游的河岸。

在这些城市里生活着一定数量的居民，亨利·皮莱纳指出，在8世纪末和9世纪，定居在埃斯科河和马斯河三角洲的弗里斯船民和水手们，曾在这些城市中积极从事商业活动，这些人还因英格兰和斯堪的纳维亚的频繁交往而获利；可是，它们真是名副其实的城市吗？虽然缺少文献资料，我们还是知道，在这些城市中，深居

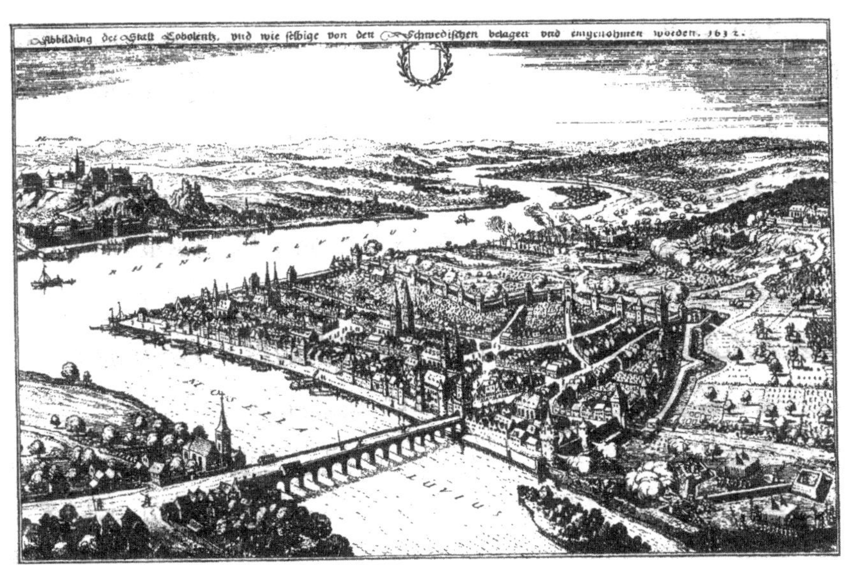

1632年被围时的科布伦茨

在大教堂和修道院旁边的“宫殿”里的主教们，监视着他们的教士

和学生；与主教们相邻而居的是守卫堡垒的战士，他们时刻警惕地维护着大家的安全；此外还有神职人员的家属、教士和手艺人，他们日夜忙碌着烤面包、鞣皮革、制作羊皮纸、砌筑城墙和房屋、搭建房架和制锁。不是城市，而是围墙围起来的一块地方，危急之时可以用来接纳当地的居民和他们的牲畜与家人；此外也是开发中心，主教们在这里拥有得到良好保护的储存库、地窖和谷仓。我们的城市不是从这些地方产生的。确切地说，城市的产生有赖于在数百年的基础上，一种新的因素与“邦”（civitas）这个虽然悠久却已僵化的核心相结合，这种新的因素便是斯特拉斯堡人所说的“新城”（urbs nova）、“外城”（urbs exterior），或者“郊区”（novus burgus，foris burgus，portus）；名称不一，意义却相同，乌特勒支人则称之为 stalle。总之，一件新事物需要有一个新词来表达。谁来建造这个“新城”、“外城”、“郊区”？为什么要造？为了交易，由商人来造。这里所说的商人既指买卖人，也指在自家窗口出售自家产品的手工艺人，也指那些没有正经职业，但热心经营、决心自立谋生，从而在莱茵河的阳光下觅得一席立足之地的人……

9 世纪和 10 世纪的科隆是介于四方形的古罗马围墙和莱茵河之间的一块几乎一无所有的空地，紧挨着莱茵河是为了吸引商人。大多数商人定居在这里，经过 10 世纪末的两次取土，古罗马围墙延伸到了河岸，旧城于是与新城连成一片。可是，由于市民活动逐渐向四周扩散，郊区逐渐成了核心地带，旧城的 3/4 已经无人居住。莱茵河是财富、生活和自由行动的源泉，它所带来的繁荣重新激活了这个废墟上的城市；四方形的古罗马围墙已经容不下了，围墙外面建起了许多房屋，1106 年修建新围墙时挖出了一座古罗马公墓，此处出土的骸骨后来被称作“一万一千圣女”；1180 年再次扩建围墙，这是 10 世纪末以来的第二次扩建，新建的围墙从贝恩图姆开始，经由塞弗林托、哈嫩托和库尼贝特斯图姆，一直到埃格尔斯坦因托，把所有主要的居民区都围在墙内。我们的科隆，真正的科隆此时才诞生。其实，沿河的城市大多这样。奈迈里斯这个城市就是原来的奥古斯塔・奈迈伦，离这个城市很近的地方有一个叫做斯皮拉的村落，人口迅速增长，该地的主教又召来了一些犹太商人，最终把它变成了一个城市。伊普尔、根特和布鲁日并没有古罗马的根基，而是在市民生活的基础上诞生的城市；一位名叫诺特格尔的主教在 10 世纪终了时，把 7 世纪末圣于贝尔创建的教会城和创建在列日的商业市镇，一起圈在同一座围城当中；科隆、沃尔姆斯、施佩耶尔、斯特拉斯堡以及另外十余座城市就这样改变了模样，它们不再是古代的城市，更不是罗马帝国崩溃以后灾难时刻的那种城市，也不是四处游动的蛮族城市，也不是从东部的根基上切割下来的一小块一小块的西部城市；它们是中世纪城市，是现代城市的直系祖先……

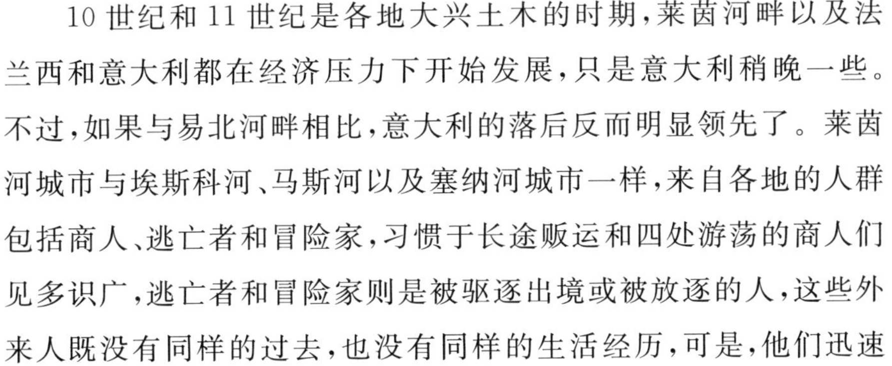

10 世纪和 11 世纪是各地大兴土木的时期，莱茵河畔以及法兰西和意大利都在经济压力下开始发展，只是意大利稍晚一些。不过，如果与易北河畔相比，意大利的落后反而明显领先了。莱茵河城市与埃斯科河、马斯河以及塞纳河城市一样，来自各地的人群包括商人、逃亡者和冒险家，习惯于长途贩运和四处游荡的商人们见多识广，逃亡者和冒险家则是被驱逐出境或被放逐的人，这些外来人既没有同样的过去，也没有同样的生活经历，可是，他们迅速选中若干地点，如同繁忙而嘈杂的蜜蜂那样聚集在一起，互相帮助，共同努力，从而凝聚成为坚强有力的人群。他们既有榜样可以效仿，又有近邻的成功可以借鉴，于是就在地方上带头行动，开始从事征服活动；他们这样做是为了"新城"和正在形成的"城市"的全体居民，这些居民受着各种各样义务的约束，许多不曾预见到商人和市民将要登上历史舞台的规章制度、风俗习惯捆住了他们的手脚；他们强烈的愿望和自觉为之奋斗的目标，一开始就是争取社会地位，争取一个能考虑他们的实际情况并为他们的需要而工作的组织。

作为现代城市的祖先，面对着受到它们的威胁和否定的旧政权，中世纪城市逐渐形成了。这些城市让人们呼吸到了自由的空气，不是用来耕作而是建造房屋的土地艰难地摆脱了古老的公共地役，领主的苛捐杂税被废除了，不合理的商品运输税、毫无实际效用的手续、旧时的合同以及过时的民事和刑事规章等，也相继被废除了。城市是新的法制、新的道德和新的心态的熔炉，也是迷恋于旧世界的那些人憎恶的对象。11 世纪来临时，有一位名叫阿尔佩特的僧人，就因看不惯而指责泰斯特尔邦特地方的蒂尔商人，在杜尔斯泰特衰败之后和乌特勒支兴起之前，蒂尔一度曾是盎格鲁—莱茵河的一个大商业中心；在他眼中，这是一些令人难以忍受的人："他们的风俗习惯与他们的近邻不同。"这是一些难以对付的人："他们没有任何规矩。"这是一些无法无天的人："他们不是依据法律而是随心所欲地作出裁决。"这是一些令人厌恶的人："他们把怂恿吃喝玩乐的人奉为上宾。"如何看待生活和权利，对优秀传统是不予理会还是精心保存，这些都是问题，此外还有我们的习俗、观念和自由，诸如男女平等、子女均分父亲的遗产，无子女的丧偶

夫妇可以继承对方的财产等；总之，某种意义上的独立性、基于人生阅历的宽容精神、远远越出狭窄的集镇围墙的宽阔视野等等，都逐渐萌发。

此外还有和平。这是一种城市特有的和平，是蛮汉世界里的安全因素，是竖立在城区与郊区结合部的十字架所标志的和平，是和平之塔也就是城堡塔楼上响彻四野的钟声所宣告的和平，是最古老的斯特拉斯堡权利所规定的和平，这种权利为“包括本地人和外来者在内的所有个人，以所有人的名义在任何时候所享有”；保持这种和平极为艰难，惩罚、酷刑、断肢、绞刑和砍头都是用来维护这种和平的手段；对于罪犯来说，要维持和平就得以眼还眼，以牙还牙；可是，这种和平毕竟扩大到了每一个人，无论他是大人物还是小百姓，是富商还是家奴，和平变成了最高法律，以其强硬和统一的规则抑制个人之间的差异，最终使城市得以成为一个如吉尔克所说的法人、政治个体、全体公民的代表，而不是多数公民的代表……

这种组织方面的统一性当然并不意味着城市之间没有差异，尤其因为我们今天所持有的边界观念在这里丝毫不起作用。有些人企图把这种观念作为城市历史的支撑，尤其是那些德意志城市，它们被视为某些德意志特有的习俗和机制的产物；这些人错了，皮雷纳指出：“城市的组成不是一种民族现象。”城市属于它们所否定的那个世界的政治架构，它们以自己的存在这个事实为打垮那个世界的政治架构作出了贡献，它们更不属于它们所不曾预见的那个世界的政治架构，尽管它们事实上为这个世界进行着准备，这个世界便是我们今天的世界。莱茵河两岸的城市呈现出同样的演变轨迹。如果说，有理由从我们所研究的所有家族中筛选出若干大家族，那么，这些大家族也不是建立在人种或民族的观念之上的，他们对边界漠不关心，在他们看来，科隆、美因茨和沃尔姆斯与兰斯、拉昂以及康布雷的关系，远比他们与日耳曼世界里的吕贝克和马格德堡的关系更为密切……

让我们再一次清除头脑中的陈见。这些莱茵河城市并不存在于一些“国家”中，它们自己就是自己的“国家”。巴塞尔人就是住在巴塞尔的人，住在科隆的人就是科隆人。谁若想如同今天询问一个人的“国籍”那样追问他们的原籍，他们的回答可能会让我们目瞪口呆，因为我们实在思想准备不足，难以承认这样的事实：法兰克人的祖先是特洛伊人，因而就是罗马人的近亲，而罗马人则是埃涅阿司①的后裔；他们的语言实际上是高卢语，也就是恺撒时代在高卢使用的那种语言。且把这些不确切的说法放在一边。如果莱茵河城市能够承认在自己上面有一个更高的政治组织，并且承认自己为它服务。那么，它们真心愿意归属的就是帝国，也就是日耳曼人的罗马神圣帝国；这是一个由多部族组成的帝国，它紧紧盯着意大利和勃艮第的土地以及莱茵兰和名副其实的日耳曼土地；依据12世纪的一部纪年史的记载，这个帝国的主要兵力部署在从巴塞尔到美因茨的广大地区里。“大家都知道那里有最重要的力量。”帝国的监护是温和的，它朝向意大利或勃艮第的发展有利于经商人群。这些经商人群一旦发现自己所在的城市边界已被突破，10个“外”国的代表已经捷足先登，他们就不再关心边界；他们肯定由于职业的原因而具

① 埃涅阿司(Enée，拉丁文作 Aeneas)，特洛伊英雄，传说中罗马城的创建者。

有天下一家的思想。不过,兴趣和气质也不无关系。

如果说这些城市在神圣帝国的生活中曾发挥过这种作用,那绝非偶然。许多议会在这些城市里举行会议,许多庄严的文件在这些城市里签署,例如乌尔姆斯;金玺诏书[①]尚未确定规则之前,皇帝就在美因河上的法兰克福选出来了;从虔诚者路易到费迪南一世[②],共有37位日耳曼族君主在亚琛加冕;在整整五百年中,所有皇帝的遗体都安放在康拉德二世[③]建于1030年的施佩耶尔大教堂里;所有这一切绝非偶然。从神圣帝国到莱茵河诸城市,从莱茵河诸城市到神圣帝国,有足够的理由交换彼此满意的证据。商业资产者常常将他们稚嫩的政治和军事实力,用来为保护他们而向他们提供豁免权和特权的主人服务,即使事情看来无望时依然这样。我们记得,沃尔姆斯人于1703年赶走了他们的主教,因为他阴谋反对亨利四世[④];1077年卡诺萨事件[⑤]之后不久,美因茨人拿起武器反对亨利四世的对手鲁道夫[⑥],后者企图在美因茨城里加冕为王。可是,当皇帝们逐渐失去威望和权力,长期不理朝政,而且承认自己手中无权时,他们就更积极地为莱茵河诸城市提供服务。由于正如人们所说,君主已经"形同无法自卫的国王",各个城市不能再指望君主而只能依靠自己,美因茨、奥彭海姆和沃尔姆

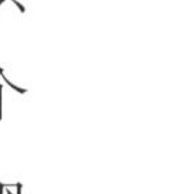

---

① 金玺诏书是公元1356年在神圣罗马帝国的帝国会议上通过、由皇帝查理四世颁布的一份诏书,它正式确定皇帝由选帝侯选举产生。

② 费迪南一世(Ferdinand Ier,1503—1564),德意志皇帝(1556—1564年在位)。

③ 康拉德二世(Conrad Ⅱ,999—1039),日耳曼国王(1024—1039年在位)。

④ 亨利四世(Henri Ⅳ,1050—1106),德意志皇帝(1056—1106年在位)。

⑤ 卡诺萨(Canossa)是意大利的一个小村子,1077年德意志皇帝亨利四世专程前来向在此隐居的教皇谢罪。

⑥ 鲁道夫(Rodolphe,?—1080),亨利四世的表兄弟,两人曾争夺王位。

斯于是在1254年结成第一个联盟，不久之后，以科隆为首的一大批城市先后加入了这个联盟，这些城市不仅包括莱茵河沿岸从诺伊斯到巴塞尔的所有城市，而且还包括美因河沿岸、黑森地区和威斯特伐利亚地区的所有城市，以及那些为自己的财富忧心忡忡、在城市的迅速发展面前被迫低头的世俗和教会的领主们。这是在城市发展道路上迈出的第一步，法国的城市却由于很快就再度得到国王们的监护而从未走上这条道路。就莱茵河城市而言，到达终点时感受到的是胜利的自豪，因为它们之中最具实力的那几个不是变成了共和国，便是有了充分的独立地位，至少也获得了高度自主。它们既是自己命运的主宰，也是自己命运的捍卫者，它们孤独地挺立在旧势力的对面。

让我们看一看城市的这种发展势头结束之时的情景。罗杰·阿沙姆在1550年前后曾说，那时航行在莱茵河上的船只相当舒适，船窗装有玻璃，密闭性很好，岸上有马匹牵引，顽童们沿河跟着跑，边唱边向船客讨钱，所有外来者无不争先恐后地为莱茵河城市的富庶和强大而惊叹。比如，四出奔走的外交家埃尼亚斯·希尔维乌斯·比科洛米尼曾为莱茵河诸城市写下热情的篇章，歌颂莱茵河上的王冠——科隆、科隆的无价之宝——教堂、雄伟的建筑以及脑满肠肥的市民、美丽的河流和肥沃的土地——科隆的粮仓；这位外交家后来当上了教皇，世称庇护二世①，他的生平被蒂贝托②

① 庇护二世(Pie Ⅱ，1405—1464)，教皇(1458—1464年在位)。

② 蒂贝托(Bernardino di Betto，1454—1513)，意大利画家，以“彩绘画家”(il Pinthricchio)这个名字著称于世。

画在漂亮的锡耶纳图书馆穹顶上，刚劲有力，色彩鲜艳。美因茨唯一的缺点是街道过于狭窄；施佩耶尔赏心悦目，是个人见人爱的城市；斯特拉斯堡以其众多的人工小河被意大利人视为威尼斯第二，而且比威尼斯干净；巴塞尔拥有豪华的房舍、湍急的河流和阳光下闪闪发光的瓦片。这些富足的城市拥有值得自豪的过去和无须担忧的未来。作为人们艰苦创业的成果，这些城市也是大银行家和商人罕见的生命力与积极性的明证，他们管理着上百位君主和上百个城市的财产，把他们的关系从里加延伸到伦敦和拉罗歇尔，从布鲁日和根特到米兰，从雷根斯堡和纽伦堡到日内瓦和里昂。这些城市是文艺复兴时期大胆而天真的资本主义生气勃勃的祭坛，那时的资本主义既没有约束也没有规则，可以随心所欲地在那个产量不高、主要依靠技艺和个人劳动的世界里闯荡。此外，那时的资本主义知道自己是一种新兴力量，拥有一夜之间形成的威望，因而显现出傲慢和咄咄逼人的姿态，拒绝向旧道德和清规戒律脱帽致敬。

这些莱茵河城市虽然彼此忌妒，相互争斗，在数百年中积怨很深，却依然彼此提供可靠而有效的支持，这种相互支持主要是文化和爱好使然，而不是利益驱动或出于外交需要。正如我们在《莱茵河诸省历史地图集》上所见到的那样，莱茵河被收费站粗暴地分割成许多小段，在15世纪之前，单是从巴塞尔到蒂尔和杜尔斯泰特这一河段上就有60多个收费站，有的河段上弯道很多，例如从宾根到科布伦茨这一段；尽管如此，莱茵河的航道和河谷依然是一条坚实可靠和连续不断的长线，把一个个城市串联起来。共同的莱茵河文明中的各种成分沿着这条长线流动，这种文明也许完全不具备土生土长的特点，而是包含着许多借鉴和模仿的成分，但是，它的组合却独具特色，它的魅力也与众不同。谁是它的借鉴对象呢？在这个欧洲的接合部，它几乎向所有在这里积极从事物质和思想交换的国家借鉴，首先是英格兰。

英格兰始终在荷兰的莱茵河地区占有一席之地，它早就开始向这些地区输出羊毛和蜂蜜，用以交换织物和葡萄酒；英格兰的货币从11世纪起就在整个莱茵兰流通，这就证明两者之间确实早就开始贸易往来了。从1024年到1056年，在杜伊斯堡、安德纳赫和代芬特尔，盎格鲁—撒克逊的货币式样入乡随俗，试图采用当地匠人雕刻的铸币模子；不过此事不属于我们的研究范围。在非原料和制造品方面，在艺术、文学和思想方面，与其说英格兰给莱茵兰送来了什么，不如说它取走的更多，当然，原料和制造品另作别论。霍尔贝恩为所有统治英格兰的君主制作了铸币上的头像，个个栩栩如生，英格兰拥有什么东西能与这些无价之宝匹敌呢？英格兰的工业化艺术产品，无论瘦骨嶙峋的雕像或是祭坛后部的装饰板，都不值得一提，雕刻在那些装饰板上面的人物胡乱地混成一片，手长脚也长，面颊高高隆起。15世纪莱茵兰的建筑虽然受到了垂直式风格的影响，但这种影响似有似无，因而也不值得一提。不过应该说，从其它方面来看，罗拉德派①那样的宗教和社会运动，倒是并非没有引起反响，因为，莱茵兰的那些国家都伸出双臂欢迎新生事物，它们的市民们都满腔热情地接受所有隐秘或大胆的非英国国教主义。

另一方面，英国的年轻贵族一旦拥有稳定的财产，便在照例进行的“欧洲之旅”中，涌向莱茵兰的各所大学；苏格兰人在这方面领先，花名册表明，在15世纪的科隆已有许多苏格兰人。接踵而来

① 罗拉德派(Lollards)，14世纪英国的一个异端教派，主张社会平等，过清贫生活。

的英格兰人与来自遥远的波罗的海沿岸的那些人一道，加强了来自北方和海边的影响；这些波罗的海人来自加入了汉萨同盟的城

圣一乌苏尔在科隆上岸（梅姆林画）

市，他们不再从事艰苦的体力劳动，转过头来依仗财富尽情剥削他人的劳动，以此作为对自己以往艰苦劳动的报复……

对面是意大利人，意大利人在莱茵兰各个市场上随处可见；他们或是从自己的要塞之一布鲁日，或是直接由海上进入莱茵河；他们大量聚集在科隆这个集散地，或是经由哥达湖抵达巴塞尔和莱茵河上游地区。与此同时也存在着一股反向的人流，不少莱茵兰地区的人前往威尼斯、丰达戈，并在富有的叔伯和堂兄弟的吸引下由此前往罗马教廷；在阿尔萨斯人布查尔（他是亚历山大六世①的礼宾官和波尔吉亚家族②统治的无所畏惧的见证人）任职期间，教廷里的莱茵兰人不计其数。另一些莱茵兰人或是在城市里烤制面包，因为当时莱茵兰面包极受欢迎；或是从事较为高雅的职业，诸如金匠、铸炮匠以及阿尔卑斯山那边的矿工。他们返回家乡时带去了意大利人的风气，不拘小节，趣味高雅，作风随意，富有人情味，活得更潇洒……

最后，在整个莱茵河沿岸地区自然还有法兰西，它的存在与其说是由于法兰西人，毋宁说是由于法兰西思想。法兰西人早就通过自己的行动对这个地区产生影响，一位诗人曾不无夸张地说：

每个老爷，无论伯爵或侯爵，
凡是在自己的领地上有大量法兰西人，
都让他们的子女学习法兰西语。

---

① 亚历山大六世（Alexandre Ⅵ），罗马教皇（1492—1503年在位）。

② 波尔吉亚（Borgia），原籍西班牙的罗马大家族，家族成员中曾有两个人成为教皇，其中一位便是亚历山大六世。

法兰西语中许多与战争和艺术、与奢华的习惯以及生活中的行为和感受方式有关的单词，丰富了各种日耳曼方言；除了语言，经过追求终于实现的就是“彬彬有礼”这个理想，它是粗俗、酗酒、撒谎和不道德的敌人，西方基督教世界的优秀分子们在数百年里不断努力，为的就是让自己彬彬有礼。尽管地域上彼此有一定距离，尽管由于经常发生的战争和自然灾害而不得不放弃或中断，法兰西始终通过中介人发挥着影响，由于这些中介人在政治上让人放心，所以通过他们而产生的影响更容易被人接受。弗兰德尔、瓦隆和马斯河沿岸的人都是中介人；弗兰德尔地区的艺术和文化长期占有优势，瓦隆和马斯河地区的古德语成分大概有所进展，当然尚未到达改变瓦隆地区原有根基的地步。法兰西还通过一些教会城市发生影响，例如梅斯、图勒、凡尔登以及北边的康布雷，这些城市在神圣帝国的生活中都发挥过不容忽视的作用。最后，法兰西还通过勃艮第的君主和臣民产生影响，勃艮第的伐卢瓦人虽然在政治上脱离了法兰西，但并不妨碍他们传递法兰西人的思想和文化。

科隆大学 14 世纪以来的名册至今犹存，而且出版了，对于研究者来说，这不啻是个丰富的矿藏。第一卷是 1450—1454 年的名册，登录在这一卷里的法兰西人只有一个，这是来自朗格尔教区的一位研读巴黎艺术的学士，是否称他为勃艮第人更合适呢？因为第戎当时属于朗格尔教区。登录在第一卷里的还有洛林人和主教区人，一位来自南锡主教区，一位来自吕内维尔主教区；还有来自图勒地区不同教区的人，例如于勒里克·戴·阿扎尔、让·德·沃

贝库尔以及另外几位；此外还有几个梅斯人和一个瓦朗西安人。这些只是信手拈来的几个名字，若是查阅名册的检索页，那就会发现，在科隆就读的来自康布雷教区的大学生，一点也不比来自某个莱茵河教区的少；来自图勒教区和梅斯教区的很多，来自兰斯与泰乌阿纳、亚眠的不多，来自贝桑松、凡尔登和阿拉斯的很少，而从列日来的却非常多。莱茵河各教区的名字都可以在名册中找到，它们是：库尔、康斯坦茨、巴塞尔、斯特拉斯堡、施佩耶尔、沃尔姆斯、美因茨、特里尔、乌特勒支，当然还有科隆。不过，在这个问题上，名册本身更有权威。

让我们回到随意选定的1450—1453年代来。来自科隆以南的大学生不多。因为，由于巴塞尔和美因茨此时尚无大学，许多上莱茵地区的大学生于是去海德堡就读。不过，有一些来自康斯坦茨和施佩耶尔的学生，名气很大的加布里埃尔·比埃尔[①]就是来自施佩耶尔的大学生；此外还有来自博帕尔、巴哈拉赫、科布伦茨、安德纳赫和波恩的大学生。北方青年分别来自埃克斯、韦瑟尔、克桑滕、阿纳姆、莱顿、高达、代尔夫特、多尔德雷赫特和鹿特丹。弗兰德尔人分别来自梅什伦、根特、迪克斯穆伊德、图尔奈和卡塞勒。还有来自哈勒姆、阿姆斯特丹和泰瑟尔岛的荷兰人；此外还有来自艾瑟尔河沿岸的肯彭、兹沃勒、代芬特尔、聚特芬等共同生活兄弟会[②]活动的主要城市。来自汉萨同盟成员城市的大学生人数较多，来自格罗宁根的大学生数量超过

① 加布里埃尔·比埃尔(Gabriel Biel，1418—1495)，德意志神学家。

② 共同生活兄弟会(Fratres Communis Vitae)，1380年创建于荷兰的一个宗教组织，其成员过集体生活。

不来梅、吕贝克、雷瓦尔；通常来自苏格兰的大学生尚未计算在内。由此不难想象，莱茵河上永远流动着各种各样的人和各种各样的思想、习俗和语言。科隆人、美因茨人、斯特拉斯堡人和巴塞尔人单独地或成群结队地在外乡旅行，而教士们则前往巴黎去向那种较早成熟的文化取经，法学家前往意大利特别是以法律研究著称的波洛尼亚，手艺人和商人因拼命工作、守秩序、有纪律而到处受到欢迎。反之，来自各地的混杂人群在河谷地带不断地上上下下。

且让商人去赚他们的钱，我们现在说说朝圣者。朝圣者从一个神庙走到另一个神庙，从一处圣迹走到另一处圣迹，他们中有的出于自愿，有的因犯罪而受到所在城市的惩处，以朝圣赎罪。依照司法规定，赎罪朝圣者上路时要肩搭披巾，手持标志性手杖，

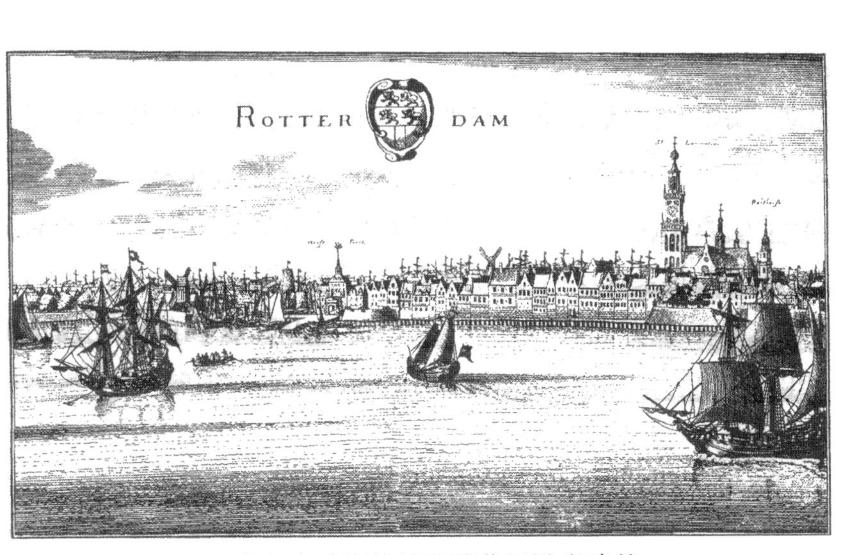

17世纪中叶鹿特丹的莱茵河沿岸建筑

重刑犯赤脚光头;他们有时踽踽独行,有时三五成群,就像当时人们所说的"一群狗"那样。据凡·考文贝格的一部著作所述,根特的行政长官可以从以下这些地方有选择地命令罪犯前往朝圣赎罪的地点:旺多姆的三圣堂、图尔的圣—马丁教堂、罗卡马杜尔的圣母院、孔波斯特拉的圣—亚克教堂、罗马的圣彼得大教堂、巴里的圣—尼古拉教堂、塞浦路斯;以上这些是通用朝圣地点,而以下则是与弗兰德尔人有某种传统联系的地点,其中位于波罗的海地区的有:但泽的圣—阿达戴尔教堂、柯尼斯勃隆的圣母院、里加的圣母院、特龙黑姆的圣—奥拉夫教堂,位于英格兰和苏格兰的有:多佛尔的圣—吉尔斯教堂、坎特伯雷的圣—托马斯教堂、苏格兰的圣—安德烈教堂;这些地方之间还有另外十来个朝圣地:巴塞尔的圣母院、乌特勒支的圣—马丁教堂、莱茵河沿岸的朝圣地坦恩的圣—蒂埃博教堂、斯特拉斯堡圣母院、施佩耶尔圣母院、法兰克福圣母院、美因茨的圣—马丁教堂、巴哈拉赫的圣—维尔纳教堂、科布伦茨圣母院;最后还有科隆,科隆是圣—乌苏尔①的城市,是三位国王的城市;科隆四周则有黑斯特尔巴赫、沃尔佩贝格的圣—何塞教堂、斯托墨尔恩圣母院。在科隆的19个堂区、22个隐修院、11个教务会、12所医院、100个小教堂里,每天举行1000场以上弥撒。科隆,当然还有亚琛;在这里的大教堂附近的房舍里,人们掀开屋顶,让挤得透不过气来的朝圣者们眺望广场,或是透过五彩斑斓的玻璃窗向教堂里面眺望,浑身金光闪闪的神职人员正在向

① 圣—乌苏尔(Sainte Ursule),传说中的基督教人物,据说曾率领一万二千名处女前往罗马朝圣,归途中在科隆附近被集体屠杀。

人们展示圣迹……

在天真的人们身上，狂热与好奇交织在一起，但是那些有学问的人，那些在一个又一个隐修院里被莱茵河沿岸的神秘人物的名气所吸引的虔诚的人们，例如学识渊博的勒费弗尔·戴塔勃尔①，依然希望在朝圣中汲取营养，充实自己如饥似渴的信仰。还有那些货真价实的大学生，有的来自创建于1460年的巴塞尔大学，有的来自创建于1457年弗里堡大学，全都纷纷去往最有名的海德堡大学；美因茨排位第二，它的大学创建于大胆查理②去世的那年；到了1389年，科隆才有了第一任大学校长。这些大学是整个莱茵河地区的所有居民进行友好交流的圣地。人们是否企图通过这些不间断的交往给予对方以强烈的影响呢？只要查一下特普克出版的海德堡名册第一卷就可以知道了，那里登录着内卡河大学1450—1453年间的学生来源，从库尔到乌特勒支，每一个城市都有学生在这里求学。来自库尔的是两个贵族，来自康斯坦茨、林多、莱茵费尔登的青年学生成群结队；更远些还有来自伯尔尼、苏尔塞和梅明根的学生。然后是巴塞尔人、斯特拉斯堡人、林多和盖默斯海姆，再远些便是巴登、普福尔茨海姆、斯图加特；在河对岸则是萨韦尔纳和萨尔堡，沿河而下还有施佩耶尔、沃尔姆斯、美因茨、法兰克福、巴哈拉赫，特里尔和梅斯各个教区的马斯河沿岸人、科隆人、列日人，远处还有布鲁

① 勒费弗尔·戴塔勃尔(Jacques Lefèvre d'Etaples，1450—1537)，法国神学家。

② 大胆查理(Charles le Téméraire，1433—1477)，勃艮第公爵。

塞尔人;北边有韦瑟尔、乌特勒支和阿姆斯特丹。莱茵河地区是一个整体,这在当时已经被人们强烈地感知,这有什么可惊奇的呢?所有这些人以及被我们称作瑞士人、德国人、荷兰人、勤劳的施瓦本人、经常与当权者闹对立的阿尔萨斯人、满肚子学问的威斯特伐利亚人、倔强的比尔及人……不分种族和民族,与来自各地的人们亲密合作,共同致力于伟大的创造性事业,也就是后来被我们称作创建城市的那个事业;看到这幅景象又有什么理由值得惊异呢?我们说得对,因为正是在城市这个熔炉里炼出了合金,那么,合金是由多少成分组成的?经过多少人的手才炼成的?

我们不必绕远,还是从最具特点的东西说起吧!还有什么东西能比科隆的绘画和神秘主义更引人瞩目,更能显示一个城市的特征呢?我们都会想起最初参观瓦尔拉夫司铎藏画的情景,挂在墙上的许许多多小幅画同属一类;拜德克尔①以为人们缺乏艺术修养,因而事先就告诫我们:“普通观众不会喜爱这些画。”我们还记得在那个充满新生活气息的古老城市里朝拜一个又一个大大小小的教堂的情景,这真是一个奇特的城市,在一个现代化火车站的地下层,旅客们在两排穿着条形制服的行李夫中间走过,头顶上竟然是一个巨大的哥特式拱顶……一幅又一幅图画从眼前掠过,稍嫌平淡的天堂花园、草地上的座椅、久久

① 拜德克尔(Karl Baedeker,1801—1859),德国出版家,因出版《莱茵河导游》而闻名,后来又出版了一系列导游读物;此处指其出版物,而非其人。

地在修女们耳边哼着歌谣的玫瑰花丛；在卡皮托尔的圣—玛丽教堂中，在祭坛周围的回廊和三叶形的后殿四周，金色的装饰物已经略显黯淡，在香气缭绕的气氛中，人们把记忆不甚清晰的《手持豌豆花的圣母》与疲惫的贫妇会修女们十分珍爱的《耶稣生平二十四场景》进行对比；后者招致 J. K. 胡斯曼①非常刻薄的贬斥，此人极端厌恶“肥肉和瘦肉”；我们想起了那些狂热的修女，她们先后依据圣—贝尔纳②、圣—波拿文都拉③和爱克哈特大师④的说法，在很早以前就把莱茵河地区变成了幻觉神秘主义的最佳地点；我们至今依然把许多绘画作品说成是出自具有象征意义的画师威廉之手，而他自己却并不知道这些画，也许那些都是他的学生韦瑟尔人温里赫的作品；人们不再去想他是否出生在穹隆阴影之下的科隆，谁也不会知道他是哪里人；人们不再认为斯特凡·洛赫奈⑤是为了成为科隆人才从施瓦本来到科隆的，他来得非常适时，给那个因一再重复而完全丧失活力的画派输入了新鲜血液；而维茨⑥此时正在施瓦本崭露头角。《圣—巴托罗缪》画师也是施瓦本人，我们这些熟悉卢浮宫的人则称他为《安放十字架》的画师，这幅作品哀婉动人，但有些矫揉造作；它那强烈的画风带有浓重的科隆风格。但是《圣—塞尔万》的画师

① 胡斯曼（J. K. Huysmans，1848—1907），法国作家。

② 圣—贝尔纳（Saint Bernad，1091—1153），法国神学家。

③ 圣—波拿文都拉（Saint Bonaventure，公元 1221—1274），意大利神学家。

④ 爱克哈特（Johann Eckhart，1260—1327），德国神秘主义神学家。

⑤ 洛赫奈（Stephan Lochner，？—1451），德国画家。

⑥ 维茨（Konrad Witz，1395—1447），德国画家。

知道尼德兰人玛希[①]吗？知道《玛丽亚升天》的画师凡·克列维[②]吗？这位安特卫普人是在加尔卡成长起来的，而加尔卡则是在盖尔德人和荷兰人的殖民统治下诞生的。这群画家中只缺科隆人，可是，在克劳斯·斯留特[③]始创于尚普莫尔的雕刻流派中却有许多勃艮第人！在阿维尼翁画派中又有多少普罗旺斯人！这群画家当中没有一个科隆人，却有一个法兰西人皮埃尔·戴·玛尔，他在圣—莫里斯的主祭坛上展示了《磨坊师傅》的某些东西……

是一个派别吗？如果愿意的话可以这样认为。起初只是一些相同的表现方法，是隐修院的理想，是那些为了隐匿的欢乐而定制了许多神秘主义画作的修女们的理想，她们欣赏细密画家们笔下变成了圣母的那些梳着辫子的莱茵河女人身上略带稚气的妩媚，厚重的眼皮垂落在毫无神采的眼睛上，沉浸在梦幻中的目光凝视着冥冥之中的幸福。她们对幼年耶稣的无限柔情显示了最纯真的母爱；她们以自己的趣味吸引了罗赫奈，否则他早就滚到休伯特·凡·爱克[④]的脚下了；请想一想罗赫奈的名作《手持紫罗兰的圣母》，他使用早已过时的画法，让圣母的髋部突出，双肩下垂，嘴唇薄得不能再薄，似乎对生活没有任何兴趣……可是，强大的生命力偏偏在这里；他的气质在这里得到了充分的体现，弗兰德尔的实例远比“威廉画师”过时的教训更加雄辩。昨日

① 玛希(Metsys，亦作 Matsys 或 Massy，1465—1530)，弗兰德尔画家。
② 凡·克列维(Josse Van Cleve，1464—1540)，尼德兰画家。
③ 克劳斯·斯留特(Claus Sluter，1350—1406)，尼德兰雕刻家。
④ 休伯特·凡·爱克(Hubert Van Eyck，? —1426)，弗兰德尔画家。

14 世纪科隆的一幅圣母像

是修女的喜好，今日则是市民的喜好；昨日是黑死病、死亡的恐惧和隐修院的吸引力，今日则是紧张的生活、博纳的葡萄酒、黄金以及黄金所能给予的一切。来自尼德兰的巴泰尔·布卢因这位结实的汉子是为市民新贵画肖像的画家，神秘主义画派在他笔下走向终极，他从尼德兰来到这里给他们画像，他们是谁？是根基深远的科隆人吗？是他的同乡，或者说是同样来自尼德兰的哈克尼等人，他们代表着趣味高雅的米希奈斯[①]，而且令人想到 300 年前的亚巴什。

① 米希奈斯(Maecinas，? —公元前 8 年)，希腊政治家和诗人，与当时的艺术家和诗人交游很深，被称为艺术的保护者。

斯提芬·洛赫奈的画作“手持紫罗兰的圣母”

科隆派是风行各地的派别，其影响随处可见。渗入莱茵河中游的是来自波希米亚的布拉格派的影响，这个派别是1350年前后在查理四世[①]的号召下由一些画师创立的，他们大多数是外来人，为首的是莱茵人尼古拉·德·沃姆塞。来自意大利、锡耶纳和翁布里亚等地的微妙影响以形形色色的面貌出现；从北方的法国——尼德兰吹来的风为人们带来创作的灵感；1426年坦恩修道院的史官曾把休伯特·凡·爱克的逝世作为一件重大事件记载下来；凡·德尔·维登[②]光彩夺目的榜样为大家提供了教益，科隆的圣—科伦布教堂曾自豪地向公众展示凡·戴尔·维登的画作《国王来拜》，此画后来被慕尼黑的布瓦斯莱兄弟收藏。最后还要扼要地提一下，勃艮第气息经由第戎、贝桑松和孔泰一直传到巴塞尔；1418年巴塞尔的主管官员为了装修一座小教堂，与石勒施塔特的一位名叫汉斯·梯芬塔尔的阿尔萨斯人接洽时明确指出，装修工程必须参照《勃艮第第戎的查尔特勒修道院》进行，这就意味着要以玛鲁埃尔[③]和科隆的赫尔曼为榜样……当然远远不止这些，许多外在的形式和内在的思想以及处世为人和感受外界的方式，不但在莱茵河上游传播，而且由于莱茵河下泻速度较快而从上游扩散到整个河谷；能把它说成是勃艮第气息吗？如果考虑到勃艮第当时令人难以捉摸地汇集了形形色色的思想乃至对立的主张，而这些思想和主张既多又杂，在以往的500年中始终令分类学家们望而生畏，那么回答便是肯定的。传播的中介是什么？勃艮第的

① 查理四世（Charles Ⅳ，1316—1378），德意志皇帝（1346—1378年在位）。

② 凡·德尔·维登（Rogier Van der Weyden，1399—1464），弗兰德尔画家。

③ 玛鲁埃尔（Johan Malouel，？—1419），弗兰德尔画家。

卡特琳娜、康斯坦茨主教会议和巴塞尔主教会议都是传播的中介。勃艮第的卡特琳娜，也就是勇夫腓力普①的女儿和奥地利公爵利奥波尔德②的遗孀，从 1411 年到 1426 年，她先后住在费雷特、坦恩、昂西塞姆、贝尔福，随侍左右的都是勃艮第人；从 1414 年到 1418 年，在康斯坦茨主教会议内部的教义方面起主导作用的是热尔松③和巴里大学，在世俗方面起主导作用的则是皮埃尔·德·埃利④和勃艮第的伐卢瓦人；从 1431 年到 1443 年，巴塞尔主教会议也起到了传播中介的作用。

有行动必有反应。尼德兰人和弗兰德尔人入侵科隆，并由此上溯向美因茨和斯特拉斯堡进发，最终到达巴塞尔。与此相反，巴塞尔人、斯特拉斯堡人和美因茨人顺流而下来到十字路口科隆，再由科隆到达号称乐土的布鲁日。只有一个人堪称榜样，他便是美因茨人梅姆林⑤，他出生于阿沙芬堡附近；可是，格吕奈瓦尔德⑥不也是从阿沙芬堡来到科尔马的吗？他在前往布鲁日之前曾在科隆稍事逗留，在一个圣人遗骸盒上画了一幅精致而美妙的画，在这幅画中他既不放弃对美的追求，又把科隆的历史中最精彩的篇章巧妙地形象化了，那就是圣—乌苏尔和 12000 位处女的故事。梅姆林堪称画王，逊于画王的其他名画家呢？康斯坦茨的大维茨在南特为布列塔尼公爵约翰五世服务，在家乡为主教会议服务，也为善

① 勇夫腓力普(Phlippe le Hardi，1245—1285)，法兰西国王(1270—1285 年在位)。

② 利奥波尔德(Léopold Ⅲ，1351—1386)，史称哈布斯堡的利奥波尔德。

③ 热尔松(Jean Gerson，1363—1429)，法国神学家。

④ 埃利(Pierre d'Ailly Ailly，1350—1420)，法国神学家，巴黎大学学监。

⑤ 梅姆林(Hans Memling，1433—1494 年)，弗兰德尔画家。

⑥ 格吕奈瓦尔德(Matthias Grunewald，生卒年不详)，画家，出生地不明，16 世纪初曾在美因茨作画。

良的公爵腓力普服务。阿格诺的海因斯林离开故乡小城有名的印刷工场后到哪里去了？1403年他住在巴黎的隆巴尔区金康普瓦街，1407年他在为勇夫腓力普服务，同时也为巴伐利亚的伊萨博①服务，而此时为这位王后服务的还有韦瑟人赫尔曼·温里赫和威廉大师的学生科隆人；海因斯林也为尼德兰伯爵、巴伐利亚—埃诺的威廉四世服务，与他同在那里的还有约翰·玛鲁埃尔的子弟波尔·德·林堡②及其兄弟们；他还曾为吉耶纳公爵——法兰西的路易和贝里公爵让服务。布鲁日人艾谬尔·德·雅克·克埃恩究竟算是哪个国家人？属于哪个派？

事实上，在被称作科尔马"菩提树下"的圣-让—苏—莱—蒂伊欧尔修道院中，在这个尽情享受至福的炽热家园里，如同胡斯曼所说的那样，"生活在隐修院里的耶稣随心所欲地走进每一个灵魂的住所"，我们在格吕奈瓦尔德的这幅杰作前面长时间地深感震惊，他虽然没有在这幅画里得到永恒的寂静，至少在其中找到了暂时的宁静；如果说，每当我们的视线从一幅画转向另一幅画时，都有一个问题出现，都有一种亲近感令我们困惑，都有一种忧虑让我们感到痛苦，那是因为即使在这里，在一幅"以其神化的剧烈和堆尸所的疯狂"表达了个人的悲痛和强烈感情的作品面前，我们也不应该只想到一个人的名字，而应该想到为此作出贡献的许多天才的名字，应该想到汇入这条大河的许多支流的名字。

上面说的是艺术和画家，那么神秘主义者如何呢？那些让跪在受难基督十字架脚下的修女弯腰的人怎样呢？那些在大瘟疫流

① 巴伐利亚的伊萨博(Isabeau de Bavière，1371—1435)，法国王后。

② 林堡(Pol de Limbourg，15世纪初)，原籍弗兰德尔的细密画家。

行的恐怖时刻拯救了无数脆弱而且疑心过重的灵魂，为世纪的男女们散发精神食粮的人如何呢？科隆人如何？还有画家，就广义而言，他们都是莱茵河人，他们如何呢？爱克哈特这位曾在巴黎求学，在斯特拉斯堡传教，在科隆教书的图林根人如何呢？陶勒尔[①]这位曾在科隆传教，后来死在斯特拉斯堡的斯特拉斯堡人如何呢？苏索[②]这位生于康斯坦茨湖畔的于贝尔林根，死后葬在乌尔姆的施瓦本人如何呢？他们的影响如何？他们的影响很快就为远在莱茵河以外的分析家们所瞩目，在圣伯尔纳的故乡法国，在有着许多莱茵河人的维克托派[③]中间，在鲁伊斯布鲁克[④]的故乡弗兰德尔，此人出生在布鲁塞尔和哈勒之间的一个地方，生活在苏瓦涅森林中的赫鲁嫩代尔……

影响是这样，土地是否也是这样？那些人不在小教堂里传教，却在土地上播种。陶勒尔在传播他的教理时，事先不作任何选择，对所有的人一视同仁。这是若干世纪以来的一项多么巨大的工作！他催发了民间泛神论这个永恒的酵母，在莱茵河这块土地上，民间泛神论早就促使人们组成为众多的集团，在广袤而宽容的基督教土地上按照自己的需要营造安全地带。贝京、贝加[⑤]在列日、根特、布鲁日和安特卫普等地迅速发展，很快就蔓延到莱茵河、科隆、美因茨、斯特拉斯堡和巴塞尔。拥有许多徒众的纯洁派和沃多

---

① 陶勒尔(Johannes Tauler，1300—1361)，德国神秘主义神学家，爱克哈特的学生。

② 苏索(Heinrich Suso，1295—1366)，德国神秘主义神学家，爱克哈特的学生。

③ 维克托派(Victorins)，创建于12世纪的圣—维克托修道院成为12世纪法国的神秘主义中心，神秘主义者因此被称为维克托派。

④ 鲁伊斯布鲁克(Jean de Ruysbroeck，1293—1381)，神秘主义神学家。

⑤ 贝京、贝加(Béguines，Behgards)均为笃信基督教但不发愿的女性“半出家人”；她们在教堂附近过集体生活，从事宗教活动，但保留退出集体和结婚的自由。

巴泰尔·布卢因的画作：科隆市长、资产
者阿尔诺·德·勃劳维勒尔及其妻子海伦

瓦派、贝纳的老阿莫里①、斯特拉斯堡的奥特里埃勃，所有这些名

① 贝纳的老阿莫里（Amaury de Bêne，卒于1204年左右），法国教授，因宣扬泛论而遭教皇谴责。

称古怪、令人不安的异端教派的信徒们，与人数众多的14世纪科隆“自由思想”的信徒们在某种程度上融为一体了。14世纪末，人们对于雄心勃勃的灵性的过度思考作出了反应，曾先后在亚琛、科隆和巴黎求学的代芬特尔人杰拉尔·格鲁特[①]所发起的规模宏大的“现代虔诚”运动初露端倪，由于其弟子弗洛伦特·拉代维耶恩斯[②]这个戈楚姆附近的里尔丹人积极行动，温德斯海姆修道院开始了光荣的接纳入教和革新事业，使得莱茵河地区的宗教状况更加丰富多彩。这个地区的宗教状况原本就具有多样化的特点，一些极不相似的思考和行动彼此共存，其他地区的各种运动一浪又一浪地传到这里，然后传向更远的地方，并在那里消失；但是，凡是到过莱茵河城市的人，离去时视野更加开阔，思想更加丰富，而且被打上了特殊的烙印。16世纪初期，当广大群众为路德的伟大声音而欢呼雀跃时，以下情况丝毫不应令人感到吃惊：在荷兰，在充满莱茵河气息的蒙斯特地区，在阿尔萨斯和瑞士，民间泛神论这个永恒的酵母与不信教者和持泛神论的再洗礼派教徒一起，为多次遭到围剿的各种异端和承袭自千禧年主义传统的关于世界末日的梦幻，提供了精神食粮。持这种异端思想的人很多，施维比希—哈勒的制革匠梅勒基奥尔·霍夫曼就是其中之一，他一度把斯特拉斯堡变成了自己的传播中心；此外还有面包师哈莱姆·扬·马提耶斯、莱顿的美男子让、安特卫普的不信教群众、诺尔的科平·德

① 杰拉尔·格鲁特（Gérard Groote，1340—1384），尼德兰神秘主义者，“共同生活兄弟会”的创始人。

② 弗洛伦特·拉代维耶恩斯（Florent Radewjns，1350—1400），尼德兰神秘主义者，布拉格大学教授。

里尔、埃诺的京廷、珀克以及其他一些人；这种异端思想一度传到法国，引起了纳伐尔的玛格丽特[①]的注意和同情，令加尔文感到不安，还把布塞[②]吸引到斯特拉斯堡；代尔夫特的玻璃匠大卫·约里斯那时正在大教堂的影子下面传教。

随处可见的各种教派、集团和宗教团体，说明当时人们的思想处于极端混乱状态，即使是最博学的宗教史和神学史专家，一旦走进这个迷宫也会毫无头绪。那时的许多个人著作归根结底都应视为集体著作。《耶稣基督的仿造》这部揭示了一个时代和一种气质的名著，曾为许许多多孤独的灵魂提供了增添活力的粮食，人们曾长期声称此书出自法国人热尔松的笔下，此事不是很能说明问题吗？让我们再说说另一件事，那就是人们用玫瑰花象征性地装饰玛丽亚的圣诗集，借以表达对玫瑰经的虔敬。出生在卡里尔的圣—布鲁诺派信徒亨利·埃格尔，在科隆用日课经把圣母经分成十几段；特里尔的圣—布鲁诺派信徒多米尼克·德·普鲁士把对玫瑰经的虔敬推向极致；为诺尔的法兰西人所熟悉的布列塔尼人阿兰·德·拉罗什在荷兰宣扬对玫瑰经的虔敬，并把它传播到莱茵兰，于是在各地出现了许多虔敬圣玫瑰经的小团体，在相互作用下，这些小团体大大增强了最具中世纪末期特征的虔敬活动……

辐射、扩展和集体事业……印刷术可以看做是最后一个例证。印刷术最终在莱茵河地区成为可以实际使用的技术时，各地的人们期待已久，而且为它作了许多准备；美因茨大主教于1462年拿

① 纳伐尔的玛格丽特(Margueritte de Navarre，1492—1549)，纳伐尔王后。

② 布塞(Martin Bucer，1491—1551)，德国宗教改革家。

下美因茨后，印刷术就传遍整个欧洲。四出游荡的莱茵河人简直就是传播新技术的使徒，他们在几年之内就把这项新技术传播到世界各个角落，这是多么了不起的成就！洛普·德·维加[①]把印刷术称作“文明的武器制造者”，它锻造了近代世界的武器。格拉纳达从穆斯林手中收复并不早，可是早在 1494 年，那里已经有三位印刷匠，一位来自斯特拉斯堡，一位来自施佩耶尔，另一位来自盖尔斯霍芬。在几内亚湾的圣多美岛上，两位印刷匠倒下了，一位来自纳德林根，另一位来自斯特拉斯堡……在各条大路上都能遇见拖着车子的人，他们饿着肚子走村串乡，车上装着简单的行李和手摇印刷机的支架、字盘、活字和纸架；另有一些走在大路上的印刷匠，期待着受到大主教、司铎、修道院长的亲切接待，这些好奇而乐于助人的神职人员，也许会留他们住下来，为他们提供食宿，而他们则会在半年时间里，高高兴兴地印制《教区规章》、《日课必备》、《圣母来临》、《信徒管理》等等，老伙计们多次排印这些书籍，竟然能把它倒背如流。除了这些冒险者、游手好闲者和前进中的出版事业先驱以外，也有许多人定居在莱茵河城市中，他们在当地建造结实的房舍，通过派驻各地的联络人和经纪人，把莱茵河地区印制的书籍销售到世界各地；与此同时，在莱茵河沿岸也能买到来自世界各地的书籍，例如，在威尼斯印制的极其珍贵的阿尔德版[②]经典著作，由巴塞尔的拉赫奈尔及其女婿弗罗木用大木桶运来；一位名叫比克曼的科隆人和另外二十来位书商也是这样操作的。有

① 洛普·德·维加(Lope de Vega,1562—1635)，西班牙作家。

② 阿尔德(Aldo Manucio,1499—1515)，意大利人文主义者和印刷家，他在威尼斯印制的古代经典著作名声显赫。

人说，莱茵河地区的法兰克福交易会很快就变成了书籍交易市场，一年一度的交易会聚集了二十来个开化民族的代表，既是商业场所也是知识交流场所；这个说法完全正确，莱茵河人一度成了世界知识市场的主宰。莱茵河人为他们居住的地方带去了世界各地的新知识和新思想，从而为文艺复兴和人文主义登上历史舞台作出了贡献，他们是完全意义上的人文主义的宣传者和维护者。

如果有人想要身心兼用地对莱茵河地区这些独领风骚的领域作一番考察，如果有人想要感受一下某些人在这些领域中所能获得的特殊礼遇，他们身上的高贵的气质和常见的典雅，那么，请到巴塞尔博物馆走一趟，去仔细看看汉斯·荷尔拜因[①]所作的那幅为印刷家约翰·阿麦巴赫的大儿子所作的肖像。

老伊拉斯谟对这位年轻朋友表现出不寻常的亲切，这位年轻人正沉浸在他宽容的人道精神之中，这也正是巴塞尔的改革精神之一。枢机主教萨多莱托[②]不放过任何机会撰写长诗歌颂这种精神；作为一个真诚的福音传播者，他不会不知道法雷尔[③]或者伯撒[④]代表什么，但是，当他们有一天竟然对伊拉斯谟表示异议时，他却毫不犹豫地猛烈反击他们的宗派主义倾向。这是一个真正的人，24 岁上就打算到阿维尼翁去接受伟大的阿尔齐亚蒂[⑤]的教诲，

① 汉斯·荷尔拜因(Hans Holbein，1497—1543)，德国画家，史称小荷尔拜因。

② 萨多莱托(Sadoleto，Iacopo，1477—1547)，意大利人道主义者，曾任教皇秘书。

③ 法雷尔(Guillaume Farel，1489—1565)，法国宗教改革家。

④ 伯撒(Theodore de Bèze，1519—1605)，加尔文在日内瓦的继位人，曾写作悲剧宣扬宗教信仰。

⑤ 阿尔齐亚蒂(Andre Alciat，1492—1550)，意大利法学家。

他是一位名副其实的具有力量之美和以正直与谦逊铸就的阳刚之气的人。对于那些把宗派主义和盲目的宗教狂热视为不可或缺的必需品的人，他本人无疑就是一个活生生的驳斥者。可是，对于这位伟大的人物，谁敢说他是哪个城市的人？巴塞尔人，不错，他是伟大的巴塞尔人博尼法斯·阿麦巴赫；然而，大家只知道他是巴塞

小荷尔拜因的画作：印刷家之子——巴塞尔人博尼法斯·阿麦巴赫

尔人，谁也不会说他是瑞士人或是德国人。博尼法斯·阿麦巴赫显然是一种罕见的物质与精神的典型代表。可是，这还不够，他更是一种文化的产物，是莱茵河城市的一种真正人道主义的文化的产物，而这种文化则是莱茵河及其守护神非凡的创造；这种文化被创造的时候，依然处在基本上无须屈从于国家政治需要的中世纪末期，那时这些城市拥有彼此亲近的自由，它们可以自由地把那些具有诚意的人召唤到自己身边，发挥他们的力量和才能，至于他们来自何方，戴着哪个邦的标记，这都无须顾及。

Ⅱ.从城市到君主

一连串的城市就这样排列在莱茵河两岸的阳光下，比市政厅宏伟的外墙更加壮观。这些城市继承了数百年的繁荣，其间也经受了严酷的灾难，但始终没有停止前进的步伐；它们给游客留下了生活富足的印象，在大师们不嫌重复地创作的大量绘画和雕刻作品中，依然可以感受到这种富足，这些400年前完成的作品，充分展现了一个丰富多彩的社会中人们的服饰、职业和习俗。如今德国人比以往更加不余遗力地将这些作品集中到德国。所谓“德意志的往昔”……

这种自豪感不难理解。无论自称属于哪个民族，凡是意识到每个人身上都带有某种文化烙印的人，都不会不理解这种自豪感。这些莱茵河城市曾经在数十年中有过辉煌的成就，原因并不在于体量的巨大，比如，1450年巴塞尔只有8000名公民，1440年法兰克福的公民不足9000，同时期纽伦堡的公民也不过20000而已；

真正的原因在于这些城市知道如何实现自己的目标。这些城市隐隐地体现着一种光芒四射的理想，那就是一种兼具市民、城市和莱茵河特征的文化。

在一段时间里，莱茵河有能力完成自己作为一条河流的使命，地理法则造就了河流，并不是让它去分裂人类遗产，并不是让它去挑起一些人对于另一些人的仇恨和致命的忌妒。河流由于它的宽度、深度和速度，难免成为制造分裂的鸿沟；但是，由于它没有任何障碍，而且拥有适宜于迅速下降的速度，因而它同时也是促进联合的通道。然而，河流并不能自然而然地发挥它的联合作用，而是需要通过人的努力，人可以促进也可以阻止这种作用的发挥；河流并非必然制造分裂，人拥有充分的自由，可以涉水，可以利用沙滩、冰块以及人工搭建的桥板，从此岸到达彼岸。总之，人拥有各种各样的可能性，绝不是只能听天由命，这就是河流赠与依傍着它、簇拥着它的人类社会的礼物。中世纪末的莱茵河城市抓住了若干此类可能性，并学会了如何加以利用，正因为如此，我们应该为人类的智慧所取得的成功而向这些城市致敬。

问题在于这种成功的效果能够得到延续吗？不能。当然，这个回答只是一种马后炮。然而，我们的职业就是要弄懂为什么并加以解释。这些昙花一现的城市很快就失去了它们在欧洲历史上的地位，一种特殊的文化和文明形式何以衰落，我们找到了原因吗？当然找到了，原因恰恰与我们想要探讨的莱茵河历史问题中的某些最鲜明的方面有关联，而我们的祖先曾把这个问题称作“骑士的视野”。“德意志的往昔”，不错，在以往各种组织联合的基础上，现代意义的德意志最终建立起来了，但是仅此而已，一种特征始终存在着，物质上的高度繁荣与政治上的巨大缺陷反差鲜明。

莱茵河城市是富足的，它们拥有众多的人口，充满活力……然而，在这些后面是什么东西协调它们的行动，支持它们的努力呢？它们是否凭借自己的实力利用了某个君主的权力，比方说，某个日耳曼国王的权力呢？这位日耳曼国王与其近邻法国国王或英国国王一样强大，可以像他们一样把一个正在走向中央集权的国家所积聚起来的力量，聚集在一个世袭君主的周围。帝国政权把世界政策这个沉重的负担压在终身制的君主肩上，而这位君主却不拥有任何手段去执行这个政策，他没有舰队、陆军，没有外交，也没有与宏图大略相称的财政实力；我们无需继续罗列这个政权的弱点、不稳定性和种种矛盾，我们只需看看城市：它们确实富有，它们确实美丽，可是它们强大吗？全部问题都在这里……

当然，这些城市争得了许多优惠的特权和令人吃惊的自由，而且实际上已经把它们对于皇帝的义务消解殆尽。且听听它们如何夸耀自己：

> 纽伦堡人风趣，斯特拉斯堡人厉害；
> 威内蒂格人有权势，奥格斯堡人豪华壮丽，
> 乌尔姆人的货币在全世界声誉卓著。

让我们打开德国学者们关于古老的莱茵河畔那些大城市的著作。斯特拉斯堡人骄傲地从科德利埃广场向大拱廊的霍尔维格走去时，把充满敬意的目光投向芬尼塔；在能与芬尼塔一争高

下、戒备森严的塔楼上，在装有栅栏的地下酒窖里，到处是装满金银的口袋。为什么储藏这许多金银？所有这些金银几乎都用于军事防务了：修补墙垣，为跟上军事技术的飞速发展而翻修堡垒，铸造大炮，购置炮弹、枪弹、火药和白刃兵器，维修军火库里的火枪，为夜间关好城门、白天在岗哨上盘查面露惊异的陌生人的卫戍部队发放薪饷，为使节们支付旅费，为信使们准备快马，使之能随时随地跃上通往世界各地的大路，策马飞奔，追赶皇帝、王公，前往结盟的城市……在我们现代社会，所有这些费用都依赖国家，交付给国家，由国家承担，国家是一个集体权力机构，它取之于大众，公正地用之于大众，正如古老的谚语所说："强扶弱"。可是，15 世纪的莱茵河城市却必须承担所有这一切费用，处于主宰地位的城市必须为它的地位付出沉重的代价，于是它就因此而死亡了。

此外还有一个伦理问题。数百年以后的今天，我们尽可以无拘无束地想象，以为在这些景色秀丽的城市里，既有田园般的和平景象，又有万众一心的坚强决心。然而，文献告诉我们，那时随处可见的却是不和、妒忌、公开或隐蔽的争斗、无休止的分裂、造反，有时甚至是暴力造反。富豪寡头首先压迫小户人家和穷人，于是形成富豪寡头政治；接着，行业人士在新富的支持下剪除贵族，紧接着是一连串的驱赶和没收，被驱逐者在城市四周游荡，等待时机卷土重来……在我们所说的那个时代，行业几乎到处占有主导地位，城市里面的人只有通过行业的中介才有立足之地，那些从事某种稀少职业的人，必须按规定在某个基本行会的名义下登记；正因为如此，约翰·加尔文的签名竟然出现在斯特拉斯堡的裁缝登记册里，也许他是作为一个学徒登记在册的。这些行业实际上只是一些平庸的政治学校而已。

每个行业内部都是冲突不断，行业与行业之间也是你争我斗互不相让，有的想要在城市里扩大自己的势力，有的想要为自己的成员争得若干市政辅助职位，有的想要在宗教仪式上争得一席之地……哪怕整个城市饿死，也得首先考虑自己的行业。1595年发生在科尔马的面包师傅事件便是一例，他们停止工作，甚至离开城市，原因只是他们在圣体行列中的传统位置被他人抢走了，实在是匪夷所思！整整十年中，从上贝格海姆到昂西塞姆，从昂西塞姆到法兰克福，他们到处呼吁，并且得到了邻近城市中所有面包师傅的支持，而他们所反对的也仅仅是本城居民；后来他们于1605年获得了最终胜利。这是一个典型的事例，是同样的上百件事例中的一件。视野需要拓宽，应该从政治角度去考虑问题，还必须具备预见局部性反响的能力；可是，一个人假如连城市利益观念都没有，怎么能要求他具备以上这种素质呢？

对比永远是瘸腿的，所以，我们不想在这里谈论意大利城市。例如佛罗伦萨，这是一座无论从高处或是从远处望去，都不能不充满圣洁之感的城市；在低矮的红色领主府邸中傲然耸立的钟楼脚下，在夕阳照耀下的城市中巍然矗立的布鲁奈尔斯基①设计的穹顶下面，多少悲剧性的英雄怀着对自己城市炽热的爱恋，一心要在理性和美感的意义尚存的所有地方取得胜利……请稍微想一想我们法兰西的城市，15世纪我们法国的市民阶层，每当本国的王朝

① 布鲁奈尔斯基（Filippo Brunelleschi，1377—1446），意大利雕刻家。

处于险境时，他们总是心甘情愿地聚集在它的周围；他们曾经支持过路易十一[①]对抗“公益同盟”[②]，支持过查理八世[③]对抗诸王，并以他们对于王朝充满机智的忠诚，在1465年和1485年两度拯救了国王的中央政权。那么在莱茵河上呢？城市曾经为一件重大的事业进行过有效的合作，那就是汉萨同盟这个有众多城市参与的强大组织。可是，随着新时代的到来，在不断前进的过程中，那个时代的所有组织都因无力维持而无一例外地放弃了自己的事业……因此，怎能以国家或民族的名义来谈论呢？

利己主义是各地资产者的痼疾。在历史的危急时刻，当巨大的心态革命发生之际，当一种崭新的心态，即质朴而毫不隐讳的无政府主义思想逐渐成长，养家糊口的手艺人行业观念渐渐淡出之时，新人们不再为确保消费者神圣的利益而对城市里必不可少的生产给予关注，而是以疯狂的贪婪追求无限的盈利，对他们来说这就是新时代的神祇，为此他们使出浑身解数：笨拙而狡猾的倾销，敲骨吸髓的剥削，阴险的欺诈……资产者的分裂既危害他们自身，也危害他们的时代，他们的利己主义于是变成了欲壑难填的野兽般的凶残。

16世纪的商人特别是大商人拥有豪华的宅邸和华丽而笨重的家具，他们向人们展示奢华，不但不怕露财，而且以此炫耀自己；

① 路易十一(Louis Ⅺ，1423—1483)，法国国王(1461—1483年在位)。

② “公益同盟”(Ligue du Bien Public)，以勃艮第公爵为首的法国贵族于1465年结成的反对国王路易十一的联盟。

③ 查理八世(Charles Ⅷ，1470—1498)，法国国王(1483—1498年在位)。

我们尊敬他们，因为他们为我们留下了大量精美的雕像、宴会大厅里又长又大的餐桌和豪华的东方地毯，使我们的博物馆能以这些藏品为荣，让我们得以在那里享受视觉的愉悦。但是，我们是否曾经仔仔细细地观察过他们？不是一个个地单独观察，而是对他们之中所有为我们所熟悉的面容一起进行观察。

伦敦是亨利八世[①]的首都，也是莱茵河商人的首都。生在奥格斯堡、住在巴塞尔、死在伦敦的汉斯·荷尔拜因曾为这些商人在施塔赫尔霍夫画过像。他们都是资产者，都是莱茵河的商人和金融家，有的来自巴塞尔，有的来自科隆，有的来自杜伊斯堡；这些身穿贵重的呢绒和裘皮的商界巨子，一个接着一个站在我们面前。他们伸手把你抓住，不再松开；他们冷酷的眼神不但能把你穿透，使你如同赤身露体一样，还能剥光顾客和对手的一切伪装，一直搜寻到他们的灵魂，搜寻到珍藏着他们精确、秘密和毋庸争辩的财政状况的钱柜，那个加了三道栓、挂着三把锁的钱柜。格奥尔格·吉茨是商人的典型，他身着带褶的缎子袖亚麻衬衫，神采奕奕地坐在细木贴墙的掌柜室里，桌上铺着珍贵的波斯毛毯，威尼斯出产的穆拉诺玻璃杯散发着石竹的香气……这些排场完全是多余的，因为只要看他一眼，视线就不会从这张三角形的脸上移开，凶狠倔犟的下巴，长长的鹰钩鼻，僵硬的鼻孔，尤其是直接从两只眼睛里射出来的目光，就像聚焦仪那样准确，毫厘不差地对准他想要搜索的那个点。这些人的手更加令人吃惊：票据似乎并

① 亨利八世（Henry Ⅷ，1491—1547），英格兰国王（1509—1547 年在位）。

没有攥紧，贵族的手套在手上得体地轻轻揉动，有时候一只手放在另一只手上，把鹰一样的目光对准你，让你产生幻觉，以为那就是科隆人迪特里赫·伯恩“内心深处”的目光……一个讲求实效却冷酷无情的阶级活生生地展示在这里了，挂在施塔赫尔霍夫墙上出自荷尔拜因笔下的肖像，就像是富裕之神的凯旋行列中的领头人那样，一个接一个在人们眼前走过；可是，他在对面墙上却画出了贫困者的队伍……

每当需要无情地强制全城居民维持和平时，老祖宗总是搬出这句老话：以眼还眼，以牙还牙。重复这句老话的是子孙后代，他们重复这句老话仅仅是为了自己，而且为此感到骄傲。看完上面提到的那些肖像以后，让我们接着欣赏同时代画家以同样清醒而冷静的分析精神绘制的英格兰王室成员的肖像，他们中有国王亨利八世和他的先后几任配偶：珍妮·西摩、安娜·德·克莱弗斯、美丽的凯瑟琳·霍华德；耽于寻欢作乐的国王有着一张苍白的脸和令人讨厌的眼睛，他的配偶们却没有一人显露出过于拘谨的迹象。然而，当我们欣赏这些画像时依然松了一口气，有如释重负之感，因为，那个商人、资产者、莱茵兰银行家、亚各布·富格尔[①]的同时代人那紧张而冰冷的目光，我们不再觉得它是直射在我们身上的。

在道德方面，不但有资产阶级社会短视的利己主义，还有其他一些至少同样强烈的行不通的东西。

① 亚各布·富格尔(Jacob Fugger，1459—1525)，法国银行家。

汉斯·小荷尔拜因的画作:莱茵商人格奥尔格·吉茨

在今天的乡村与城市之间,司法方面不存在任何的差异。无论在公共生活或私人生活方面,此处彼处都应用同样的法律,同样的规章,征收同样的税,实行同样的行政管理。可是从前呢?平原地区有其固有的习惯和地产法。越过墙垣,走出城门,马上就是另一种法律。两者差异竟是如此之大，以至于一个人假如进入希望之地，并在那里逗留一年零一天，他的过去就一笔勾销，谁也不再有权了解他的出身曾给他带来什么法律地位，他过去究竟是农奴还是自由民，是贱民还是逃亡者。他是这个城市的人，有了这一点就万事大吉。他可以百分之百地属于这个城市的革命文明——现代文明。那么，乡村居民如何呢？在德国，乡村居民依然受着他们的主子——地主老爷严格的控制，地主老爷依据地产法千方百计地牟取好处，每天都在谋划从农民身上榨取额外的收益。一些滥施淫威的行为有时会被另一些过激措施所抵消；我们暂且不谈这些滥施淫威的行为，只说说正常和正规的规章。一方面，领主及其代理人拥有近乎绝对的个人权力，人从属于土地；另一方面，城市实行行会管理，城市的权力变得温和近代化，土地从属于人……

所以，城市之间的差异很大，既没有相同的法律，也没有相同的文化，甚至没有相同的利益。在“野蛮的畜牲群”里面，人一半像人一半像野兽，野蛮的饕餮和狂饮，巡夜人沉重的脚步声，令人无法辨识这些究竟是哪种原始人的礼仪。还有封闭在蓬乱的头发下面那个脑袋里面不为人所知的神秘的思想……神秘吗？可是，一声起义的吼叫有时却会打破城市和城堡的宁静，农民揭竿而起，唱着粗鲁的歌，要求得到水和草；他们扑向城堡或市镇，然后遭到打击和镇压，被堵上嘴，在仇恨中沉寂 20 年。这些乌合之众在树林深处聚集成小股，举行崇敬撒旦——贱民的上帝——的巫魔晚会，一个个被曼陀罗醉得东倒西歪。维耶纳·斯普伦格尔和他那把可怕的“犯罪的铁锤”，至少需要苦干 200 年，才能将莱茵河上的巫婆和巫师清除干净。

汉斯·小荷尔拜因的画作:科隆贵族赫尔曼·希尔勃兰特

在这些莱茵河地区,城市文明虽然光彩夺目,却相当分散,甚至可以说彼此隔绝。沿着莱茵河一字排开的这些城市,都是司法和现代文化孤岛，都与外界少有交往。它们相互交谈，但只能像韦桑岛和圣马蒂厄海角的灯塔那样，隔着野性十足的大海彼此呼应；只能超越平原地区及其敌对情绪远远地互致问候。历史较久的城市向年轻的城市传授法律，32个城市或市镇属于弗里堡—昂—布里斯戈司法区，60个属于法兰克福司法区，70个属于科隆司法区，这就意味着，在司法上，法兰克福控制着莱茵河中游地区，科隆控制着莱茵河下游地区和德国的东南部。不过，由于索斯特借用科隆的某些法律，所以实际上科隆的影响远及北方的吕贝克。

这样一来，这段历史中最令人吃惊的方面之一就弄清楚了，原来莱茵河沿岸各地区不存在一种同一的文化，它们作为载体支撑着两类彼此有别而且相互争斗的社会，一类是近代的相对自由的社会，它关心并尊重个人尊严、首创精神和知识；另一类是赶不上时代发展的社会，它深陷于领主的古老土地模式之中。文明渐渐扩展到乡村，给乡村带去了自由、尊严和知识，这就是发生在法国的情况。公社组织虽然诞生在城市，却很快变成所有人的共同财产，城市气息于是一步步地挤走了乡村气息。在莱茵河沿岸的一些城市里，唯恐失去既得权利的人们死死地不愿松手，因而日益逼近深渊，一边是自由日益增多，一边是奴役与日俱增。始终存在于罗马化土地和其他土地之间的对立，与以往相比虽然反差小了一些，但在莱茵河沿岸仍然相当强烈，因而不可避免地形成二元化状态。一种共同的精神在这块双色拼板上将会如何形成呢？城市有其辉煌之处，也有其不足之处。从巴塞尔到韦瑟尔，两个莱茵兰你争我斗，满怀嫉恨和敌意。一个是城市居民的莱茵兰，另一个能说仅仅是农民的莱茵兰吗？要知道，农民都是小民；所以应该说另一

个是君主们的莱茵兰。

莱茵河的君主都是小小的王侯。尽管他们可以把自己种种尊贵的头衔写满整整十行，尽管他们可以把自己的族系追溯到古罗马人，尽管他们拥有任意处置乡下百姓的权利，而且在肆无忌惮地滥用这种权力时从来不曾有所节制，然而他们毕竟都是小小的王侯。

莱茵河的王国都是小小的王国，都是爱说大话的小国，在名副其实的强国和大国面前没有多少分量。1870 年前的某一天，蒲鲁东曾说莱茵河不属于任何一个国家，并且把莱茵河流经的当时每一个“国家”一一列出名单：瑞士、奥地利、符滕堡、巴登、法兰西、巴伐利亚、黑森、拿骚、普鲁士、荷兰，这是一个大大简化了的名单。是否可以就这样一个题目进行论述：莱茵河阻碍了真正莱茵河国家的诞生？可是，可以这样天真地加以责备的大河岂止仅仅莱茵河一条？直到昨天为止，除了巴塞尔，没有第二个横跨莱茵河两岸而建的城市，莱茵河沿岸没有一个国家同时占有莱茵河两岸的一段重要河段，使之成为一个规模巨大的政治实体的坚实而具有生命力的主轴。我们发现，地理条件诚然是原因，更重要的原因却是历史条件。长长的莱茵河谷中散布着许多神经节，但是，没有一个国家建在这些节点上；这些城市都不具备以自己为中心建立国家的实力，也无法让自己为别的国家所吸收，提供它们所没有的首府，成为它们的首领。

不过，命运之神有时会嘲弄人，它在 15 世纪末的土地上，把一面被久远的过去弄得模糊不清的镜子最后一次递给莱茵河，并且喃喃地表示要提供一个机会。资产阶级虽然政治上四分五裂，文

化上却深感团结一致；嘲弄人的命运之神向这些资产阶级说出了一个名字，这是一个拥有数百年崇高威望的名字，唯有这个名字能将莱茵河沿岸众多各自为政的地区统一在同一个名字之下，那便是前面一再提及的罗泰尔王国。命运之神借用一些强大而富有的君主之口提出了这个名字，他们属于伐卢瓦王朝支系，与属于长系的法兰西国王们大不相同，其中包括勇夫腓力普、无畏者约翰、无忧者腓力普、大胆查理，此外还有"善人"腓力普公爵①。

从阿尔伯特二世②起，神圣罗马帝国的皇帝就几乎徒有虚名，哈布斯堡王朝此时似乎已经为继位而开始争夺。勃艮第人③富得流油，他吃饱了弗兰德尔的肉汁，穿着华丽的衣服，身上挂满金银饰物，不但善于调度部署，而且拥有一支强大的军队作为支撑；腓特烈三世④却是一个耽于声色犬马的懒汉，在一些城市留宿受到款待之后，竟然一大清早不辞而别，脸皮厚得连账都不付，这样一个人能与那个勃艮第人抗衡吗？况且，他那点可怜的实力在奥地利，他的活动中心在因斯布鲁克，他去往阿尔卑斯山的道路通往布纳伦；在莱茵河资产者面前，这些都是不利条件，莱茵河资产者经营从伦巴第到北海的贸易，他们当然要去往塞普蒂默、哥达湖，甚至圣贝尔纳山口。

那个勃艮第人腓力普懂得如何取悦大家；那时的骑士们痛苦

① 善人腓力普(Phlippe le Bon，1396—1467)，勃艮第公爵。

② 阿尔伯特二世(Albert Ⅱ，1397—1439)，1438 年当选为皇帝。

③ 勃艮第人，此处指善人腓力普公爵。

④ 腓特烈三世(Frédéric Ⅲ，1415—1493)，神圣罗马帝国皇帝(1440—1493 年在位)。

地察觉到自己已经走在下坡路上，腓力普就为他们举办盛大的骑士集会和比武大会，向他们表明恋旧的心情，这一切都是骑士们梦寐以求的东西，虽然掺了假，有些矫揉造作，却在这位具有骑士气质的“金羊毛会”①创建者身上体现得十分自然。信仰神秘主义却又讲究实际的市民们受到三大诱惑，一是严守教规、守斋、施舍和对于圣母的狂热信仰，二是喜欢脏话、荤话和耳闻目睹的“百家逸事”，三是向往梦幻般的东方。那时候，发财的美梦萦绕在人们脑际，东方的魅力吸引着许多人，他们幻想着与《百万》②的作者马可波罗一起寻访中亚的奇迹，或者跟随加迪菲·德·拉萨勒和约翰·德·贝当库③驶向加那利群岛；那时候，根特的朝圣者走出祭坛前去朝拜林子里的一只羊羔，这是一座既真实又虚幻的林子，里面有许多漂亮的棕榈、柏树和树冠像伞一样的松树（这令人想起那座“如同印度森林一样”的美妙无比的林子，腓力普大公为亲人许愿那天，这座林子里放置了许多千奇百怪的机械动物）。那位勃艮第人把组织十字军纳入自己的计划，指派拉努瓦和贝特朗布·德·拉布吕吉耶尔为此做好准备，并以此引诱了布鲁日这个充满活力的城市和所有正在寻找坐骑的骑士以及所有利欲熏心的资产阶级……

人在日常生活中的关系犹如一张密实的网，一些人从未估量

① 金羊毛会（Toison d'Or），善人腓力普于1429年创建的骑士组织，用以团结骑士，为他的政治目的服务。

② 《百万》（*Milione*）是马可波罗所著中国游记的意大利文本的书名。

③ 约翰·德·贝当库（Jean de Béthancourt，1360—1425），诺曼人航海家，发现并征服了加那利群岛。

过习惯的力量和这张网的结实程度，在莱茵河上有那么一段时间，这些充满想象的人以为那位勃艮第人的时刻马上就要到来了。1454年，他终于在大使们的簇拥下出现了，他以伸张正义者的身份把城市还给被赶走的人，以仲裁者身份平息争端，以胜利者身份访问德国；没有一个市民不曾用自己的语言彼此重复巴黎街头看热闹的人说过的话，那些巴黎人看到走在金色行列前头的那位光彩夺目的骑士踌躇满志的样子，都喃喃自语地说："瞧瞧，真是一位了不起的君主！为他祝福，为所有爱戴他的人祝福吧！看看我们自己的国王，穿着那么一件穷酸相的灰袍子，就怕大家活得开心！"这里需要提醒一下，凡·德尔·维登为科隆的圣—科隆布教堂画的那幅"三王来拜"就是一个物证和文献。因为，画面上跪在地上虔诚地亲吻婴儿小手的那个年迈的国王就是善人腓力普，他后面那个披着大氅、上身稍稍前倾、手里拿着漂亮的银制器皿的高个青年人，就是他的儿子大胆查理。慷慨大度的国王们为了献宝来到莱茵河畔，来到这个大商业城市。享有崇高声誉的国王们到这里来，为的是重复莱茵河民众长久以来十分珍爱的那个加洛林王朝的称谓：罗泰尔帝国。

然而，当腓特烈三世向善人腓力普要求建立罗泰尔帝国时，他并不想依仗利剑并吞土地，把分散在莱茵河沿岸的所有诸侯都置于自己的统治之下。与其说这是一个领土问题，毋宁说这是一个道德问题。正如夏斯特兰①所说："不是国王，而是勇敢的皇帝"，

① 夏斯特兰(Georges Chastellain，1410—1475)，弗兰德尔历史学家，曾为善人腓力普服务。

善人腓力普企图获得一种尊号，以便结束对法兰西的臣服，为他的骑士和十字军制度戴上桂冠。国王的尊号行吗？不行，有人向他提及布拉邦王国时，他傲慢地扭头就走。他要的是一个将会产生

维登的画作“三王来拜”中的善人腓力普和大胆查理

久远历史反响的尊号，一个为霸权正名的尊号，一个在皇帝尊号面前挺得起腰来的尊号，善人腓力普懂得如何支撑这个尊号。他想要建立的统治将部分地以道德和神话为依托，边界游移不定，施政宽松，因而可以为莱茵河人所接受；腓力普对莱茵河人从南北两头实行挤压，北面是荷兰，南面是上阿尔萨斯；莱茵河人觉得，罗泰尔

帝国将要带来的不是明确的司法和政治联系，而是一种共同文化的光辉，这种文化一方面具有强烈的法兰西色彩，因而底蕴深厚，声望卓著，另一方面也具有强烈的莱茵河色彩，因而他们可以从中辨认出自己永恒的感受和生活方式……

梦想很快就破灭了，1467 年，善人腓力普去世。这位懒散却可爱的"善人"尽管极端利己，做事漫不经心，脾气就像宠坏了的孩子，动辄发火，却受到臣民的宽容与爱戴。继位的是雄心勃勃的大胆查理，他"天生就是铁汉"，终其一生念念不忘他的宏图大略，挂在嘴边的话就是"我要干大事"。他确实有具体的计划，力图争得统治权。这是他用罗马和现实的语言，对乃父所怀抱的半中世纪性质的观念所作的可怕的诠释。数月之间，市民们纷纷群起而攻之，就像害怕蜂箱的人被蜜蜂蜇了一样。想要成就大事的美梦破灭了，1477 年 1 月的某一天大胆查理死去了，他死在南锡的圣—约翰水塘的冰冷泥水中。在勃艮第的伐卢瓦人头脑中复活的罗泰尔帝国再次成为泡影。这是一种降生在法兰西的"勃艮第"文化，也许在荷兰得到了极大的丰富和改造，尽管有种种不利因素，却很有可能变成一种广义上的莱茵河文化，为另一种理想开辟的道路畅通无阻；可是，为了找到这种理想并使之变得清晰，却花费了许多时间，400 年之后，在铁与血的帮助下，这个理想才降临人间。

然而，历史在继续。就像分家后的农民财产一样，各个小诸侯国在每个王朝覆亡时都会分崩离析。不过，他们会重新组合，然后再次瓦解。他们来去匆匆，培育了一批绰号吓人、面目如同猛兽一样可憎的小暴君，陈列他们肖像的画廊实际上是预防"王朝病"的最佳药品。此外还有他们的配偶，镶满饰带的小帽上缀着羽毛，袖口开着叉，过多的金饰把裙子坠得笔直，苍白的脸上闪烁着狡诈的目光，农妇般可怜的脑袋淹没在耀眼的奢华之中……

我们不妨看看这些莱茵河小诸侯国：与马斯河和北欧有亲缘关系的尤利尔公国、贝格公国、与盖尔得地区和弗里斯兰地区有着亲缘关系的克勒弗公国，1523 年在约翰公爵治下，这几个公国联合起来了。可是，联合如同昙花一现，实际上，教会所属的科隆领土恰好在这个虚幻的联合体正当中捅了一个窟窿，在这种条件下，怎么能有一个名副其实的国家呢？普法尔茨的伯爵多得难以胜数，族谱学家为此兴高采烈，历史学家却一筹莫展；15 世纪初统治这个地方的是四支维特尔斯巴赫族系中的一支，这一支也许在 15 世纪中期继承了原属第二支的一些土地，尽管如此，普法尔茨这个邦国始终不曾强盛。黑森也是这样，虽然它的两个主要部分在 1500 年分别实现了联合：上黑森与马尔堡联合，下黑森与卡塞勒联合。南面的阿尔萨斯仅仅是一个地理观念，在这个地区里存在着许多政治势力，它们彼此对立和争斗，闹得乱哄哄。对面是札赫林根家族所拥有的巴登，时分时合，最终于 1527 年一分为二，一边归信奉天主教的巴登总督管辖，一边归改革派信徒杜拉赫总督管辖。所有这许多势力无不小而又小，岌岌可危，毫无稳定可言；数不清的君主，简直就是一个族谱大杂烩。

过于杂乱也许反而有利于统一。我们可以从高处和远处勾勒一幅图像，把莱茵河这个棋盘的历史简化一下，共有两种势力：城市势力日益衰落，君主势力逐渐上升。直到有一天，其中的一种势力抵达莱茵河边，通过与莱茵河的接触而获得了不可抗拒的力量，从而强大得足以实现长久以来游荡于这个地区的帝国美梦，把一种意念或神话变成实实在在的武力争斗的现实。以这种方法概括德国历史（尤其是法国历史、比利时历史），具有多大的诱惑力！数百种著作表明，这种方法确实有效，但是我们却不以为然。历史事实是另一种样子，与许多崇拜盖斯勒①软帽的幸存者一起，把历史事实归结为外交家们的诡计和运筹帷幄而且势力强大的君主们的“谋略”，那就不是照片，而是漫画。历史不允许过于简单化。提出问题的好方法往往是把问题复杂化。君主和城市是两种因素，但并不是莱茵河的全部历史。君主和城市是两种各自为政的力量，需要弄清楚的是这样一个事实：德国为什么作出了否定的选择，而仅仅几年以前，许多优秀的观察家还打赌说德国会作出肯定的选择。

德国，我们终于把这个重要的名字提出来了。如果说德国作出了选择，那么是否可以说出现了新的回归？某种东西强烈地提醒我们，问题就在这里，在德国的诞生和它的组成中，而不在大臣们的闲聊中，不在自命不凡的君主和忙于公务的大臣们策划阴谋的秘密会议中。基于这个事实，我们是否可以说，正当德国开始形成之时，法国利用其领先地位，经由梅斯、图勒和凡尔登逐渐靠近莱茵河，凭借斯特拉斯堡到达莱茵河，凭借阿尔萨斯站稳在莱茵河畔？可是，这种说法是否又落入了没完没了的政治——外交史的俗套呢？不会的，因为重要的是，由于德国学者的努力，而不是由于德国政治家的努力，一个伟大而崭新的德国意识到自己的存在，意识到自己非凡的特性，意识到自己模糊的倾向，于是把诸侯们对

① 盖斯勒(Gesseler)是15—16世纪为奥地利服务的一个家族的姓氏。

于边界所作的有利于自己的划分和它们之间的政治分割弃而不顾了。这种意识在16世纪是缓慢而不甚明朗的，到了18世纪变得较为自觉，而到了19世纪则更加清醒和自觉。借助历史学、语言学、人类学和文学的帮助，一种用来塑造自己形象的理想终于艰难地锻造成功，此后便可以从中找到一个完整的自己。

Ⅲ.走向两个民族间的莱茵河

于是出现了悲剧，令人心碎的莱茵河近代悲剧。可以说，这是一出政治悲剧，但是，你争我夺的政治斗争所反映的，首先是两种文化的斗争，两种文明的斗争，其中的一种文明把另一种文明紧紧抱住，为的是使自己更好地显现出来。随之而来的是长期战斗中的无数波折和充满血与思想的历史曲折，这就是一生的事业。我们不要期望过高，还是把眼光集中在这个严酷斗争的某些方面吧。

从哪里开始？有人经常说，从宗教改革这个伟大的先驱性运动开始，在此后300年中出现了许多冲击，动摇了中世纪欧洲的古老大厦，最后是拿破仑一巴掌把它打倒在地；在这许多冲击中，宗教改革是第一次。被幽默地称作《社会主义的鲁滨逊漂流记》的那部著作是一本尚未写完的书，对于无政府主义者和即兴政治天才蒲鲁东来说，这部完成于1870年前不久的书写得并不好；书中写道："莱茵河在16和17世纪没有归属法国的原因是新教。"他接着还梦呓般说道："当初，法国要是成了新教国家，弗朗索瓦一世[①]时

① 弗朗索瓦一世(François Ier，1494—1547)，法国国王(1515—1547年在位)。

就能拿下莱茵河，因而法国早就称雄欧洲了。"这真是十分诱人的幻想，可是蒲鲁东却忘记了：为此，莱茵河本身首先就应获得或保持其"新教"河流的身份。此外，如果说，在弗朗索瓦一世周围确有一些政治家抱有一种不切实际的希望：面对教皇和皇帝的同盟，即使不让对外交一窍不通的路德，至少也应让灵活的机会主义者施瓦尔采德[①]充当自己的神学家；如果说，在目光远大、讲究实际的杜贝莱[②]时代，人们确实想到了无论如何值得在神圣罗马帝国传布新教；那么，人们当时说的是帝国而不是莱茵河。时代的巨轮飞快地转动，莱茵河上的宗教改革所带来的仅仅是分裂。

分裂之前是政治上的分散，而分裂之后则更是宗教上的分散，许多年里始终极不稳定。某个小国忽而从天主教转到路德新教，忽而又从路德新教转到加尔文教派，然后重新转回天主教或路德新教。宗教是君主的事这种观念根深蒂固、牢不可破，以至于这些突变、这些宗教上的改换门庭都不曾导致大批居民出走。当然，由于政治上的你争我斗，法国在莱茵河沿岸的某些国家中的外交地位暂时得到了加强。在法国遭到围剿的加尔文主义在莱茵河地区扎根时，法国人善于清醒地进行推理和推导的聪明才智，也就或多或少地溜进了莱茵河这条万邦之谷。终于发生了大批逃亡事件和大量难民，一位编年史家告诉我们，在某段时间里，斯特拉斯堡的全部人口中的一半是来自法国的难民……无须谈论这些事实及其真实的后果，尤其因为，宗教改革早就把天主教势力与新教势力的

① 施瓦尔采德(Schwarzerd，1497—1560)，德国宗教改革家。

② 杜贝莱，法国外交家威廉·杜贝莱(Guillaume Dubellay，1491—1543)和让·杜贝莱(Jean Du Bellay，1492—1560)兄弟。

区别在整个莱茵河沿岸置于首要地位，从而掩盖了德意志民族和法兰西民族之间的对立。宗教改革有助于法国在东部边界采取行动，为路易十三①的使命提供方便，使他出现在阿尔萨斯时不是武装征服者，而是两个惶恐不安的宗教派别的保护者，一个是对哈布斯堡王朝的胜利感到不安的改革派，一个是对瑞典的进展感到不安的天主教。与反宗教改革势力一样，宗教改革势力也没有能力将极端复杂的问题简化，进而创建新教和德国集团，与天主教和法国集团对抗。因为，德国的一些城市和君主不是令人费解地与法国结成联盟了吗？

且把宗教改革放在一边。至于我们所关心的宗教改革的实际利益，我们宁可不到德国而到荷兰去寻找。流了许许多多的血、处决了许许多多的人之后，天主教诸省与加尔文主义的联合省分道扬镳，彻底决裂，这是一个重大的事实。在一段时间内，大公们曾把一种文明令人略感失望的辉煌赋予天主教诸省，鲁本斯②这个名字让我们对这个文明有所领略；而加尔文主义的联合省则是来自瓦隆的难民们鼓噪的地方。另一个事实是人们想都不曾想到的，因为，在下莱茵河和下马斯河地区的那些长期对自己的名称捉摸不定的范围里，出现了一种极其明显的区别，河流成了一种界线，在河那边形成了两个清晰的团体，一个是天主教和后来的比利时国家，一个是加尔文教派和荷兰国家。

于是，“德国的莱茵河”被砍了头，被削去了吃饭的嘴。正当另

① 路易十三（Louis XIII，1601—1643），法国国王（1610—1643年在位）。

② 鲁本斯（Pierre Paul Rubens，1577—1640），弗兰德尔画家。

一种分离最终形成，并将莱茵河从阿尔卑斯山伸向意大利的根部砍断时，瑞士终于形成了，并且日益与非瑞士的东西对立。于是，新的秩序第一次露出了端倪；整个欧洲的政治和外交势力，为了支撑各自的联合，从此就得依赖这个新秩序。莱茵河主轴两侧成了欧洲这架天平的两个秤盘，一个秤盘上放着法国的全部重量，法国犹如一位老妇人，一位历史悠久的名门望族的贵夫人。另一个秤盘上放着乱七八糟的城市和君主，它们都是中小型邦国，每个小国几乎都被分割为若干小块，这块与那块之间隔着数天的路程。德意志诸国因语言而联合，因宗教而分裂，因利益而对立，因政治而撕裂；它无力统一，不可能与近邻联合。一架天平，两个秤盘，荷兰是这架天平的指针，这一点日益明显；随着欧洲整个状况的变化，这个指针时而向左边摆，时而向右边摆。荷兰是莱茵河的前卫，而莱茵河则长期犹豫不决，时而把自己交出去，时而将外来者拒之门外，它不想表明站在哪一边，希望维持自己的独立身份。当德国终于出现并显示出力量，大声表明其谋求生存强大的意志时，莱茵河终于退让和放弃了，重量于是移到一边，天平在许多年里向一侧倾斜。

在漫长的岁月里，莱茵河曾把自己借给数十个邦国，却又从未把自己真正交给其中的任何一个。决定性的时刻终于到来了，莱茵河放弃了数百年中承担的仲裁者和中介人的角色。这个变化的起因是比利时与荷兰的区分，以及它们最终和断然的觉醒。宗教改革的作用第一次强烈地汇入了莱茵河的历史，它本是一条属于各个民族的河流，后来却变成了两个民族你争我夺的河流。

宗教改革之后，哪里是阶段性的标志？应该跳到哪里便可看到新的面貌？跳到18世纪的1750年这个转折点吗？1750年以后又有多少未知的前景？也许很多，但是为了看清这些前景，人们走了许多路。我们只能从17世纪说起……

17世纪是古典的世纪和不变的世纪，伟大的背景里有一个伟大的国王。大自然与艺术一样都为了他的光辉而匍匐在地。木质的立柱围绕着大理石的立柱，数百年的紫杉树为罗马的神祇充当背景；在宫殿上面，芒萨①的小教堂俯视着勒诺特尔②建造的花坛……表面简单，其实，一种建立在以往的基础上而且无须为前程担忧的稳定，却掩盖着一种无言的劳动、一个孕育中的世界。三十年战争是一场残酷的欧洲宗教战争，是一场比我们法国的宗教战争更加不值一提的宗教战争；尤其在这场战争之后，博絮埃③大声高叫充满信心，另外一些人在阴影中低声哼着辛辣的小曲。事实上，人们有了一种有说服力的好经验，它告诉人们：对于政治领袖们来说，彼此争斗的信仰，例如天主教和新教，不是情感或教理之争，至多只是外交上的权宜之计、一种世俗统治的工具、一种亵渎神圣的假面舞会；这种显示是完备的、不容置疑的。那些具有批判精神、不接受任何现成神话的人当中，谁还不懂得这一点呢？如同往常那样，禁欲主义思潮已经显露出来，它最终在法国的王港④左右着一些要求严格和桀骜不驯的有教养的人士，而意志软弱的人们则踏上了神秘主义的道路。可是也如同往常，用理智思考的人

① 芒萨(François Mansart，1598—1666)，法国建筑家。

② 勒诺特尔(André Le Nôtre，1613—1700)，法国园艺建筑家。

③ 博絮埃(Jacques Bénigne Bossuet，1627—1704)，法国高级神职人员和神学家。

④ 王港(Port-Royal)，当时巴黎近郊，一个著名修道院所在地。

们、善于逻辑推理的人们和纯正的知识分子们，渐渐抛弃陈规，悄悄致力于创建对于祖国的信仰，也就是说，对于民族的信仰。不妨将此视为以祭坛对抗祭坛。

先行者是被怀疑的自由派，或多或少受到教会和高等法院的围剿。人们不把应有的地位给予他们。他们在法国设计的只不过是一种明显的等级制，经历过许多暴风雨的洗刷之后，它的格言顽强地重新出现在市政厅的墙面上："国家、国王、法律。"位列第一的国家具有优先地位。1676 年和 1677 年，德尼・维拉・达莱发表了他的塞瓦朗布幻想游记中的两部分，其中描述了书中的主角所发现的土著居民所信奉的宗教，这是一种堪称典范的宗教。依他所说，土著居民所供奉的是什么神祇？一个纯粹的精神神祇，人们对他的崇敬仅限于精神。太阳，光明之王和生命的源泉。象征祖国的是一个为孩子喂奶的妇女。是祖国而不是国王。是国家而不是王朝。人们于是想起了倍尔[①] 1690 年所著《致逃亡者》中关于义务分级的论述，他认为顺序应该是这样的：崇敬上帝、服务祖国，最后才是爱父母。君主在这里不见了，被国家吃掉了……

这个国家是人们组织起来的。且让我们看看莱茵河的情况。一个小国家分裂成上百个小单位，自己反对自己。一个个小块彼此隔绝，分崩离析。法国来了，担起了治理阿尔萨斯的责任。于是，法国的司法制度就被置于地方性的司法制度之上，把秩序和明晰引进阿尔萨斯。法国的代理人监视地方行政，消除了最严重的弊端。省督渐渐取暴戾的王侯而代之；莱茵河那边的这些王侯向

① 倍尔(Pierre Bayle，1647—1706)，法国哲学家。

阿尔萨斯的劳动者收取沉重的赋税，用以供养叽叽喳喳的情妇们，他们拙劣地模仿路易十四，在仿照凡尔赛宫建造的王宫里极尽炫耀之能事。对于这种渐渐走上秩序的国家来说，头上还缺一个脑袋。斯特拉斯堡是个例外，它成功地使自己脱离了阿尔萨斯，重新扮演它那合乎逻辑的角色，成为省督和总督的驻地。许久以来第一次，斯特拉斯堡教堂的尖顶变成了一种象征，俯瞰着一个慢慢地重新意识到有机和深刻的统一……数年以后，即从 1750 年起，新时代明确地正式宣布开始了，历史又翻过去了一页，还有许多页有待人们去翻。

请别离开阿尔萨斯，它能为我们充当优秀的向导。1750 年，对于新教徒的迫害此时已经停止了，坦恩和维塞林等地的小城市置宗教信仰于不顾，接纳来自牟罗兹的善于发明创造的新教徒，他们带来了工业创造的实惠。天主教徒和新教徒在斯特拉斯堡的罗昂大主教的客厅里会见，握手言欢。一种新的精神悄悄地渗进古老共和国的旧街和旧屋。宗教改革的布道者们，诸如 J. L. 勃莱西格、伊萨克·哈夫纳，都放弃了忧郁的正教。斯特拉斯堡在 1753 年热情地迎接了伏尔泰，12 年之后的 1765 年又热情地迎接了卢梭。知识界的活动重新活跃起来了，在科尔马、斯特拉斯堡和牟罗兹等地建立了读书社。斯特拉斯堡甚至还计划以洛林人在梅斯和南锡创建科学院为榜样，创立自己的省立科学院。这些都属于精神领域，那么，其他领域呢？1745 年在佩舍尔布龙打出了第一口石油井，1746 年在牟罗兹建立了一个彩色帆布厂，1764—1767 年间在巴加拉和圣路易建立了两个水晶采掘场，1769 年在尼德布隆开办了迪特里克工厂。这些只不过是许多同类企业中的一部分而已。然而这些都表明,人们为了一个比较开放的前程作出了巨大的努力。生活变得比以前可爱了,也更开阔了。一个法国式的生活框架形成了。在斯特拉斯堡古老的街道上,10 所房屋中就有 5 所是 18 世纪新建的,有人作过统计,在 3600 所沿街房屋中,1550 所是 18 世纪新建的。18 世纪的斯特拉斯堡建筑具有明显的法兰西色彩;有些私人住宅和大型公共建筑是整体从外面引进来的,并未根据当地的习惯加以改造就矗立在阿尔萨斯的土地上。教会建筑师马索尔依据罗伯尔·德·科特①的设计为罗昂家族所建造的主教府便是一例。教务会议的上层人物、阿尔萨斯的修道院院长、富有的亲王和为法国服务的上校团长们,为自己在蓝云街、火烧街和布罗伊街修建漂亮的住宅,外表高贵,风格纯正。法兰西在统一与和解中壮大。法国牢牢地在自己的最东部地区,在伊勒河和莱茵河站稳了脚跟。可是,法国过去难道不曾渡过这条莱茵河?

这里的问题不在于军队、战争和外交,这些都与针对德国的政策格格不入,四分五裂的德国并不反对结成兄弟残杀的联盟,也不反对法国的黄金和年金的诱惑,整个德国不都是路易十五的盟友吗?路易十五的军队在苏比斯指挥下不是在罗斯巴赫遭到惨败吗?这位非常虔诚的基督徒君主,这位见异思迁的君主,这位周旋于宫廷小集团和他本人的“秘密”以及大臣们的政策之间的君主,难道不会先与奥地利结盟反对普鲁士,接着与普鲁士结盟反对奥

① 罗伯尔·德·科特(Robert de Cotte,1656—1735),法国著名建筑师,曾参与凡尔赛宫的设计。

地利吗？这种翻云覆雨的态度必然会引起日耳曼王朝中形形色色的人物公开或秘密的干预。

可是，另一件事更严重，后果更持久，那就是习俗的入侵。我们已经说了千百次，这种入侵涉及饮食、服饰、塞纳河边和巴黎沙龙里使用的化妆品、首饰、家具和建筑以及装修式样等等，而所有这些都通过一种准确的语言进行传递。语言是一个通情达理和喜欢推理的社会的形象，如今，法语突然闯入德语的中心地带，伏尔泰曾就受人鄙视的德语说过，它对于大兵和战马来说蛮好。德国还被法国新教徒挤满了，有心眼的君主们，尤其是不久就当上了普鲁士国王的勃兰登堡的选帝侯们，把这些法国人从莱茵河彼岸吸引到德国来；大量来自法国的加尔文信徒为企业和行将诞生的普鲁士国家与近代生活提供了现成的干部，无论工业、商业、金融业和军队都从中得益。稍后到了18世纪，德国的各个行业和部门无一不受到大批法国人的侵袭，他们来自各个行业，出身各异，既有冒险家和老成持重的资产者、诚实的匠人，也有找人使坏的手艺人、与司法当局有了麻烦的胆大妄为者以及寻找职业的家长。腓特烈二世[①]是在法国文化熏陶下长大的德国君主，他讲法语，写法文，用法语思考，深受伏尔泰和莫帕蒂[②]教诲的影响，喜欢收集瓦托[③]和朗克雷[④]的作品；暂且不说这位君王，先来看看他的军队：这

① 腓特烈二世(Frédéric Ⅱ，1712—1786)，普鲁士国王(1740—1786年在位)，史称腓特烈大王。

② 莫帕蒂(Maureau de Maupertuis，1698—1759)，法国数学家、散文家、学者。

③ 瓦托(Antoine Watteau，1684—1721)，法国画家。

④ 朗克雷(Nicolas Lancret，1690—1743)，法国画家。

几乎是一支外籍军团，法国人在其中多得难以计数，据说1773年时有25000人，各个级别的军官都有法国人。其它地方呢？尤其是莱茵河上呢？

只要睁开眼睛看一看就会发现，每走一步都会见到一个民族奇特的征服所留下的纪念碑式的明证，更准确地说，都会见到一个民族的精粹部分对于其近邻通过艺术和习俗所发生的巨大影响的明证。在整整一个世纪中，斯皮诺拉、曼斯菲尔德①的部队、蒂伊②的士兵、瑞典人、贝尔纳·德·萨克森—魏玛雇佣兵、蒂雷纳③的军队和卢瓦④手下那些凶残的行刑队，一个个先后来到这个河谷。在18世纪的曙光降临时，这个河谷中的一切似乎都应该在一种无可奈何的君主生活背景上更新和重建，人们确实这样作了，而且以令人吃惊的派头和花费这样作了。

谁？君主们。他们钟情于“石虫”（我们管他们叫“石头病人”），被凡尔赛宫搞得迷迷糊糊，被马尔里⑤诱惑得神魂颠倒，为了满足自己的情趣，不但毁了自己，也毁了他们的臣民；他们又一次转向挥金如土的法国，不惜向它请求免除沉重的债务。他们做了些什么？修建了一些教堂、剧场和城堡，还有宏伟的“府邸”、别墅和狩猎时休息用的房舍，宛如法国的凡尔赛宫。美因茨门的“宠姬”，斯图加特近郊的“孤独”，维德⑥诸王公的“蒙尔博”俯瞰着脚

---

① 曼斯菲尔德(Ernest von Mansfeld，1580—1626)，德意志军事将领。

② 蒂伊(Johann Tilly，1559—1632)，比利时将军，曾为神圣罗马帝国作战。

③ 蒂雷纳(Henri Turenne，1611—1675)，法国元帅。

④ 卢瓦(François Louvois，1639—1691)，法国政治家，曾任首相。

⑤ 马尔里，这里指的是马尔里引水渠，此渠修建于路易十五在位时期，用以将塞纳河水引至凡尔赛。

⑥ 维德(Wied)，莱茵河地区的一个德意志家族，其成员于1784年成为帝国王公。

下从纽维德到科布伦茨的莱茵塔尔，这些豪华的建筑令人想到特里亚农宫[①]。不但如此，人们还建造或重建城市，这些取代旧城的新城博得了主人的欢心，其中有科隆选帝侯的驻地波恩、特里尔选帝侯喜爱的科布伦茨、重建的曼海姆(曼海姆始建于1606年，后来在法国人劫掠后的废墟上重建，选帝侯卡尔—腓力普放弃了惨遭烧杀的海德堡，从1721年起来到曼海姆)，施佩耶尔的亲王—主教特别喜爱的布鲁赫萨尔；此外还有卡尔斯鲁厄和路易斯堡，卡尔斯鲁厄是巴登—杜拉赫的总督卡尔-威廉在哈尔特森林当中建立起来的，这位总督是一个权势极盛的统治者，正史和野史都说他雇佣了160名美女当园丁，每天用纸牌抽签的办法确定当夜由哪位美女陪他同寝……

城市是如何重建的呢？按照法国方式重建。当然，在18世纪初操纵宗教选举和法兰肯主教选举的那些原籍奥地利的舍恩博恩[②]周围(在美因茨、特里尔、施佩耶尔、班贝格和符滕堡都见到他们)，一个“巴洛克”艺术之家建立起来了，莱茵—法兰肯建筑师为他们提供营养，其中有韦尔施、纽曼[③]、里特·德·格鲁恩施泰因，他们并不忌讳如同马尔里那样模仿韦尔施为美因茨建造的“宠姬”(这件杰作如今已经不复存在)，他们不但亲自去往巴黎，拜访罗伯尔·德·科特和博弗朗[④]，还把他们的儿子送到法国上学；为了使

① 特里亚农宫(Trianons)是路易十四为其情妇蒙特庞夫人修建在凡尔赛的一组别具特色的建筑。

② 舍恩博恩(Schöenborn)，莱茵河地区的一个拥有男爵头衔的贵族家族。

③ 纽曼(Johann Neumann，1687—1753)，德国工程师、建筑师和城市规划专家。

④ 博弗朗(Germain Boffrand，1667—1754)，法国建筑师。

用莱茵河那边的批评家们喜爱的缺乏细腻区别的高雅手法，“巴洛克”向“洛可可”交出了武器。除了那些批评家以外，让我们看一下18世纪建造了莱茵河沿岸那些王宫的建筑师们：皮加日、奥贝拉、弗洛蒙、拉盖皮埃尔、萨林、伊克斯纳，他们的名字本来并没有表示贵族身份的介词，可是人们不但给他们加上了用以增加荣耀的这些介词，而且将他们普普通通的法国名字变成了炫耀高贵身份的别名，例如，一个本来名叫勒茄日的人被改称路易—雷米·德·拉弗斯，一个本来名叫萨林的人被改称作尼古拉—亚历山大·萨林·德·蒙弗尔上校，其实他只是一个建筑师，一个斯特拉斯堡女人的丈夫。就是这些人建造了许多趣味高雅的有名建筑，例如曼海姆附近的施韦青根花园，杜塞尔多夫附近的本拉特城堡及城堡前面

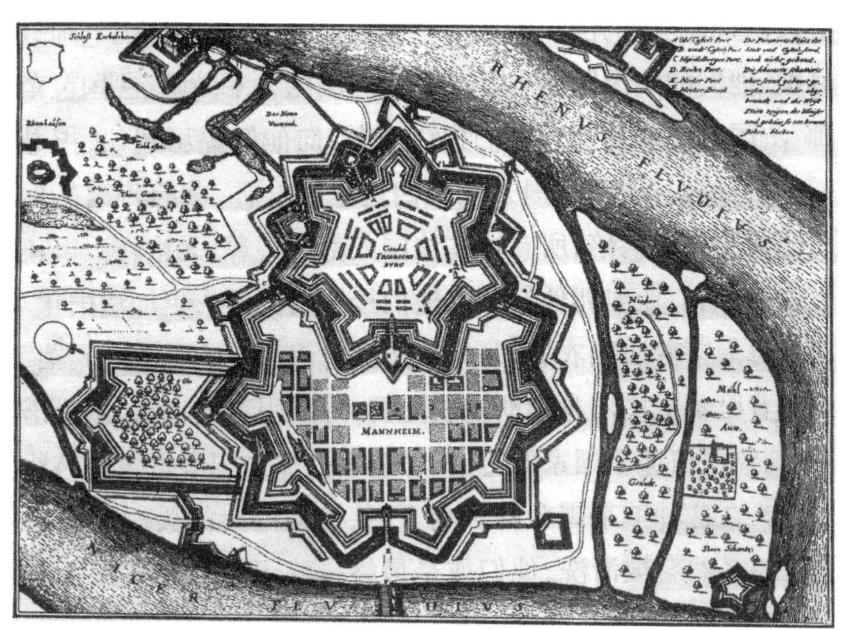

17世纪的新城曼海姆

的园林。由一条林荫道与波恩相连的波帕尔斯多夫、黑林地区的圣-布来兹教堂、科布伦茨和达姆施塔特的城堡，类似这种非常讲究的府邸和宅第还有许多，住在里面的总督、选帝侯、亲王—主教等高贵的大人物们，天天都在以法兰西风格装潢的房间里被法国贴身男仆叫醒，接着被他们的法国理发师整修面容，由他们的法国老师教授舞蹈，他们的法国园丁、法国驯马师、法国马术教师、法国芭蕾教师、法国唱诗班教师为他们提供服务，向他们提出建议，指导他们，服从他们；这些法国人在他们这里很吃香，拿的薪饷是他们的德国同事的两倍，所有这些法国人都琢磨着，无论在大事还是小事上，如何让雇佣他们并与他们接触的德国人更加法国化。

每天穿着法国衣服，每天在法国的银盘里吃着法国大菜，对面坐着巴黎平民出身的朋友或配偶，每天用法文书写，用法语讲话；既要模仿那个国家的习俗，怎能不受那个国家思想的潜移默化呢？在这种泊来观念的影响下，莱茵河两岸的头面人物的头脑最终必然会被清洗，他们或是最终排除了教会和教派的争吵（这些教会和教派培养出一些怒气冲天的天主教徒、路德派教士和加尔文牧师，一个个如同好斗的公鸡一样），或是把自己的思想从数百年的羁绊中解放出来，把继承下来的宗教狂热去除掉，由此打开通往启蒙和“启蒙哲学”、具有批判和解放精神的理性主义的道路。这些无疑足以表明，在社会诸特征中，一切都通过语言触及思想，经由表面的生活方式深入到精细的感情，经由艺术作品的明晰进而达到思想结构的明晰。

对于德国来说，这是严重的时刻。德意志各国在许多重要方面已经非常落后。在莱茵河右岸，谈不上有个德意志国家、德意志精神和真正的国家行动；这与发生在法国的情形形成鲜明的对比，法国不满足于那个虽然陈旧却很牢固的统一，正准备把伟大君主国的旧大厦拆毁，代之以一座结构合理的新建筑，如同帝王们在一年之间一下子建立的那些完整的“新城”一样。

瞧瞧：从劳特河到艾瑟尔河，从法国的东北角阿尔萨斯边界到普鲁士的领土克勒弗公国与荷兰的分界线，在1789年法国大革命前夕竟然前后存在过97个小邦国。这些小国人口多的也不过28000，16000，13000，少的只有数千人，幅员如同一个郡或一个区。吵吵嚷嚷的君主们摆出一副了不起的样子，实际却拮据得很，他们狂躁地到处活动；因为，如果能在第五等、第六等的君主面前显得好歹是个人物，没完没了地给总管大臣送各种各样文书，以便争得一个地位，在微不足道的等级里再往上爬一步，那就等于为自己争得一份可靠的年金，从凡尔赛天上掉下来的馅儿饼也就落入机灵鬼的口袋里了。只是用什么办法来支持这种百分之百的游戏、这种并不罕见的自我炫耀呢？军队？不。堡垒？不。珍宝？不。美因茨的选帝侯冯·埃塔尔在1785年和1786年以日耳曼自由的盟主自诩，洞穿皇帝和教皇的意图，用自己的信誉去换取铮铮作响的德国塔勒或荷兰盾；这位冯·埃塔尔是帝国的国务大臣，拥有100个骑兵，120个炮兵和12个布雷兵，这些都可以用来支持他的政策。这是外交驯马场、路易十四式的举止和风度、棋手的狡诈，总之是什么？如果成功，就是给主子的数千埃居，如果运气变坏，那就是实实在在而绝不是虚幻的入侵或占领的麻烦。

臣属们对于这些可怜巴巴的宏图大略的漠不关心表现得淋漓

尽致。全部把戏在他们的视线之外耍弄，他们甚至不当看热闹的观众，他们种着自己的葡萄园，种着自己的地，抽着自己的长烟斗，闻着新鲜啤酒桶或彩色杯子里的琥珀金黄色的葡萄酒。农业很不景气，一切进步都受到领主制度铁背心的阻碍。工业也很不景气，一切革新都在行会制度的陈规面前碰得粉碎，这种情况反映出一种陈旧的精神状态，那就是少生产，卖高价，一只充满忌妒的眼睛始终紧紧盯着邻居……商业也很不景气，莱茵河依然受着城市的特权及其船东的阻碍，陆路往往被数量众多的小国之间的界线切割为短短的路段，四处遍布的收税站进一步阻碍了陆路的畅通。很不景气，这是一种事实，一种精神状态，反映了一个平静的理想。

群众中很少有文化，或者根本没有文化。对于世界及其需要没有任何开阔的视野。这些勤劳却没有创造精神的农民，目光所及绝不超出满足自己的需要，那些手艺人，那些古老的奴隶，城市的工匠们，那些市民，他们没有主张，没有思想，富足的生活给他们带来的小康让他们心满意足，他们从不试图超越出身给他们带来的地位，驯服地听从教会的说教；莱茵河地区的教会与其他地方一样，从不宣扬焦躁和反叛，所有这些属于过去的人们，善良而温和，唯一的希望就是在不变的世界中好好地活着。如果说，有一个莱茵河的市民意外地从“开明君主”当时为“传播启蒙”而到处展开的努力中得到真正的好处，那么，这些努力就是指开办学校，将波恩学院改建为波恩大学，在美因茨创设一个能与古老的科隆神学院一比高下的教育机构，这个市民在各种思想中获得另一种生命，带着飘荡在一缕青烟中的天启论的幻想成为世界公民，当时这种天启论正在神秘主义的大河里征服成千上万的信徒；纵然如此，这个市民也不曾期望出现一个框架坚实、结构紧密的国家，他厌恶普鲁士那样的军国主义国家，而在克勒夫公国的摄政期间，人们已经见过这种国家了。市民们虔诚地向往的是一个由人组成的没有军队，也没有边界的祖国。

普鲁士最北端的属地和最南端的法国的阿尔萨斯，是两块预留的接头石，将来统一德国时，是否可以借助这些接头石将那些不定型的莱茵河诸小邦国连接成为一个整体呢？我们事后看到的是这样一个问题。莱茵河人丝毫不曾提出这个问题，他们的君主们玩着传统的游戏，在敌对的众列强之间生存发展，很少向普鲁士频传秋波，倒是常常心甘情愿地与法国和奥地利这些外交世界的乐善好施的仙女们调情。在路易十四时期结成的奥—法联盟，使莱茵河居民们不必再将法国与奥地利分开，他们对于这两个国家的偏爱往往是与利害有关的。在年轻的贵族中，如果有些人意外地被终于为德国报了屈辱之仇的腓特烈大王的威望所引诱而为普鲁士服务，例如美因茨选帝侯的一位私人顾问之子施坦因那样，如果说有许多人仍然像过去那样在帝国谋生，那么，到了路易十五和路易十六时代，在法国国王驻守梅斯和斯特拉斯堡的团队里，莱茵河的贵族已经很多很多，而且当上了军官，其中有些人在后来的法国大革命期间和拿破仑帝国的历次战争中出人头地。

总之，在这个并非总有个人歌曲产生的莱茵河地区，从很远的四面八方汇集过来许多召唤；来自东面普鲁士和西面法兰西的是关于政治组织和统一的召唤，单独来自法国的是关于文化、知识、艺术、服饰式样和礼仪举止方面的召唤；几个世纪以来，作为活生生的丰硕的果实，一些越来越明显地具有世界性的思想体系在法

国内部日益成熟，这些思想体系提出了文明这个高贵的字眼，并用它覆盖了人类永不枯竭的思想武库，法国人到这个武库来寻找行动和希望的充分理由，以至于在一段时间里竟然忽略了自己古老

杜塞尔多夫附近的本拉特堡朝向花园的正面

的道德和精神食粮。面前是两难选择：是作出反应，还是放弃自己，是听任道德上被吸收而不作任何反抗，还是逆潮流而动，抓住某种东西不让自己随波逐流，并向外来者脸上啐唾沫。一些人于是结成集团。

在很长时间里他们大概始终只是少数。在他们的行动中矛盾重重。席勒和歌德早早就希望写出无论在内容上或是在形式上都

是完完全全德意志的作品，他们如同他们的同时代人克劳普斯托克[①]、维兰特[②]、莱辛[③]、赫尔德[④]、乌兰德[⑤]一样，主张由职业“纯洁主义者”对德语进行清理，请他们把来自法语的字词清除出去，代之以真正起源于日耳曼语的字词，所有这些愤激行动的参与者和对“狂飙突进运动”作出反应的人，都从耶那[⑥]战役的胜利者拿破仑一世那里自豪地接受了系着红绶带的十字勋章，而且法国国民会议已将法国公民的称号授予他们。

有必要对此惊异吗？归根结底这有多大关系呢？如果说，在这个无可争辩的强权事业当中，用望远镜仔细搜索的分析家和批评家可以在每一时刻说道：“打住，法国思想！打住，向法国的借鉴！打住，法国的杜尔阁、伏尔泰、狄德罗、卢梭的思想方法！”那么，唯一要紧的事实是，在18世纪末突然出现了一种关于具有创造性的日耳曼主义的光荣神话，这种日耳曼主义既是中世纪的（封建主义、骑士精神、哥特式艺术），也是近代的（路德、宗教改革、良心的权利）。因为，蛮族长期以来受到鄙视，被视为缺乏创造性的民族，他们突然昂起了头，自豪地向他们的德意志祖先顶礼膜拜；他们的祖先以出色的才智创造了科隆中世纪的最出色的城市（至少他们是这样说的），创造了骑士制度、骑士大赛、经院哲学（他们写作、宣

① 克劳普斯托克（Friedrich Gottlieb Klopstock，1724—1803），德国诗人。

② 维兰特（Christoph Martin Wieland，1733—1813），德国作家。

③ 莱辛（Gotthold Ephraim Lessing，1729—1781），德国作家。

④ 赫尔德（Johann Gottfried Herder，1744—1803），德国哲学家。

⑤ 乌兰德（Ludwig Uhland，1787—1862），德国诗人。

⑥ 耶那（Iéna），德国城市，1806年拿破仑在此大败普鲁士军队，通向柏林的道路从此打开。

扬并让人相信)以及关于经院哲学辩论;为世界创造了施瓦尔茨[①]教士的火药、美因茨人谷滕堡[②]的印刷术。可是,在很远的地方,在北部边缘地带,在最偏僻最贫瘠的地方,天才的国王腓特烈二世却为他们建立了显赫的武功。用亚眠圣母院与科隆比较高下,争论施瓦尔茨及其火药、谷滕堡及其活字印刷,这有什么用处呢?

神话,众所周知,神话被人当真是不需要事实依据的。神话很能诱惑市民中的路德信徒们,他们极其厌恶哲学家的理性批判精神,奋起反对法国意识中模糊的天主教教义的所有思想和情感。于是重新开始了广泛而且有效的行动,路德主义此番被虔诚派涂上了浪漫主义的情感色彩,这次它为德国带来的首先是分裂和挫折,帮助自己人为民族、人种和语言的民族主义奠定了基础,德国人此后对于这种民族主义的吸收日益增多,直到最终给包括法国在内的整个欧洲注入了这种病毒。法国在 18 世纪是一个融合多民族的国家,它的“爱国主义”含义从 17 世纪末起就十分宽阔,在法国哲学家的观念中,爱国主义甚至可以一直扩展到理性的外延。神话,是的。它如此具有征服性,如此深入人心,以至于有这样一些法国人,诸如沙米索[③]、维里耶,为了公开放弃法兰西,居然心甘情愿地转向德国,并加入宣传家阵营;这些宣传家摆脱了个人天性以及不合时宜的感情和自由的天性,反对格莱斯[④]有一天针对剪

① 施瓦尔茨(Berthold Schwarz,1310—1384),德国发明家,有人误称他发明了火药。

② 谷滕堡(Johann Gutenberg,1399—1468),从事活字印刷术研究的德国人。

③ 沙米索(Adalbert de Chamisso,1781—1838),原籍法国的德国作家。

④ 格莱斯(Johann Gorres,1776—1848),德国作家。

得又平又齐的树墙所说的“法国花园的旧兴趣”。神话最终俘获了活跃、健谈、火山似的日耳曼裔的日内瓦人科里娜，她的著作《论德国》是一部文献，是一个见证。新文化的锻造者将他们独有的德意志理念放在针对法国的强烈仇恨中一再锻造；其实，法国在日耳曼土地上打下了若干最可靠的基础，大胆的建筑师在这个基础之上修建了他们自己的事业，事实上，只有天真得无以复加的天真汉才会对此感到惊奇。

人格问题是以自相矛盾的方式提出来的，对于这种最粗浅的道理无须赘述。对于两种理念的冲突将会引起两种政策的冲突这一点，更不必感到惊奇。法国面向世界宣布，它坚信建立在理性基础上的博爱。与这个法国对立的是一个年轻的、崭新的德国，它以国家对抗人类，以绝望的努力拒不接受守护神的拥抱，它感到，这个守护神身上不易察觉的腐败气息就在它的周围，就在它的头顶上回荡；一个决心已定、绝不回头的德国于是丢弃宿愿，触摸心灵深处的仇恨，并对此感到喜悦，因为，对于它来说，仇恨就是一种肯定，就是对于它发疯地寻找，并且终于欣喜地找到的那个东西的令人恼火的肯定。这是一种认定自己与众不同的感情，一种他人难以接受的感情，它疯狂地享受着数不清的忘恩负义和粗暴野蛮的肯定；温和的梦幻者则可以自由地表明自己为这种感情所承受的苦楚。历史的逻辑就在这里，它让我们把握住了这一场革命的关键。

两个对抗的民族之间，两种各自确立、彼此对立的理念之间有一条莱茵河。莱茵河是一条居中的主轴，它是它所流经的一系列国家生死攸关的主轴。这些国家在数百年中紧贴在两条文化边界之间，一条边界在西面，它标志着法兰西影响的进退；另一条边界在东面，它是一条相对稳定的日耳曼分界线的标志。这是一个愿意接受西部和南部影响的日耳曼，这也是可以叫做“复地运动”①后的德意志的分界线，一个以牺牲亚洲支撑下的斯拉夫东部为代价而艰难地获得扩展的德意志的分界线。

近代莱茵河的悲剧就在这里。这是夹在两种文化和两个民族之间的莱茵兰的悲剧。莱茵兰时而被遮盖，时而被发现，交替往复，却始终犹豫不决，无法确定。因为，夹在两方之间的莱茵兰，觉得自己既不完全属于这一方，也不完全属于那一方。在一段时间里，莱茵兰接受、吸收，作好了一切准备，但根本上丝毫不曾交出自己，它愿意保留自己的身份，能够随机应变。事实是，它真的随机应变了。

① 复地运动(Reconquista)，指8世纪西班牙基督徒将摩尔人赶出伊比利亚半岛一事，此处为借用。

第四章　一条边界是如何形成和消失的

Ⅰ. 莱茵河:从法国的界河到法兰西帝国的河流

相对而言,边界(frontièrc)是一个新词,它指运动中的军队,与此相对的老词是界线(limite),这是丈量土地时使用的一个宽厚温和的词。边界,真正的边界是线形的,是会引起冲突的,是让古老的欧洲时时感到痛楚的极其敏感的神经之一;无论从施佩耶尔到克勒弗,还是南部从维桑堡到巴塞尔,莱茵河在18世纪末根本不是边界。因为,阿尔萨斯十几个领地君主①继续从莱茵河以外地区引进精神和传统,乃至引进人,被当作一个"名副其实的外来者对待"的阿尔萨斯,从它与右岸的频繁交往中获得大部分商业繁荣,这样的一个阿尔萨斯,从哪一点可以说是一个真正统一的国家呢?但是,越过劳特河之后,一些邦国横跨两岸的地理状况、复杂的渡口费、入市税和特权、公私利益的交混等等,这一切同样把莱茵河是一条边界、是将一些不可调和的国家集团隔开的边界这种

---

① 领地君主(Princes posséssionés),指原德意志皇帝的封臣,他们是1684年威斯特伐利亚和约后与法国结盟、享有一定程度自治权的君主。

看法甩得远远的。只有在《高卢战记》的砧子上锻造出来的古老神话，才认为莱茵河是一条边界。而随着政治需要，这种神话时而偃旗息鼓，时而甚嚣尘上，却从未有人认真地讨论它的是非真伪。

有这样一种说法：造物主指定一条大河作为法国的东部边界，征服者阿里奥维斯特把这条河当作分隔高卢和日耳曼尼亚的界河。其实这是一种信条，心愿更能说明问题。腓特烈大王于1738年写下了这样一段话："但愿莱茵河继续是法兰西王国的边缘"，他接着又说：这个法兰西王国"除了克制和公正以外，在西部再也没有别的界线。"这段话后来被收入他的《著作集》第八卷（1848年柏林版，第15页）。

在这里，毫不含混地重现历史绝非难事。先后发生的事实是：1792年4月20日，法国立法议会向与普鲁士国王结盟的皇帝宣战，居斯蒂纳[①]将军的部队不费吹灰之力就夺取了美因茨，后来作为法国将军结束其行伍生涯的指挥官埃克麦耶尔和那支小小的部队都不曾企图抵抗；莱茵兰人立即栽种自由树，从兰道一直种到科隆，还在美因茨建立了雅各宾俱乐部。接着，迪穆里埃[②]在热马普击溃帝国军队，新生的法国于是成了濒临莱茵河全部流程的国家。莱茵—日耳曼国民公会的130位成员在美因茨集会，宣布"从兰道到宾根的全部国土"与奥地利帝国断绝关系；最后于21日断然声称："莱茵—日耳曼人民愿意并入法兰西共和国，并向它提出这个请求。"人们告诉我们，所有这一切都先后发生在同一段时间中。

① 居斯蒂纳（Philippe Custine，1740—1793），法国将军。

② 迪穆里埃（Charles Dumourier，1739—1823），法国将军。

这里是否有道义问题？一点也没有，看一看腓特烈二世的文稿就能明白。那么，是一个政治问题吗？是的，但这是一个由来已久的问题，革命的法国后来提出的解决方案，不就是多年以来法兰西王国一直认为合法和正常的那个解决方案吗？

让我们稍微慢些。现实更为复杂。沉迷于传统却不愿睁眼看世界的首相们可能认为他们无须对“臣民”负责，由此开始了一个带来无尽动乱的长达百年的历史时期。我们希望了解这段历史，也知道为此必须首先精确地把各种舆论分门归类，同时也要把莱茵河畔彼此争斗或相互联合的各种思想体系分门归类，这些思想体系曾对各自的人民产生过强大的影响。

必须这样做，因为这项工作将使结论建立在真实的历史基础之上，但是这项需要较长时间和认真细致的工作至今尚未做。在那个没有自己特有感情的莱茵兰土地上，我们法国人本能地看到了人们所说的那个人权体系在法国的三色旗后面胜利前进，这是一整套仁慈的思想和高贵的人道主义，士兵们在共和二年以天真的自豪兜售这一套东西时，就像它们都是法国独有的东西似的。这些士兵这样想是可以原谅的，然而，我们如果也这样想，那就不那么可以原谅了，因为纵然我们不知道别的东西，至少知道巴伐利亚的光明异端派纲领，这是一个名叫莫维雍的信徒在法国大革命前一年，即 1788 年在米拉波的《普鲁士王国》第 5 卷中提出来的①。这个纲领主张：解放“服苦役的农奴”，取消死手权②、苦役和行会，对所

① 莫维雍(Mauvillon)是米拉波(Mirabeau)的友人，曾在数年之中收集资料，供米拉波撰写该书之用。

② 死手权，即领主对附庸的产业永久管理权。

有宗教思想普遍实行宽容等等。这是制宪议会尚未问世之前的一个制宪议会。我们应该记住下列这些人：后来担任莱茵联盟首席主教亲王的光明异端派信徒达尔贝格[①]、后来担任巴伐利亚首相的光明异端派信徒蒙格拉斯、后来担任斯特拉斯堡市市长的迪特里克[②]（他大概也是异端派信徒），此外还有美因茨的法官勒伯曼以及另外一些人。

我们同样应该认识“开明专制主义”，事实上也确实认识，那时候比利时的“约瑟夫主义”就是“开明专制主义”，自从皮莱纳的《比利时史》的第 5 卷和第 6 卷出版后，我们应该承认，人民对于“约瑟夫主义”并非漠不关心。这几卷富有启发性的著作向我们指出，革命的法国在比利时最终导致实现如下目标：公民平等、废除封建特权、改革法典和法庭、取消行会，约瑟夫二世[③]颁布了敕令，但未能迫使不愿服从的民众执行，后来将这些敕令付诸实施的是我们大革命时期的执政府和帝国；于是，拿破仑就被视为约瑟夫二世遗愿的执行者了。这种适合各个邦国地方性条件的开明专制主义，法国大革命前夕曾在莱茵畔付诸实施，引起了一些反抗。师范学院是它的院长——那位被称为“启蒙思想之友”的高级教士于 1771 年创建的，当他的信徒、选帝侯埃默里克·约瑟夫在美因茨去世时，这位院长是否应该逃走，并且远远地看着自己的头像

---

① 达尔贝格（Karl Theodor Dalberg，1744—1817），起初反对拿破仑，后来与之联手，担任莱茵联盟总统。

② 迪特里克（Philippe Dietrich，1748—1793），法国政治家，曾任斯特拉斯堡市市长，主张君主立宪。

③ 约瑟夫二世（Joseph Ⅱ，1741—1790），德国皇帝（1765—1790 年在位）。

被焚毁呢？

唯有社会结构分析能够帮助我们明白此类反应，并让我们事先对于莱茵河面临革命性质改革的反应有所预知。可是，这种社会结构分析在哪里呢？然而，关于居斯蒂纳的进攻和反击、莱茵人的外交交易以及革命的国民议会的各委员会的讨论情况，已经有人写成了细节详尽的历史；不过，另一些事情并没有写成历史。比如，能让我们权衡一切的各种学说之间的师承关系，其中首先是人民大众、各个阶级和各种宗教的反应。这里说的是对于某些其实是自由和合理的体系所作出的敌对的反应。但是，恰如伏尔泰所说，当年图拉真在那里竭力想把改革强加给民众，却没有让改革的获益者事先就有改革的愿望和热情。解决革命年代出现的许多困难的钥匙就在这里。莱茵河是法国大革命可以前来镌刻不可抗拒的“十诫”的一块白板吗？且把这些幻想彻底扔在一边，并提出我们的主要原则：当两个君主驻守在自己开发的土地上，共同出资沿着地边竖立一些饰有族徽的界石，或者在河流正中划出一条理想的分界线时，边界是不存在的。当有人超越这条分界线，来到一个不同的世界、不同的思想观念、感情以及热情面前，并且感到吃惊和手足无措时，边界就有了。换句话说，将边界深深地刻在土地上的，既不是宪兵、海关，也不是堡垒后面的大炮，而是感情，是的，是被煽动的激情和仇恨。

于是一切都明白了，对于法德之间在150年间的相互关系这段哀婉的历史，有两种审视和理解的方式。第一种是传统方式，为此卖力的人自然不会少，这种方式就是追随政治和外交事件或者

被视为政治和外交的事件，然后就此进行讨论。可是，如果仅仅抓住表象而不理解人们和导致这种表象并可以解释这些表象的人民心底的意识，意见怎么可能一致呢？

1793 年 3 月，莱茵兰人要求法兰西共和国扩展到莱茵河。法国人就此进行讨论时显示出犹豫，无数次反复之后才终于采取行动。争执于是开始了，莱茵兰人的愿望是否一致？不，代表他们说话的人难道不是少数，而是别的什么吗？显然不是，还有那个美好的奥秘呢？法国人此时是否一致要求废除君主制呢？可是，在意愿表达得十分清楚的陈情书上签名的人，其中有多少是原籍法国的移民呢？草拟这些陈情书的人是谁？会不会散发时早就写好了呢？这些陈情书反映了多少人公正的意愿？征求过全民的意见吗？反驳来了，并非所有莱茵兰人都在 1793 年表示选择法国；可是，莱茵兰人会在 1814 年，1815 年举行公民投票选择普鲁士或巴伐利亚吗？我们看到了类似的争执是如何进行的。是历史的争执吗？不是，是狡诈的手腕彼此争斗的历史。

请看文字材料："莱茵河是一个大国的天然边界，这个国家绝对无意使用暴力，而是向自愿与之联合的各国张开双臂……如果相信公正，那么，莱茵河就应是法国的边界。"这就是莱茵兰人乔治·福尔斯特[①] 1792 年 11 月 15 日当着莱茵兰人的面所说的话。1793 年 3 月 30 日，他在巴黎当着国民公会又说道："造物主愿意让莱茵河成为法国的边界；在法兰西王国的最初数百年间，莱茵河

① 福尔斯特(George Forster，1754—1794)，德国学者，主张莱茵河左岸归属法国。

确实是法国的边界。"这话有什么新意吗？不但福尔斯特曾说过同样的话，卡尔诺[①] 1792 年 2 月 11 日也重弹过这种老调："法国古老的天然界线就是莱茵河、阿尔卑斯山和比利牛斯山。"对于福尔斯特或卡尔诺来说，这并不意味着要把莱茵河变成一条导致冲突的界线。事实上，他们庄严地宣布的只不过是一些和传统上有过争执的老生常谈而已。如果需要重新审查福尔斯特的赠与，那么问题不在于它遭到了原则性的反驳，而在于它提出了一个动员力量和开发可能性这样一个现实问题。

1797 年的文献是新的文字材料。1797 年 10 月，坎波福米奥和约签订后，莱茵兰人被征询意见，皇帝依据和约同意"法兰西共和国的界线延伸至莱茵河"。态势由于一个新的想法而变得复杂了，这便是自治或者说建立一个内莱茵共和国的想法。这个想法在 1793 年被莱茵—日耳曼国民公会否定了，却于 1797 年再度提出，这是国民公会一再犹豫的必然结果，因为，1795 年巴塞尔和约签订之后，又出现了各种彼此矛盾的主张。1795 年 10 月 1 日，法国国民议会通过兼并比利时的决议后，推迟讨论有关莱茵兰的一切决议；督政府取代国民公会以后，波拿巴露出了为他的内阿尔卑斯共和国计划而牺牲莱茵河的意图，莱茵兰人从第一执政身上已经嗅到了皇帝的味道，于是采取了不偏不倚的立场，可是历史从来没有说他们做得对。奥什[②]的对手邀功心切，他当然也不示弱，于是决定支持莱茵兰人的主张；他的部队在他的碑上刻上了这样的

① 卡尔诺（Nicolas Carnot，1753—1823），法国政治家和军事家，法国大革命时期的著名将领。

② 奥什（Lazal Hoche，1768—1797），法国将军。

话："他险些成为莱茵河的波拿巴。"古怪的格莱斯被称作"莱茵河变色龙"，他出道不久便成了宣传家、教授、律师和行政官员们的头头，他扮演着许多角色，既是世界公民和亲法派，又是内莱茵国的鼓吹者，还是普鲁士国王虔诚的颂扬者，后来却因诋毁而惹恼了这位国王，于是东躲西藏，先逃到斯特拉斯堡，后来又逃到慕尼黑……就像一根通过了无数矛盾和对立的优质电线那样，这位亢奋的报人称得起是韦伊奥①的莱茵兰先驱。

就这样，到了 1798 年 5 月，莱茵兰人被要求就他们自己命运发表意见，此时三种钟声填满了他们的耳朵，君主们的说客小声地问："要是法国打败呢？"还是小心点好！内莱茵国的鼓吹者们提出了他们的方案，可是 1797 年 9 月奥什一死，他们便失去了一切支持；主张与法国合并的人气势很旺，他们觉得自己因引进了法国大革命的主要"征服"而异常强大。三种声音，没有第四种声音，没有人怂恿不要背叛德国，不要投入"宿敌的"怀抱，没有，一点也没有。

让我们看看当时的几种说法。克雷费尔德的人说："请把我们交给法国，就像你们给了我们自由那样。"亚琛的人说："充满阳刚之气的莱茵河生来就是为了与塞纳河、加龙河和卢瓦尔河兄弟般地和睦相处的，大自然让它从南向北流，正是为了让它正当地确定法国的省界。"这是对河流地理的热情颂扬，随之而来的则是一种极为成功的仿效，人们如同贝尔纳丹·圣—皮埃尔②那样说："我们热切地期望通过立法手段与高卢老朋友合二为一。"埃施维勒的

① 韦伊奥（Louis Veuillot，1813—1883），法国报人和作家，对拿破仑三世以拥护始而以反对终。

② 圣—皮埃尔（Bernardin de Saint-Pierre，1737—1814），法国作家。

人说得更简明扼要:“我们所要求的只是重新纳入固有的法国公民权之中。”在这里,看不到丝毫民族考虑的迹象。由此是否可以断言,莱茵兰人既没有德意志民族的意识,也没有德意志民族的愿望呢?这无异于把1793年的老问题再度摆在我们面前,那些文件是谁制定的?是如何签署的?在那个动荡不安的时刻,莱茵河这口锅里炼的究竟是什么?是有一些文献,可是没有人告诉我们它们是在什么具体情况下炮制出来的。可怜的历史膜片,为炫耀而制作的历史文件正面上的膜片……

与其争论,莫如理解为好。在那个时刻,莱茵兰人对法国行政管理体制早已了如指掌。1797年受命在被占领土地上建立一个新的机构的鲁德莱,在那里建立了四省:以埃克斯为首府的北部罗埃尔河省、以科布伦茨为首府的中部莱茵-摩泽尔省、以特里尔为首府的西南部萨尔省、以美因茨为首府的东南部蒙—托内尔省。共和四年芽月6日(1798年3月26日)法国接连颁布了三项法令,废除封建制度和特权,这无疑是无偿送给莱茵兰农民的一件极好的礼物。法令规定建立陪审团,颁布法国轻罪和刑罚法典,引入十进制,废除行会,实行劳动自由、婚姻世俗化和民事登记世俗化。我们一定会想:“好事真多啊!没有人会不这样想……”

有人却说:“你们忘记弊端了。”于是又酝酿种种诡计。温和派说:“法国制度好得不得了?不。只不过说说而已,其实不过是个优劣参半的普通货。”说得对,可是问题确实在于此吗?这些革命法律是由法国人为法国人制定的,而且是一个个先后颁布,而不是一次同时颁布的;未经试用,也不考虑不同情况,立即就一股脑儿搬过来在那些不适合的人中间使用……由此引发的争论完全合乎理性，然而理性触及事物的根底了吗？

我们对一些好事给予信任：法律面前人人平等，立即废除什一税、苦役和死手权，查封旧日君主、逃亡贵族和教会的财产，然后于1804年用民主的方法进行分配，后来又有一批带来光明的法律取代了一大堆乱七八糟的地方性法规，新教和犹太教分别于1802年和1808年得到正式承认，天主教从1802年5月4日在美茵茨颁布的罗马教廷与法国政府的协议中得到实惠，经济得到有力的推动，莱茵河沿岸取消了33处收费站，法国议会重申莱茵河自由通航，并于1792年宣布埃斯科河同样自由通航，马斯河经由芬洛、盖尔得和莱茵堡与莱茵河沟通，漂亮的大路通向四面八方，通向巴塞尔-奈梅根大山脊这一大块莱茵土地，冉彭·圣—安德列[①]引以为骄傲的从美因茨到科布伦茨的大道，经由高地从美因茨通往特里尔大路；特别是三条垂直大道，一条从巴黎到汉堡，中间经过马斯特里赫特和韦瑟尔；一条从里昂到宾根，中间经过索恩河畔沙隆，一条从巴黎到美因茨，中间经过梅斯、萨尔布吕肯、凯泽尔斯劳滕、阿尔蔡；这是一桩为莱茵兰大地所做的永远抹不去的伟大业绩……

莱茵兰的兵役负担重吗？莱茵兰人的此项负担不比“法国佬”更重。应征的士兵抱怨吗？可是他们依然在前进，而且常常受到光荣感和对主人的忠心耿耿的传染，而他们的主人则以自己的方

①　冉彭·圣—安德列(Jeanbon Saint-André，1749—1813)，法国政治家，曾任莱茵河左岸各省总特派员。

式被视为“世纪精神”。军队有胜有败，当然不只是这些。城市兴旺发达，为各自的长官而自豪。先后在艾克斯拉沙佩尔担任此职的有拉梅特和拉杜赛特；在科布伦茨担任此职的有原制宪议会议员勒载-马内西亚，他是莱茵兰人的贴心人，后来又是斯特拉斯堡人的贴心人；特别是在美因茨，担任此职的是共和二年救国委员会成员冉彭·圣—安德列，这位以处决为业的蒙托邦加尔文信徒，善良的头顶显示着智慧和嘲弄，他是一个在将军和元帅面前也不退缩的傲气十足的人，面对那些在他的黑色长袜和灰暗的军装面前一脸鄙夷的军官们，从不示弱，他虽然没有看到末日，但已经感到末日临近。当“怀着对昔日深深依恋的美因茨市政委员会”向冉彭·圣—安德列的继承人交出蒙—托内尔省的土地时，他所管理的地方已经落入普鲁士人之手。莱茵兰人在这些军事首领周围彼此靠拢，相互联合。当然并非所有人都这样。在这个社会结构不大清晰的群体中，有一些因利益受到损害而心怀不满的人，也有大师所说的思想家，萨尔议会反对终身执政制的票数多达1624票，是反对终身执政制的最高票数之一。特别是(让我们重新找到真正的问题)有些人对于匆匆接受的那些法国东西感到很不舒服，于是不愿出头露面，弄不清自己究竟拥护什么，反对什么。格莱斯这位1798年法国思想的辩护人，到了1802年彻底转向，把仇恨投向“第四王朝”，企图提出一种当地性质的日耳曼主义，而且已经把目光转向普鲁士；然而在科隆，从1804年起，在中学教师施莱格尔①周围聚集了一群画家、文人、对于历史和考古有

① 施莱格尔(August Wilhelm Schlegel，1767—1845)，德国文学批评家。

兴趣的人，诸如有志于拯救莱茵艺术的布瓦斯莱兄弟，他们已经提到把工程中断了数百年的大教堂用形状像个问号的吊车修建完毕。

此时，新的一代成长起来了，在莱茵河新的法国化环境中，他们觉得比在旧环境中更为舒适。和风接着吹到了工业界。共和十年，加缪①到下莱茵各省和莱茵河左岸作了一次考察，回来后在《向法兰西学院的报告》中写道："所有积极向上的人都把目光投向工厂、作坊和贸易。"帝国的省督们不余遗力地支持这些观点，倾其全力为夏普塔尔②在1818年隆重庆祝的"工场工业的进展"提供方便。因此我们无法不把到了嘴边的问题提出来：假如，莱茵兰的巨大工业实力由于得到法国的鼓励而在法国的主持下建立起来，并在19世纪改变莱茵兰的面貌，那么，欧洲将会变成什么样？欧洲后来的命运会是什么样？

1814年1月1日，布吕歇尔③渡过莱茵河来到考布，这是历史上的一次偶然吗？偶然这个词听起来很妥帖，但是它掩盖了我们的无知。事实上，这完全不是偶然，而是一个必然结果。是拿破仑体制下的战争，一再妨碍和阻滞明智的努力与尝试，这些努力与尝试也许……也许这个词用得比较谨慎。因为，我们很难说得清楚1814年和1815年莱茵兰人的真实感情。我们听到的是几种不同的声音。在同一时期，我们对于比利时、弗兰德尔和瓦隆等地的人们，究竟作何种深刻的反应，同样说不清楚。甚至法国人在滑铁卢

① 加缪(Armand Gaston Camus，1740—1804)，法国学者和政治家。

② 夏普塔尔(Jean-Antoine Chaptal，1756—1832)，法国化学家和政治家。

③ 布吕歇尔(Leberecht von Blucher，1742—1819)，普鲁士将军。

战败(这又是一个偶然)后的想法,我们也说不太清楚。我们不曾想到要将不同的做法作一番比较研究。我们画了一张图,在上面打了一些叉,标了一些点,作为对照,我们写出了若干条约的名称,这些条约批准了某些偶然的胜利和失败。我们可以就此说道:"历史写就了。"不,充其量只不过是历史在地上的投影而已。可是,法国、德国,它们合乎自然的相互关系和反应,事实上绝不是我们欧洲历史中短短的一章。

现在让我来为这段自相矛盾的阐述说几句结束语,我们有意让这段阐述兼顾到各种不同看法,尽可能反映东边的和西边的声音。我们可以毫无愧色地回顾法国对于莱茵兰的统治,丝毫没有对于人身的暴力攻击,也丝毫没有对于思想的迫害,倒是有一些有益的物质业绩和文明的进步。可是,最终的道义控制,至少对于未来的信心呢?这个问题暂且留待以后再说。缺了时间这位大师,拿破仑的政策的演变及其后果是人所共知的,永远不会有人说:"这是胡来",也不会说:"前程曾经就在那里"。

Ⅱ. 莱茵河:从德意志的界河到德国的河流

历史继续发展,从1814年到1914年,又过去了整整一个世纪。其间发生了多少事件、多少政治革命和伦理革命!我们不但知道,甚至能够猜到,因为在这一百年中,丝毫没有莱茵兰人的感情史,也丝毫没有法国人在莱茵兰问题上曲折演变的感情史。如同往常,历史学家们关注的是首相和外交家。他们所制定的规划,他们所建议的计划,人民是否通过积极参与在后面给他们以支持?任何政府都没有把握能鼓动人民给予积极支持。没有人民的同意，任何政策只能胎死腹中，任何成功都可望而不可即。他们要求还是拒绝人民的同意？这可是谜。在通常是悬挑在子虚乌有之上的外交史背后，广泛的调查向我们揭示了人民生活的深刻现实吗？

许多书籍热衷于一再重复，我们不打算把这些书籍教给我们的枯燥无味的东西再简述一遍。首先我们要说一说法国如何设立了 4 个省，一个省不同于一个空框，它是一个强大的工具，用来糅合、搅拌和统一昨日还被数不清的区别分隔的人们，这些人今天被置于平等的地位上，不管愿意与否，都必须把种种各具特色的积极关系拧成一股绳；法国让普遍生活之风，从已被抹掉的 97 个暴虐和可怜的诸侯国边界之上吹过，四块旧模式的领土被分割了，最小的一块归奥尔登堡，它拥有纳赫河上的比肯菲尔德，中等的一块归黑森公国，它带走了美因茨，中等的另一块归巴伐利亚，它得到了普法尔茨，最大的一块归普鲁士，它重新立足于克勒弗、盖尔得和默尔斯，此外还扎根在科隆、特里尔、科布伦茨和波恩。为自己的成就而自豪的普鲁士已经在觊觎别的猎物，滑铁卢之役刚刚结束，它就展开声势浩大的舆论攻势，想把阿尔萨斯从法国手中夺过去。“为波鲁斯人①而征服日耳曼”，这是复仇主义们狂热地鼓吹的思想，如今普鲁士已经把自己等同于大德意志了。

回归往昔并非徒劳无功。普鲁士在莱茵河上得到了从历史上来看十分惊人的地位，作为强国之一，塔列朗②的法兰西为此作出

① 波鲁斯人(Borussos)，古代斯拉夫部族，其生活地区即为后来的普鲁士。

② 塔列朗(Charles Talleyrand，1754—1838)，法国政治家和外交家。

了努力，它还假手他国迫使普鲁士接受这样的命运，而这个普鲁士却令科隆十分不安，特里尔不但无意引诱普鲁士，而且巴不得当初把莱茵兰让给遭到诸侯排挤的德累斯顿国王；这段历史任人皆知，如今已索然无味。还有一件事需要着力予以强调，那就是，我们顽固地只把普鲁士在莱茵河立足看做一个政治和外交事件，其实，这是一个影响特别广泛的事件，它意味着古老的德意志将要彻底改变面貌，民族的集体心态发生了革命。过去，莱茵兰人只和莱茵兰人在一起，在他们各自被南面和西面的暖风吹拂的国家里，自由自在地展现他们生气勃勃的宽厚精神，无忧无虑地做自己想做的事，任思绪海阔天空地随处飞翔。突然间，一大批陌生人来到了莱茵河，他们是粗鲁的东北汉子，来自在斯拉夫世界不断伸延的无边无际的大平原；他们是选帝侯的子民们以及把人治得服服帖帖的国王们，他们受过极其严格的军事训练，并绝对服从军事纪律，对于他们来说，军事纪律并非桎梏而是骄傲，他们带着秩序和服务的理想，因对自己种族的自豪和对命令的虔诚崇敬而变得刻板僵化……突然来到莱茵河并驻扎在那里，而且用粗暴的拳头扼紧莱茵河的就是这些人，他们是出类拔萃的日耳曼主义者，而软弱的西部人却背离了日耳曼主义，于是他们着手重新训练这些软弱的西部人，不管是否愿意，就把他们自己的方法、方式、思想以及缺乏细腻差别的感情，统统灌输给西部人。这是一出粗暴的悲剧，是两个德国的冲突，第一个德国尚未开战便已失败，可是它坚持抵抗，继续挣扎，直至认输，接着便把自己交了出去。但是请注意，千万别说这些进击和抵抗是残留的法国影响，是人们对法国事物的留恋，应该说它们是莱茵河的传统，是人们对充满幸福的过去的留恋，对于许多人来说，过去远比军国主义普鲁士的苦行僧理想，即奴役和伟大强得多。

不必强调事物的这种面貌，不必强调久经考验的方法突然闯入莱茵河两岸这件事，教师（民族意识一旦在语言基础上开始形成，教师便是头等重要的人物）开辟通向界石的道路，而界石则是人类面团的糅合者，科学被用来为政治目的服务。1818 年 8 月 3 日，在波恩曾被法国人当作中学使用的原选帝侯邸宅里，一所大学开办了，普鲁士国王因此在莱茵河上获得了一个新的“积极行动的堡垒”。大学只不过是经常被描述的那种体系中的一些人所共知的零件。莱茵兰人依然狐疑重重，听任别人采取行动；他们的教导者们说是“莱茵流浪汉”，他们则反唇相讥，说是富庶地区的永恒的“普鲁士饿死鬼”，或者借用醒悟了的格莱斯的话说是立陶宛人，立陶宛人其实与哥萨克人没有两样。他们以为炼狱只不过一时而已，可是他们想错了。

首先因为，当被愚弄的欧洲外交界把莱茵河当作礼物交给他们时，其实是轻率地把一个可怖的工具交到了他们新主人的手中。不错，欧洲外交界小心谨慎，同时向被打败的法国大革命原则表示敬意，这种表示由于并非出于自愿而更具特殊意义，1814 年，应法国特命全权大使的建议，欧洲外交界通过 5 月 30 日条约的第 5 条宣布：“莱茵河自由通航，从可航行处至出海口不得禁止任何人航行。”可是，在依据普鲁士代表（威廉·德·亨博尔特）提出的建议而形成的最初文本中，引入了两三个设有圈套的保留，遂使这个条款成为一纸空文，从而为形形色色的处理方法开启了大门。1813 年，布吕歇尔尚未染指莱茵河，一本书名叫做《莱茵河是德国的河流,而不是德国的边界》的小册子就出版了,这简直是一个口号,彻底回到了原来的立场。作者名叫阿恩特①,出生在吕根岛,1800年前后从来到格赖夫斯瓦尔德宣扬对法国的仇恨,他走在自己选定的歧路上,并非迷路……

莱茵河曾是界河,此时依然是界河。它的一段将德国与法国分开。可是,这并不是一个充满仇恨的边界,莱茵河是界河,这是实事;围绕这一实事,没有任何鼓噪。拿破仑政权垮台时,这个实事本身是否依然存在呢?拿破仑的德意志囊括了莱茵河东部地带,加在贝格公国上面的威斯特伐利亚王国,把牙齿磨得尖尖的普鲁士扔到欧洲的最东面。法国的一些省份如同触角一样,沿着北海一直延伸到汉堡。1806年在巴黎新建的莱茵联盟,以众多新近出道的国王和大公遮盖了神圣帝国的尸体;格莱斯说,早在美因茨第二次投降时,神圣帝国就已经死亡了:“享年955岁5月零28天”。请记住,在1792年、1793年和1797年投票通过并宣布莱茵河是法国的界河时,德国并无一个人声称:“荒谬绝伦!”没有人提出异议,既没有人以大自然名义从地理学更从人种学角度提出异议,也没有人以相聚成为民族的日耳曼主义的名义提出过异议……

对于德国新爱国者,例如阿恩特及其追随者们来说,这是极为严重的事情。因为,莱茵河是德国界河的学说,不也正是法国用以对莱茵河左岸提出要求的债券证书吗?不也正是莱茵兰人对于日耳曼主义的号召置若罔闻的态度的道义证书吗?边界是一种文化

① 阿恩特(Ernest Moritz Arndt,1769—1860),德国作家和诗人。

中断而让位于另一种文化的地方……可是在西边，有一种文化而且声誉卓著，莱茵兰人刚刚尝到它的甜头。在东边另创一种文化，而且是在另一种基础之上，行，然而它向东扩展到哪里为止呢？到莱茵河，德国的边界？那岂不是把整个左岸留给法国的思想影响吗？不，莱茵河不是也不应该是德国的界河。作为德国与他人公有的财富，莱茵河应该是一条纽带，应该是德意志文化向外扩展的中心……

这是一种并未被抛弃的思想。当普鲁士人于 1815 年立足莱茵河上时，他们都浸透了这种思想。可是现在命运突然发生了后果难以预见的变化，在理论上宣布为自由的河流两岸，他们实际上已经自称拥有独自控制的权力，赫西尼安地区煤炭蕴藏最丰富的盆地，将在莱茵州和威斯特伐利亚州形成整个欧洲中部最大的工业区，从而为阿恩特的说法提供一种经济意义、一种物质意义，这比它的政治意义和精神意义更重要百倍……命运事实上在为普鲁士谋取利益。

人们常说，从 1815 年开始，思想工作是如何在莱茵河两岸进行的。历史学家、文献学家、法学家和语言学家都参与其事。在语言分界线和莱茵河之间有一片住着“没有特征的人”的土地，这种难以令人信服的说法在以后的半个世纪里一直陪伴着莱茵兰人，这种说法究竟意味着什么？我们法国人当然会说，为的是要把对于法国的记忆彻底消除；这大概不错。德国人则说，为的是按照普鲁士思想和方法锻造一个德国，为的是在这个意义上开创一种德意志意识；他们也对。

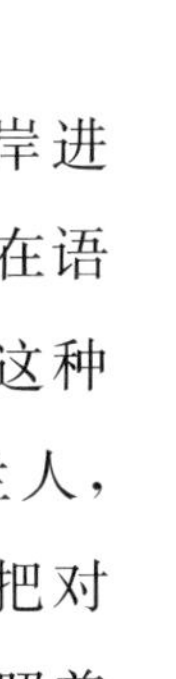

普鲁士国王关注着现在，有时很笨拙，但有条不紊。普鲁士的教授们负责解释过去。由于教授们的努力，人们的实用意愿披上了科学外衣。人们隐约地瞥见了这段历史，犹如人们猜测到它的另一面一样，那就是法国人对于莱茵河的弃权行为。有可能借助外交文件重建这段历史的官方表象。但是它依然停留在空中，并未成为事实。法国人对莱茵河和德国的感情史十分重要，这是一段涉及面广而且开掘得深的历史，谁能写、谁愿意写这段历史？谁能写出其中最基本的章节？到哪里去查阅报刊，不仅仅应查阅主要报刊，而且还应查阅包括地方报刊在内的各种性质的报刊，诸如学术杂志、政治集团和其他集团的期刊，乃至私人信件等等。谁能告诉我们，哪怕以沉默来告诉我们，各阶层的法国人的真正想法是什么？当然，依靠部长们和大使们的手腕并不难，但是这又是一桩靠不住的事，当突然的转向令我们惊异时，在外交关系的美丽外表下，不是已经在国内挖好了一个深深的洞穴吗？

实事都在这里。1830 年，埃德加·基内[①]这个娶了一个法尔茨的莱茵兰姑娘为妻的人在写给母亲的信中说："大家异常兴奋，莱茵河畔的全体人民只等信息一到，立即就归入法国。"普鲁士将军罗库斯·冯·罗科夫巡视莱茵河两岸回来时明确指出："任何一位莱茵人都不应在堡垒上值勤"（这位多疑的普鲁士理想仆人想：否则就等于引诱魔鬼，他的想法也许对，也许不对）。无论此时或晚些时候，路易-菲力普[②]政府没能也没想重新出现在海因里希·

① 埃德加·基内（Edgard Quinet，1803—1875），法国历史学家。

② 路易-菲力普（Louis-Philippe，1773—1850），法国国王（1830—1848 年在位）。

海涅所说的“莱茵河父亲”身旁；他在再度深入学习梅丁格编写的法语语法时写道：“我听见他在学习动词变位：我爱，你爱，他爱，我们都爱……他爱谁？反正不是爱普鲁士人。”1848 年发生的事与此前发生的事一样：1837 年，科隆大主教冯·德罗斯特-维斯赫林及其总管被粗暴地放逐到明登和马格德堡的地下室；1846 年，反叛的市民们被普鲁士士兵和宪兵追杀，激起强烈反响；整个莱茵兰都向主人们要求宪法自由，符滕堡人黑尔韦格[①]对于“德意志的莱茵河”作了不乏心计的回答：

莱茵河，莱茵河，让莱茵河更加自由；

几乎到处都一样，在埃克斯、在特里尔、在科隆、在杜塞尔多夫，当莱茵兰人为反对他们的主人而举行流血的反叛时，年轻的第二共和国政府没能也不愿冒任何风险，且不说没有设法重新取得 1815 年失去的地位，甚至连仅仅给予这些反叛者以支持也不敢，而这些反叛者并不是法国人而是莱茵兰人。

是对还是错？历史学家无须回答这个问题，历史学家只要如实地面对实事，力求对这些实事加以诠释即可，如此而已。可是，历史学家不应忘了刚才引述的海涅那句意味深长的话：“他爱谁？反正不是爱普鲁士人……”确实如此，时间尚未到来。有一种天真的想法，认为莱茵河左岸的时钟在 1814 年停摆，指针始终指着法国时间的一点钟，而在共和国与帝国时期，时钟却从未轻快地敲响过法国时间的一点钟。历史学家不可能把这种想法当作自己的想法。1815 年以后，法国时钟与莱茵兰时钟的不一致，比人们所意

① 黑尔韦格(Georg Herwegh，1817—1875)，德国诗人。

识到的更为严重。确切地说，严重到什么程度？在什么影响下？人家不告诉我们，也许如同出色的信息家们不想这样反问自己一样，其实只要在埃姆斯逗留一个季度，就可以在他们的巴黎头脑中得到证实。

所以，在原有的深度上恢复这段历史的本来面貌，绝非易事一桩。歌德在对机械主义作出反应时已使浪漫主义成形，此时，这种浪漫主义意识形态的简化（唯其简化才更难以识别）形式缓慢地走进广大群众之中；在外部力量的压力下和自身内部推动力的作用下，生气勃勃的组织意识飞快进步，由此产生一系列思想和哲学或宗教体系，在这些令有头脑的德国人极度兴奋的包罗万象的综合体系内部，包含着许多从个体到普遍的过度和个人自主与集体秩序的调和；在一个语言并不立即变为行动，而是变为内在的蒸煮和发酵的民族内部，这许多体系化、这许多醉心的思辨，会不会促使许多有教养的人在政治领域里实现世界主义倾向与民族主义倾向的调和呢？如果统一这个字眼能在德国获得某种意义，这种调和必然会见诸行动。

莱茵兰人是否未受到这个巨大的思想进步越来越深的影响呢？这种进步反映了人民的愿望，人民为走出1806—1816年间形成的深渊，在一种巨大而神秘的跃进中宣告："德意志灵魂建立在永恒之中。"这是普鲁士的思想，但是从中可以识别出莱茵兰人的思想，他们曾积极地、有效地与政治上、文学上、经济上的泛日耳曼主义合作，从汉斯曼到冯·德·海德特、希贝尔、格莱斯、兰普莱赫特、克拉拉·维埃比格；此后还有蒂松、克虏伯、斯廷恩斯，这三个名字把我们领进了另一个领域，领进了鲁尔；皮克勒亲王在1825

年仍继续描述鲁尔的田间宁静，但是工业运动的先驱者已经准备在那里采取大规模的行动了。弗兰茨·丁南达尔（卒于 1827 年）安装了第一台蒸汽机，并使用威斯特伐利亚的煤炭；继弗里德里希·克虏伯（卒于 1826 年）之后，一位名叫弗里德里希·哈尔考特的人预见并组织了铁路和运河的发展，为工业发展作了坚实的准备，弗里德里希·格里罗将鲁尔的煤炭业推向埃姆舍尔河，从而在 1853—1857 年间改变了埃森的命运。有些名字令人想起许多事情，例如大卫·汉泽曼，他从一个跑单帮的小商人变成亚琛的巨贾，于 1851 年创建了联合公司；这些人意味着另一类集聚，他们令人明白，这是一种除了政治和哲学之外，别无其他根基的演进。他们帮我们懂得，若是想要明了德国如何在莱茵意识中缓慢地发展起来，那么，在俾斯麦软硬兼施地交替使用强力和诡计之前，就应该把为人所熟悉的普鲁士教授和军官的形象、海关官员、关税协定的执行官以及企业家和银行家的身影，投射在统一的银幕上，还有，必须说到时间的复杂性。一种比较低级的文化对于莱茵贵族的高雅文化取得了胜利，这种低级文化是由下德意志农民的粗俗头脑来传递的，在这些农民身上越来越多地拥有德意志力量。必须估量日益强大的天主教的力量，它的力量源自重新确立的教廷的威望，教廷日益强烈地希望只有一份教皇与国王的协议，希望有一个统一的信奉天主教的德国。这是些无法估量的因素吗？这样说也可以，但是，这些力量终于以其可怕的重量放在天平上了。由于不了解而不能正确估量，部长们和外交家们仅仅依据政治资料和外交惯例来估量它们的分量，所以常常失误。原因恰恰因为他们相信政治有自主性。他们不愿意看到，“政治外交人”这个抽象

得无以复加的概念，只能在“世界人”这个概念内部找到它的真实存在，而“世界人”则是一个人们永远不了解的概念……

此外，归根结底，美因茨或科布伦茨的这个或那个家族是否保存着父辈留下来的拿破仑的半身雕像，或是祖父留下来的装在鼓鼓囊囊的盒子里的十字架，那是无关宏旨的。这些东西只不过是博物馆的藏品而已，对于那些把这些东西视为年轻时代的纪念品的人来说，这些东西最好随葬到坟墓里去。这是一代人的终结，一种精神状态的终结。

1870 年，“灾祸”来临，阿尔萨斯—洛林被德意志帝国占领，阿恩特的计划终于实现了，从巴塞尔到埃默里希，几乎整条莱茵河都归于德国，或基本上归于德国了。如果说，1830 年法国还有可能在旧日的灰烬里找到一些火星，让火重新燃起；如果说，在 30 年左右的时间里，法国领导人有时还记得，法国的省长不久前曾经管理过埃克斯、特里尔和美因茨，那么，如今法国不再想这些了。法国打了败仗之后，想到了阿尔萨斯，想到了破碎的洛林，包括莱茵兰在内的整个德意志帝国想要拥有自己、保存自己、让自己转变为完完全全的日耳曼主义，对于这个帝国来说，破碎的洛林就是一种活生生的联系。梦想和遗憾对于它还有什么用处？莱茵兰也一样，那里的一切都彻底改变了。对立双方已经不再是过去的莱茵兰人和普鲁士人了，如今对立的是帝国和莱茵兰人，这个帝国当然是由普鲁士控制的，但是，它并不因此而不是一个应由大家共享的共同创造。莱茵兰人从 1815 年以来所忍受的一切，普鲁士人接受了，而且如今不再为阿尔萨斯在 1871 年以后忍受那些苦难而愤怒。

《斯特拉斯堡邮报》步不久前在科隆创刊的《莱茵观察家报》的后尘，企图驱赶法国邪气，此后不久就发生了萨韦尔纳事件，险些酿成1846年科隆那样的起义。塔列朗在1815年用他那双前高级教士灵巧的手，把风暴禁锢在普鲁士疆域以内；可是，有人为了避免小痛，竟然把这场被塔列朗禁锢的风暴释放到整个欧洲，以致贻患多年，就这些人的初衷而言，实在是适得其反。

1870年，在很长一段时间中，我们在已经发生的事件中只看到自己的不幸，只看到离我们最近的不幸，那就是国土被肢解，资金外流，我们的地位下降和我们所受的屈辱。可是，从德国角度看又是如何呢？历史上第一次，一个因胜利而获得威望、因经济发展而富庶的强国矗立在欧洲中心，它可以自由地使用在那里交汇的许多交通要道，从东到西，从南到北，其中就有莱茵河及其上游和下游的出口。人们面临的不再是一个远处的强国，例如西部或南部的某个大国，这种大国从欧洲的边缘出发，显现在欧洲中心，但总是因无法获得持久的后果而以失败告终。如今这个新的德意志帝国由坚实的普鲁士架构作为支持，重新获得了过去日耳曼罗马神圣帝国曾经占有，却因力量不足而从未实际拥有的中心地位。德意志帝国在欧洲大陆中心控制着莱茵河交通要道，安置了一大批紧凑的属地，这些属地为在胜利中锻造出来的拼凑在一起的现状感到骄傲；它们已经为未来的物质前景而极度兴奋，这个前景是政治胜利的实现者在获得政治胜利的时刻展现在全民族眼前的。

俾斯麦帝国刚刚划定的德意志世界，在它的精细的结构上不再是1815年那个德意志世界了，滑铁卢之役以后，盟国已经在新的计划基础上进行改组。后来成为第二帝国领土上的大约2500

万人口已经变成了4000万。在他们的领土上，每年已经能生产2600万吨煤炭，其中鲁尔盆地生产的煤炭就多达1200万吨，从奥宾的袖珍地图集上可以看到，用不同颜色标明的建于不同时期的铁路，在1870年已经沿着整条莱茵河延伸了，这样就使得横向的道路变得非常活跃，其中包括沿着赫西尼安高原并与莱茵河在鲁尔区边沿相接的那条铁路，在法兰克福附近脱离莱茵河并通过美因河航道深入到萨克森和波希米亚的那条铁路等等。这虽然只是小小的开端，却已经展现了美好的发展前景。莱茵兰人在他们的莱茵河畔已经因这些新鲜事物而重新获得了活力，我们是否觉得，莱茵兰人并未因此而开始感到一种带有感激的自豪吗？

维达尔·德·拉布拉什写过一本鲜为人知的佳作《法国东部》，谈及旧制度末期的阿尔萨斯和洛林时，他在书中指出，当大革命即将爆发时，明智的阿尔萨斯人开始有了一种愿望："但愿阿尔萨斯为了自己的幸福，同意在国王的诸邦不再被当作外国人。"接着他清醒地写道："洛林和阿尔萨斯感到，一个伟大的工业前景已经在自己身上苏醒了，它们从这个正确的预感中对自己真正的利益作出了更广泛更正确的评价。"维达尔·德·拉布拉什接着写道："长期的渗透发生在征服之前，没费多大力气就为适应作了铺垫。那就是旧制度下的行政管理作出的成就，这种管理虽然有些缺陷，却灵活而聪明，这种管理所实行的只不过是高质量的现实主义，其奥秘在于不把被管理者的愿望和看问题的方式置于事先确定的看法之下。"

这就使得人们能够较好地懂得1870年之前发生了什么，而且更加明白此后莱茵兰将会发生什么。但是差异还是有的，那就是普鲁士的行政管理僵硬而紧张，与我们旧制度时期的行政管理不一样，它实行的是一种依据主观意愿确定的系统化政策。然而，从1870 年起一切确实都加快了速度。德国经济飞速发展，人口增长的速度也是众所周知的，1816 年是 2500 万，1871 年是 4100 万，1880 年是 4500 万，1890 年是 4900 万，到了 1900 年就达到 5600万了。威斯特伐利亚和莱茵河沿岸的普鲁士这两个州的人口状况如何呢？1871 年是 500 万，1890 年是 700 万，1900 年是 900 万，1908 年是 1100 万，而 1925 年则是 1200 万！狭义的鲁尔盆地的人口状况如何？1871 年有 778000 人，1925 年有 2832000 人。在奥宾的袖珍地图集中有两张图表，分别显示了莱茵州在 1820 年和1905 年的人口密度；在第一张表上，最高密度是"每平方公里 200人以上"；在第二张表上，最高人口密度为"每平方公里 1000 人以上"。矿藏资源和煤炭产量也以同样的速度上升；1870 年为 1200万吨，1875 年为 1850 万吨，1890 年为 3500 万吨，1900 年为 6000万吨，1913 年为 114000 万吨。占总人口 60%的人从事工业生产或以工业生产为生活来源，每年生产的大量钢铁、纺织品、化学工业品，使德国成了经济大国和强国。在这个被工厂的火焰染红的地区，巨大的城市中冲天的火焰光辉耀眼，消耗惊人；1870 年人口10 万的城市不足 10 座，1900 年人口 10 万的城市多达 40 座，其中8 座城市人口超过 30 万。

莱茵兰人并非仅仅抽象地知道这些数字，而是切切实实地知道、真真切切地感到，他们都与这些数字休戚相关。莱茵兰人都为壮丽的莱茵河而骄傲，这是全世界最大的水上通道之一。莱茵河不是德国的边界,这便是法兰克福条约后的事实。莱茵河是德国的河流,为使这个说法变成现实,所有热情满腔的德国人都付出了艰苦的努力。长期的工作,耐心地积累成果,然后才会突然成功。从1880年开始,莱茵兰土地上出现了前所未有的繁荣景象,这种繁荣来自莱茵河;黄金莱茵河不再是从沙粒中耐心地淘出来的金沙,而是巨大的帕克托尔河[①],是人类劳动的结晶,它为莱茵兰人带来自豪和实惠,也让莱茵兰人产生了巨大的欲望,在埃斯科河和马斯河之间设立了收费的关卡,把运输的连接问题设计得非常巧妙,从而为德国和中欧带来好处。莱茵河是一条巨大的交通要道和传播影响的通道,它经由哥达湖和热那亚通达地中海,经由多瑙河和君士坦丁堡通达小亚细亚、巴格达和波斯湾。莱茵河是德国的河流吗?它是中欧的河流,更确切地说,它是连接北海和亚洲诸海的一条巨大的纽带。

有过一些梦想,而且险些成为现实,这些梦想是以德国"制造"、控制和紧紧勒住的莱茵河作为支撑的。可是,当法兰西重新立足莱茵河,把莱茵河从繁重的奴役中解脱出来,使之重新获得自由,变成国际河流,并依据其传统打碎压迫性和剥削性的垄断时,这些梦想全都成为泡影。莱茵河"造好又拆毁",这是比任何别的说法更佳的说法,我们再次这样说,因为对于历史学家来说,这个说法道出了莱茵河对于世界的意义。

① 帕克托尔河(Pactole),位于小亚细亚的一条河流,古代盛产黄金。

结束语：回眸往昔

从人类历史的初期直到现代文明的繁荣时期，莱茵河的巨大特征就这样展现在我们面前，民族的激情无法摧毁这一特征，因为它不顾各个民族的意愿，把自己镌刻在每一个世纪中，镌刻在人类社会的生活和事业中，这个特征就是：莱茵河是密切联系和促成相互接近的河流。

如今的莱茵河是一条无与伦比的河流，它主宰着它所流经的各国的经济生活。它为欧洲提供了首屈一指的交通手段，促成了两岸城市、贸易和工业生活的繁荣兴旺。它全然不顾国界的分割，把世界经济的众多产品分发到各个国家。无论在今天经济支配一切的社会里，或是在过去政治压倒一切的社会里，从高山到大海，莱茵河在沿岸人民之间创造了利益上的相互支援和国际联合。研究莱茵河的历史学家可以说出许多关于征战的事实，用以驳斥关于莱茵河负有促使人们团结的使命的说法，而我们在前面各章中着重叙述的，恰恰是这项使命所包含的人类相互接触、精神上彼此理解和物质上互相交换的历史。

莱茵河命中注定就是一条界河的说法，既经不起历史的推敲，也不符合当今实地考察的结果。法国并非始终贪婪地企图征服莱茵河，如同许多人所信和所说的那样，由于德国不知道莱茵河的神秘之所在，所以在许多世纪中，它也不仅仅是德国堡垒的围墙或是法国地段壕沟的开端。否则莱茵河就不是莱茵河了。因为，由河岸或刀刃隔开的民族不可能很好地彼此理解。一方是早就统一的法兰西，另一方是中世纪基督教联盟中的许多小国，诸如比利时、荷兰、德国、瑞士等等，所有这些国家都借助莱茵河达到了相互了解、相互渗透和相互促进。即使在军事征服和强行占领时期，法国的统治留在莱茵河的也不仅仅是从未洗雪的仇恨，而是还留下了一些别的东西。在莱茵兰人自由表达的看法中，普鲁士即使不算外国，至少也是德意志世界以外的东西；让谁相信，以正义天使的身份来到莱茵河的普鲁士，是为了替日耳曼主义报仇雪恨？实事难道不是这样吗？勃兰登堡的选帝侯们心甘情愿地开始了一项容不得着急的事业，普鲁士国王们继续进行这项事业，而最终完成这项事业的则是他们与莱茵兰的接触和他们的精神，与莱茵兰接触是他们迫不得已而采用的政策，莱茵兰与北部和东部的日耳曼土地差异极大，来自社会发展比较先进的欧洲的自由主义之风在莱茵兰劲吹，莱茵兰的居民信奉天主教，因而不仅在礼仪和信仰方面与路德新教地区的居民对立，而且在一般生活观念上也各不相同；唯有在莱茵兰归附于东部强国普鲁士的条件下，才可能创建一个完整的、拥有两极的德国，一极在东面的易北河和奥德河上，面对斯拉夫主义，另一极在西面的莱茵河上，面对法国和英国兜售的极具诱惑力的自由主义。

普鲁士只有付出这个代价才能扮演大德意志的角色。它需要与河流保持接触，需要莱茵兰为它施洗，因为只有莱茵兰能为日耳曼事业带来普遍性，它需要这条莱茵河，因为曾有这样一段时间，莱茵河把端坐在啤酒杯前面的维滕伯格的路德，变成了震撼世界的沃尔姆斯的路德；在同一时期，莱茵河看到加尔文主义在斯特拉斯堡含苞欲放，在各种思想会聚的交通要道斯特拉斯堡，在位于莱芒湖深处的日内瓦，加尔文主义在极大的程度上更加具有世界性；作为美因茨人谷滕堡的传统象征，大批没有留下姓名的印刷家们从莱茵河出发，向知识界广为传播。耶那的征服者垮台以后，在塔列朗拙劣谋略怂恿下的大国政策，把莱茵兰作为礼物送给了普鲁士，而普鲁士对于这份厚礼似乎缺乏热情，这就表明它缺乏远见。当命运把取胜的工具放在它的手上时，当命运把惊人的煤炭财富送给它时（当时煤炭的价值尚未为人们所普遍看到，而后来不久就使普鲁士成为德意志世界首屈一指的矿业强国），普鲁士却只想到可能发生难以避免的冲突。一百余年过去后，怎能用“守卫莱茵河”这句话概括那个意外的机遇呢？这个机遇使普鲁士在莱茵河这条与各地广泛联系的河流上站稳了脚跟，使它得以实现 1157 年奥托·冯·弗赖辛的名言：“大家都知道，从巴塞尔到美因茨，这里集聚着最主要的力量，慢慢地就可以为所欲为。”从巴塞尔到美因茨，“政治德国的心脏”？这个见解不仅仅适用于 12 世纪……

历史就这样继续着，尽管存在着政治仇恨和冲突，莱茵河依然是一条联合各个民族的河流。事实上今天也是这样，哪个国家敢说莱茵河仅仅为它所独有？从道义上说，除了将一个神话具体化并使集体想象实现的愿望以外，还需要另外一些东西作为证据，例如：瑞士借以建国的阿尔卑斯山口、比利时和荷兰赖以建国的北海出海口、还有伦敦的主权，对于伦敦来说，港湾始终是欧洲大陆的商业大门……

在我们今天的民族心态范围内，以这种方式摆在政治层面上的莱茵河问题没有解决办法。正因为如此，我们才愿意把它放在一个更为坚实的土壤上，那就是大河的永久性功效上来考虑。

附　　录

Ⅰ.第一版(1931年)结束语

我们向留着说不清年龄的大胡子、凄惨的脸上露着微笑的莱茵河老爹扔过去了一张网眼极其松散的网,这是一份缺陷极多的简述,现在是否想用几句话把它归纳一下?可是,既是简述,就不可能再加以简化。

两只脚踏在过去,坚实地支撑在许多世纪积累起来的宏伟的基础上,是否试图把我们抛向未来?可是历史学并不进行预测,至少并不预测明天,若能预见到事件的前夕,也许已经算是很不错了……事实上,过去并没有一条单一的、规则的和连续的曲线,人们无法大胆地通过思考,在通向未来的空间中延长这条曲线。曲线每时每刻都在分叉、中断、转向、偏斜、调头。莱茵河的历史不"招引"任何东西,也不"表明"任何东西。只有一样东西例外,那就是想象所拥有的巨大创造力。

莱茵河汇集了许多神话。莱茵河是一条大河,在欧洲算得上是一条很长的河流了;如果不与其他大陆的河流相比,莱茵河的流量应该说是相当大的;莱茵河的景色美吗?当然,不过并不特别美，而且并非全程都美，就如同其他河流一样。莱茵河拥有某些独有的东西，它享有盛名，具有吸引力，令人着迷，使人心醉。莱茵河的流速极高，如同奔腾的骏马一泻千里，而且知道流向何方，不可阻挡地冲向那里；令人震惊的是否仅仅是它的流速？远方的客人在莱茵河面前感到头昏目眩，可是，流速高的河流并非只有莱茵河一条。

莱茵河会说话，而且声音很大。一些声音压过莱茵河沉闷的涛声，在我们的回忆中高唱那些陈旧的话题，其中就有命中注定的边界、控制欧洲等话题。这些歌的曲调都已十分陈旧了，歌词也已经与现实不相吻合。可是，如果旋律优美，节奏感人，谁会关注歌曲的年龄有多大，写成于什么年代呢？

人们争论、论述、竭力想要阐明的是：法国并没有始终一贯贪婪地企图一口吞掉莱茵河；不，过去的德国并不始终是一个如今它所追求的那个整体的、统一的、意识到自己的力量的国家。不，如果莱茵河以往只是一条用长矛和大炮建立起来的边界，即通常所说的德国堡垒的围墙和分隔法国的壕沟，那它就不是莱茵河了，因为，不同民族很难通过边界来相互认识对方，一方是统一的法兰西，另一方是中世纪古老的基督教联盟中的许多小国，即我们今天称为比利时、荷兰、德国、瑞士的那些国家，然而，这些国家都借助莱茵河达到了相互了解、相互渗透和相互促进。不，还有，即使曾经有过依仗武力解决问题的时候，有过征服之后的军事占领，法国的统治在莱茵河也不仅仅留下了从未洗雪的仇恨，而是还留下了一些别的东西。普鲁士并未以正义天使的身份来到莱茵河，替遭到践踏的日耳曼主义所受的痛苦报仇。何况今天，有谁，有哪一种政策能夸口说借助莱茵河可以主宰欧洲而不令人发笑？还有别的东西，还有莱茵河在北海、比利时和荷兰等地的出海口，以及经由这些出海口所能到达的伦敦这个莱茵兰的最高司令部……

人们争论、论述、竭力想要阐明些什么？再则，莱茵河问题究竟是理性问题抑或感情问题？

企图通过说理与神话对抗，那是徒劳之举。用另一个神话与之对抗并取而代之？用莱茵河是由两大部分组成的欧洲的界河这个神话取而代之？连接而不是分割，把各种利益连接起来，也许是这样，可是单靠利益本身成不了什么大事。把思想、头脑和心连接起来？是的，但是，让一种神话占据人们的头脑，向想象说三道四，固定在一个民族的意识中，这是一个根本行不通的幻想。即使仅仅涉及一个国家，就已经是幻想了，因为一个像法兰西这样的国家是不会让人牵着鼻子走的。如果涉及的是两个具有不同结构的国家，那就岂止是幻想，因为数百年以来，在两个国家里，连钟表所显示的时间都不一样。

莱茵河是标明在地图上的一条河流。在过去的年月里，它时而是一条鸿沟，时而是一条纽带，时而是一条通道。如今依然如此，而且强度增大十倍。不但如此，还增添了一些东西，那就是思想体系，一种几乎是自主运行的体系。一种往往是错误和有害的思想体系；本来是人建造了思想体系，如今它却反过来制造人。如果明天人发生变化，思想体系也会发生变化。可是，莱茵河在这当中却什么也不是，什么也做不成，它继续流淌，汹涌澎湃地奔向浪花朵朵的大海。

米什莱的《罗马史》是专为青年撰写的著作，这部书可以说是他学术生涯的开端，他在1866年写于埃勒斯的那篇漂亮的序言中说："维科说过一句深刻的话：人类是自己的作品，我牢牢记在心间，因为它是名副其实的现代光明。"米什莱这位伟大的浪漫主义"诗人"，同时也是历史之父之一，他想到了就去做，而且加以发挥。在他的热风吹拂下，各种各样的宿命论建立起来了，环境决定论、人种决定论、土地决定论、血缘决定论，甚至还有天授人意决定论；人之所以如此伟大，是因为后人站在前人的肩上。米什莱说得好，可是他说全了吗？我总是想着茹尔·勒纳尔[①]的狗。这条被牢牢拴住的狗狂奔着，露出所有獠牙，使劲扯它脖子上的链子，高声狂吠。链子倘若断了呢？果然断了；这条狗撂下尾巴，悻悻地走进狗窝里去了。它已经习惯于奴役的地位，自觉自愿地当囚徒。

这就是历史的教训。克里奥[②]不谈未来，她不曾用她那教训人的手指头向任何人指明通向未来的道路。她只求弄懂，她分析、识别和区分。她进行分类，分成结果、想象和集体信仰等类别。然后她作出结论说："忍气吞声的怯懦者们，不要说造物主为你们确定了命运，你们不可能有任何作为来对抗命运。可是也不要说神话和传说以及集体幻想和神话拥有必然规律的力量。不，死者不应揪住生者不放。自由地劳动吧！这就是方法、可能性以及应该

① 茹尔·勒纳尔(Jules Renard，1864—1910)，法国作家。

② 克里奥(Clio)，历史之神。

积聚、引导和使之失去作用的力量。无论你们做什么事，哪怕看来是全新的事，总能在过去找到指导你们行动的祖先。”

Ⅱ. 关于莱茵河经济史的若干思考(1953 年)[①]

莱茵河的声誉奇特而强大……这个声誉来自何处？是所有原始人一致赋予水流的神圣性质吗？也许是吧。人们知道，借助这些水流，潜入水中，用自己的身体劈开饱含萌芽、一切形式和一切创造的河流的胸脯，生活在地球上所有地区和所有时代的人，始终意识到自己要不断更新，要重新与最重要的物质接触，剥去它们的旧外壳；一句话，要获取一种新的生命，用以恢复原有的力量、强大和丰富性。是所有民族都珍惜的洗礼象征，是对河流的神化。早在荷马时代，人们就已将河流神化，后来的日耳曼人、法兰克人和桑布里人也都神化河流，我们知道桑布里人还祭祀罗讷河神……莱茵河水流湍急，像野马一样被人驯服，人们筑堤挡水，修渠引水，然而，莱茵河依然时刻准备扔掉文明的紧身服，在不可抗拒的凌汛中把大块坚冰抛向岸边，把骇人的洪水推向据说能够控制河水的防洪工程，总之，在莱茵河的这幅景象引起的思想的混乱和本能的慌乱之中，它时时刻刻在告诉我们，不要以为自己多么了不起；也许有某种说不清的古代河流起源论的复活，有某种说不清的对于河流给予人们的教诲的忠诚，有某种说不清的对于流体物质不确

① 原文载于为庆祝斯特拉斯堡工商会成立 50 周年而出版的《斯特拉斯堡研究》，1953 年，斯特拉斯堡，第 17—26 页。

定的潜在性这种古老概念的回归……

这是史前的馈赠……但也有历史本身的馈赠。我们立即想到的就是河流古老的分界功能。河流是水道,是灌满水的沟壑,是阻碍通行的沼泽、芦苇、柳树丛和不停地变化着的河岸边上的泥沼,这些都可以发挥分界的功能;据塔西佗说,日耳曼人把胆小鬼和残疾人沉入泥沼,让他们因此而获得新生。恺撒曾经非常清晰地喊出过"边界莱茵河"这两个词,他那简明扼要、斩钉截铁的话语,连同它们所包含的全部辛辣和威严,在一个又一个世纪中,激起人们打仗的念头、政治上的算计、以往和新近的感情、失败和胜利、不幸和希望;总之,遗留在历史性大河岸上的所有战争残迹,都是"莱茵河边界"这两个法语词造成的结果。

兵刃相击的声音、战斗留下的恶臭、冒险的穿行、分界线的移动、入侵等等,这些就是赋予莱茵河以巨大声望的一切吗?还有许多别的东西;对于我们法国人来说,还有文明这个词所指的一切,文明是 18 世纪末的伟大征服,是法国大革命的伟大信仰。还有信奉基督教的各个大城市,例如得到摩泽尔河边的特里尔支持的莱茵河边的科隆和美因茨,拯救灵魂的基督教从这里出发前去征服德意志中部,并进而前去征服北方平原;这个宗教发端于巴勒斯坦,经由希腊和罗马扩散在整个西方,在一段时间中,西方文明与基督教几乎就是同一个概念。

莱茵河上有罗马教堂和哥特式大教堂,有宏伟壮观的科隆教堂,有许多修道院;宏伟壮观的科隆成了可怜的受害者,被信徒们一把火烧掉;住在修道院里一间间小屋里的人,组成了神秘地与神祇沟通的宗教团体,其中有虔诚的修女——本笃会大修道院的学生、宾根那位能预卜未来的圣希尔德加德[1]、特里尔教区的圣伊丽莎白·德·舍瑙、黑尔夫塔的西多会修女圣吉尔特鲁德以及两位圣麦赫蒂尔德，此外还有被15世纪多明我会的大师爱克哈特、陶勒尔和苏索等人的深邃所吸引的宗教团体。

还有另外一些宗教团体，这是因科隆画家们的艺术而组成的宗教团体，他们的画以其天真的细致呈现花园里的情景，那里的鲜花、小鸟、玫瑰树丛，长久地令那些在香气缭绕和退色的黄金氛围中变得懒散的修女们怀抱天堂的美梦。莱茵河边还有许多大城市，这些并非一个人创造的出色成就，全都一样，又全都不同；莱茵河上还有以谷滕堡、福斯特[2]和舍费尔[3]这三位名人为代表的老印刷家，还有沃尔姆斯的马丁·路德和斯特拉斯堡的约翰·加尔文，还有在高高矗立的教堂塔楼下来自各国的令人怜悯的难民，在伊拉斯谟去世的那个城市里，在弗罗本和阿麦巴赫的城市里，还有许多被迫害者，他们在大教堂前的红色广场上的聚会同样令人感动。这一切足以说明和再次表明，这条大河拥有巨大的能力，可以创造智力，并对之进行集中和再分配，而这条河在两个既对立又相似的世界的接合部形成（也许并非出于人们的意愿），已经数千年了。

莱茵河拥有奇特而持久的声望，我们分析过这个声望的组成成分，但是，我们能指出它的经济支柱吗？这个经济支柱在什么程度上、以何种方式支持了莱茵河的声望？这是一个大而又大的问题，至少涉及古老的年代，涉及赋予莱茵河以文明使者的尊严的那

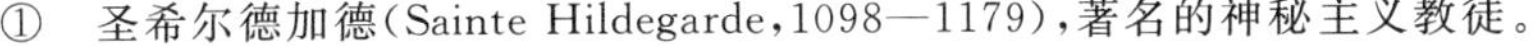

① 圣希尔德加德（Sainte Hildegarde，1098—1179），著名的神秘主义教徒。

② 福斯特（Johann Fust，1400—1466），德国印刷家。

③ 舍费尔（Peter Schoeffer，1425—1502），德国印刷家。

些年代。提出这个问题，不啻是询问自己，是否真的能有一部19世纪之前的莱茵河经济史，这部经济史确实反映实际抑或只有一些自相矛盾的细碎小事。应该为了令人失望的趣味而牺牲一些公式，否则就说不，为什么？这就是这篇短文的目标。

阿尔贝·德芒戎不久前在与我合作的一部书中用三句话（分成三个阶段）概括了莱茵河的经济史，他似乎仅仅写了交通方面。莱茵河首先是一条横贯欧洲大陆的通道，其次是一条地区性的通道，最后（历史学家可以用“最后”这个词吗？）是一条国际通道。现在我来简明扼要地说说这个问题：

古代莱茵河是横贯欧洲大陆的通道吗？当然是的。在罗马全盛时期，它不是把意大利和北欧地区连接起来了吗？它不是把阳光明媚的地中海与浓雾弥漫的北海连接起来了吗？不是经由北海与阿格里高拉①的不列颠连接起来了吗？

中世纪的莱茵河是一条地区性的通道，它作为支柱和基础促进了沿河城市之间的运输，把商品和商人运送到当地的各个集市去，其中有几个集市具有国际性，例如法兰克福，它承袭了香槟地区的集市传统。

今天的莱茵河是国际化的河流，而且在一百多年之前就已经这样了，1648年威斯特伐利亚条约和1792年国民公会的法令作出规定，莱茵河具有国际河流的性质，1815年维也纳会议首次执行了这个原则。1815年通过的协议经1831年美因茨法令修改，1868年又由曼海姆会议重新审查，一直执行到1919年。凡尔赛

① 阿格里高拉（Julius Agricola，40—93），罗马执政官，曾任不列颠总督。

和会改变了这个原则，新的战争后来把一切都推翻了……

杰出的地理学家德芒戎以灵巧的笔触勾画了一幅简图，这幅简图恐怕没有他所想的那样清晰。他实地考察了莱茵河，他所见到的莱茵河形象萦绕在他脑际，所以不由自主地把往昔的莱茵河视为一条全程通航的河流（令人奇怪的是，他甚至以为很久以前的莱茵河就是全程通航的），在他笔下，从巴塞尔到北海，莱茵河是一条驯服的河流，与许多支流相通，为人们提供服务，可以通航拖船和驳船，在下游则可以通航海船，犹如一条高速公路上可以通行大大小小的卡车一样。

古代的莱茵河是一条横贯欧洲大陆的通道吗？这个说法很形象。首先，它丝毫也不冒犯历史学家的感情。自从阿尔贝·德芒戎在斯特拉斯堡当着我的面提出他的三个阶段说以来，莱茵河不仅全程通航，而且直通大海的观念得到了发展和肯定，这种观念比过去长期信以为真的想法更加大胆得多。于是，许多相距甚远的国家通过水路彼此相连的历史就此诞生了。在我们父辈那一代，沿着非洲海岸在地中海上远航的故事依然令人觉得吃惊和难以置信，在今天的我们看来，这种吃惊和怀疑是没有道理的了。我们想得到，尽管它很少被人作为大洋进行研究，印度洋这样的大洋在没有文字记载的时期已经起到了巨大的作用。我们也猜想得到，印度洋在促进埃及和波斯湾以及更远的印度等地文明觉醒方面所起的作用。

可是，莱茵河究竟如何呢？史前时代和没有文字记载时期的莱茵河是一条野蛮的河流，它那冰凉的河水如同飞奔的骏马，在无数条支流中横冲直闯，河床始终处于不稳定状态，河中泥泞的小洲

随着水流时隐时现，有时几个小洲连接起来，在一段时间中处于稳定状态；所有这一切就像万花筒那样瞬息万变吗？一条河流，莱茵河，或者说一个独处一隅的地区，它的植物、动物，以及居住在灌木丛中、杨柳树下和芦苇后面的居民，也是瞬息万变吗？发现这些活动的迷宫和混沌的绿色中间明亮而开阔的河段，绝非轻而易举的事。一些地理学家小组也许费了很大力气要把这种网络的形象固定下来，却徒劳无功，测量一旦做完，形象也就不复存在了。

有人说，很久以前，一些胆大的商人带着货物，驾着巨大的独木舟，在几个比较容易通过的地点，渡过我们所说的“莱茵河水道”；他们用以制作独木舟的树，如今依然可以见到；他们穿过分布在河谷中的稠密的树林，遇到一些对新事物的充满好奇的人们。我们可以毫无困难地接受这种说法，这只是一些小故事，就如同传说谁家孩子走失了一样。很久以来一些游商漫无目标地在各地奔波，采购原料或推销产品，他们利用河流总能在某个河段上做成生意，这些游商中有高卢—罗马的陶器和玻璃制造商的雇员，有铁锅制造商，还有来自更远地方的东方地毯商人、阿拉伯的香料商、南方的葡萄酒商、希腊的橄榄油商以及热带水果商。可是，“横贯大陆”这个说法能够准确地反映这些现实吗？这个说法令人想起一些全然属于现代的思想，因而可以说，这个说法并不反映当时的现实。况且我自己也说过“利用河流”这样的话。利用河流并不意味着仅仅依靠莱茵河，还有其它一些河流，那些卵石满滩的河流，甚至还包括罗马大道。因为，在巴塞尔上船顺流而下，一口气到达斯特拉斯堡，然后再到曼海姆、科布伦茨、科隆、杜伊斯堡、奈梅根、多尔德雷赫特和鹿特丹，这样的航行在今天当然已

毫无惊险可言；可是我们想一想，在古代，这样的航行容易吗？能经常获得成功吗？

莱茵河的下游如今是一条异常繁忙的水上通道，上行和下行的船只分成两行，首尾相接地穿梭于宽度惊人的河面上。但是，我们不能把目光局限于下游。在罗马时代，水路不是正常的交通手段。那时有一条陆路，至今我们仍然称为布鲁恩豪特①“大道”的陆路，它与莱茵河做 T 字形交接。大道不再从南到北，而是从东到西，经过科隆、尤利尔、马斯特里赫特、通格尔、巴韦，然后经由图尔奈、卡赛勒，朝加莱海峡方向北上。沿着这条路修筑的许多堡垒成为后来城市的雏形。去莱茵河下游的诺伊斯、克桑滕克勒弗等地，基本上不取道莱茵河，而是走陆路。罗马人当初若是利用这条无人利用的水路，这条没有任何船队经过、臭气熏天的沼泽随处可见的水路，他们可能做些什么呢？

奥古斯都的莱茵河，图拉真的莱茵河，这是一系列河流与陆路的 T 形交汇，水路断断续续，隐伏险情，陆路很窄，却知道通向何处。我们所说的从巴塞尔到鹿特丹全程贯通的莱茵河，一条连续的、直通的、与众多河网相连的莱茵河，需要数百年的时间才能逐渐形成，两岸才会有人居住并组织起来，慢慢变得繁荣富庶。一般地说，我们的莱茵河概念应该是这样的：莱茵河由许多互相连接的有人居住的和有人耕作的小洲组成，连接它们的那条线常常中断，这些小洲密集、活跃、不停地移动，勤奋和繁荣。可是，在这条断断

① 布鲁恩豪特(Brunehaut，543—613)，法兰克人的王后。

续续的带子的东西两头，有一些相对孤独的地方。一般地说，与莱茵地区的城市相比，这是一些人口少、比较穷、比较不开化和少有生气的地方。即使在左岸，特别是在马斯河上形成的那个河湾也是如此。更不必说右岸了，那里长期是日耳曼人的领地，他们垂涎欲滴地时刻威胁着他人。

切莫把任何东西任意简化，放弃那些始终带有专断和简单化色彩的分类。统一的莱茵河是人在不久之前创造的，是在工程人员的帮助下，由政治、经济、工业和商业共同创造的。19 世纪之前，人们见到的是好几条莱茵河，是在不同时代命运各不相同的好几条莱茵河。每一条莱茵河都是借助许多互不依赖的努力形成的，人们依据始终处于变动中的交换和交通决定作出什么努力，而交换和交通之所以始终处于变动之中，则是因为沿岸人民为了驱赶不安而不得不常常迁徙……

如果我们想要懂得这条大河在欧洲的形成和发展过程中曾经扮演过的角色，我们就必须丢掉从巴塞尔到鹿特丹这条完整带子的形象，代之以一个强度不一、间距不一的用铁条交织而成的栅栏。我们总是身不由己地把另一个莱茵河的形象投射在这些破碎的、地方性的莱茵河形象上面，因而造成了一种假象，误以为这是一条有系统的协调、从上面和总体出发有全面考虑的河流，是一条有人依据计划加以治理的河流，这里说的计划不是成百上千个局部改善的小计划，而是经过认真讨论并以异乎寻常的韧性执行的计划。正因为如此，我们不能确切地理解“撰写一部莱茵河经济史”这个规划的真实含义。不仅因为我们把以往复杂和多变的现实简化为今天近乎稳定的现实模式，这种模式是：这边是全程通航的平静的大河，从巴塞尔直达大海；那边是被仔细地勘查过边界所分割的三四个大政治实体（说大，是相对于我们小小的欧洲而言的），相隔不远就竖有一块编号的界碑或涂上颜色的界杆，每个政治实体都以巨大的努力建设和改善河流状况，把它改直，把它拓宽，把它加深，以便获得更好的效益……

有人认为，这种状态并非历来如此，只举一个重要的例子即可说明，在近代时期的16世纪末，这边建立了信奉天主教的荷兰（后来的比利时），那边建立了信奉加尔文主义的荷兰（后来的尼德兰），“德国的莱茵河”一边没有了赖以活命的嘴巴，另一边失去了通过阿尔卑斯山伸到瑞士的根；瑞士是在15世纪最终形成国家的；可是，法国经过长期努力占有了阿尔萨斯，于是它来到了莱茵河边，占有长长一段莱茵河岸；与城市间的争斗、航运商的特权、在所有通向莱茵河的水陆通道上建立收税和收费关卡相比，这些重大政治事件对于莱茵河命运所产生的影响一点也不见得小。所有上述这些想法都不是我们的想法。这些想法将会妨碍我们如同谈论一个巨大的历史常数那样来谈论经济的莱茵河，而我们今天要维护的就是莱茵河的这种性质及其命运。

因此，那个遥远时代的莱茵河史，当然就不是一部堆积在无数困难之上的经济史，也不是对于许多变动的动乱的地区性历史的反映；所以，要写这样一部经济史，需要首先写出所有这些应该重现的变动和变化。

19世纪之前的莱茵河历史不是众多的关卡经常阻断交通的历史，这些关卡沿河设置（在奥宾的地图集的第14幅上，莱茵省在中世纪末以前共有71个关卡)，受到筑有高高的监视塔的城堡的保护；19世纪之前莱茵河的历史也不是不断受到帝国与法兰西王国之间的争斗以及德意志、法兰西或勃艮第等政治——外交集团的领导者的野心威胁的历史；小国数量众多，1789年在莱茵河的劳特河和艾瑟尔河之间的河段两边就有97个“主权”邦国；从16世纪起，宗教纠纷促成了许多小国的出现，其中有的信奉路德主义，有的信奉加尔文主义，有的信奉耶稣会，它们彼此敌对，却因其主人的好恶而不断变换旗号；19世纪之前的莱茵河历史也不是重大货物对于当地运输供应不足的历史，在紧密相关的煤炭工业和炼铁业得到充分发展之前，运输量不足的问题始终存在；19世纪之前的历史不是这种零零碎碎的历史，这种历史很难撰写，只能写成专题史……

莱茵河的大历史是一部思想史，思想与障碍、边界、城堡和王朝没有多大关系，它可以自由地在整个河谷地区传播，由风从阿尔卑斯山把它吹到大海，它是生活、团结和文化的因素。这是莱茵河大神话的历史，其基础是历史或传说，诸如莱茵河的黄金，锻造利剑的希格弗里德①或那位希特勒式的英雄哈根②，或是长眠在坟墓里的红胡子③、哈布斯堡的鲁道夫④或是当维克多·雨果游历莱茵塔尔时始终不能忘怀的三位名人：恺撒、查理曼和拿破仑。恰如明

① 希格弗里德(Siegfried)，德国神话中的英雄。

② 哈根(Hagen)，德国神话中的人物，他背信弃义地杀死了希格弗里德。

③ 红胡子(Barberousse)，德意志国王腓特烈一世(Friedrich Ⅰ，1123—1190，1152—1190年在位)的绰号。

④ 哈布斯堡的鲁道夫(Rodolphe de Habiusbourg，1218—1291)，瑞士领主，后来成为日耳曼皇帝(1273—1291年在位)。

德尔指出的那样，神话是一种发生器，它可以产生政治态度和有时相当可怕而且永远固执的精神状态。神话都有自己的祭坛，在继续从道义上征服莱茵河城市之前可以在那里重新获得生命。城市是莱茵河最最漂亮的创造，在莱茵河的右岸和左岸始终生气勃勃，活跃而繁荣；反之，无论哪个时代，建立一个独一无二的莱茵河国家的企图无一不以失败告终……

最后，这不是偶然，这也许是一种象征，在导致建设一条国际化河流的大工业诞生之前，法兰克福的众多集市逐渐变成了转卖图书的集市，成了所有印刷家、书商和学者每年翘首期盼开幕的提供知识粮食的大市场；由此可见，莱茵河的大历史，事实上就是思想和精神的历史。

Ⅲ.皮特·舍特勒拟定的补充书目

自吕西安·费弗尔的这部著作出版后，又有许多关于莱茵河和法—德关系史的著作问世。为方便有兴趣的读者查阅，我们搜集了其中特别重要或特别有意义的书目，供深入研究本书所提出的问题时参考。

L'Alsace et la Suisse à travers les siècles, préface de Lucien Febvre, Strasbourg-Paris, 1952.

Hermann Ament:《Der Rhein und die Ethnogenese der Germanen》, in *Prähistorische Zeitschrift*, vol. 58, 1984, pp. 37–47.

Pierre Ancel: *Géographie des frontières*, Paris, 1938.

Ernst Anrich: *Die Geschichte der deutschen Westgrenze*,

Leipzig, 1940.

Hermann Aubin: *Grundlagen und Perspektiven geschichtlicher Kulturraumforschung und Kulturmorphologie*, Bonn, 1965.

Pierre Ayçoberry: *L'Unité allemande*, Paris, 1968.

Pierre Ayçoberry: *Cologne entre Napoléon et Bismarck. La croissance d'une ville rhénane*, Paris, 1981.

Pierre Ayçoberry, Marc Ferro (éds.): *Une histoire du Rhin*, Paris, 1981.

Gilbert Badia (éd.): *Histoire de l'Allemagne contemporaine*, 2 vol., Paris, 1988.

Hélène Barbey: *Le Voyage de France en Allemagne de* 1871 *à* 1914, Nancy, 1994.

Jacques Bariéty, Raymond Poidevin: *Les Relations franco-allemandes* 1815－1975, Paris, 1977.

Christian Baechler: *Le Parti catholique dlsacien* 1890－1939, Paris, 1982.

James Bentley, Charlie Waite, *Le Rhin*, Paris, 1989.

Alfred Berchtold: *Bâle et l'Europe. Une histoire culturelle*, 2 vol., Lausanne, 1990.

Helmut Berding, Étienne François, Hans-Peter Ullmann (éds.): *La Révolution, la France et l'Allemagne. Deux modèles opposés de changement social?*, Paris, 1989.

Serge Berstein, Pierre Milza: *L'Allemagne* 1870－1987, Paris, 1988.

Helmut Beumann, Werner Schröder (éds.): *Nationes*, Sigmaringen, 1978 et suiv., 9 vol. parus.

Marc Blanpain: *La Frontière du Nord. De la mer à la Meuse 843 – 1945*, Paris, 1990.

Hans-Manfred Bock, Reinhart Meyer-Kalkus, Michel Trebitsch (éds.): *Entre Locarno et Vichy. Les relations culturelles franco-allemandes dans les années* 1930, 2 vol., Paris, 1993.

Kurt Boehner et *al.* (éd.): *Das erste Jahrtausend. Kultur und Kunst im werdenden Abendland an Rhein und Ruhr*, 3 vol., Düsseldorf, 1962 – 1964.

Hans Boldt, Peter Hüttenberger, Hansgeorg Molitor, Dietmar Petzina (éds.): *Der Rhein. Mythos und Realität eines europäischen Stromes*, Cologne, 1988.

La Bourgeoisie alsacienne. Études d'histoire sociale, Strasbourg-Paris, 1954.

Jean Boutier, Alain Dewerpe, Daniel Nordmann: *Un tour de France royal. Le voyage de Charles IX* (1561 – 1566), Paris, 1984.

Fernand Braudel: *L'Identité de la France*, t. I: *Espace et Histoire*, Paris, 1986.

Carlrichard Brühl: *France-Allemagne. Naissance de deux peuples*, Paris, 1995.

Karl F. Chudoba (éd.): *Der Kampf um den Rhein*, Bonn,

1943.

Heinz Cüppers(éd.):*Die Römer in Rheinland-Pfalz*,Stuttgart,1990.

Corinne Defrance:*La Politique culturelle de la France sur la rive gauche du Rhin*,1945－1955,Strasbourg,1994.

Alexander Demandt(éd.):*Deutschlands Grenzen in der Geschichte*,*Munich*,*1990*.

Claude Digeon:*La Crise allemande de la pensée française* (1870－1914),Paris,1959.

Roger Dion:*Les Frontières de la France*,Paris,1947;nouvelle éd.:Brionne,1979.

Jean Dollfus:*L'Homme et le Rhin*,Paris,1960.

Josef Dollhof: *Die Kölner Rheinschiffahrt. Von der Römerzeit bis zur Gegenwart*,Cologne,1980.

Philippe Dollinger(éd.): *Histoire de l'Alsace*, Toulouse, 1970.

Philippe Dollinger:*La Hanse XIIe-XVIIe*,Paris,1988.

Jacques Droz: *Le Libéralisme rhénan* 1815－1848, Paris, 1940.

Roger Dufraisse: *L'Allemagne à l'époque napoléonienne*, Bonn-Berlin,1992.

Richard van Dülmen, Eva Labouvie: *Die Saar. Geschichte eines Flusses*,Sankt Ingbert,1992.

Franz Dumont:*Die Mainzer Republik von* 1792/93. *Studien*

zur Revolutionierung in Rheinhessen und der Pfalz, Alzey, 1982.

Jean Dumont(éd.):*Le Rhin, Nil de l'Occident*, Paris, 1946.

Henri Jean Duteil:*Le fleuve qui porte le monde(Le Rhin)*, Paris, 1958.

Kurt Düwell, Wolfgang Köllmann(éds.):*Rheinland-Westfalen im Industriezeitalter*, 3 vol., Wuppertal, 1984.

Dietrich Ebeling:*Der Holländer-Holzhandel in den Rheinlanden. Zu den Handelsbeziehungen zwischen den Niederlanden und dem westlichen Deutschland im 17. und 18. Jahrhundert*, Stuttgart, 1992.

Edith Ennen:*Gesammelte Abhandlungen zum europäischen Städtewesen und zur rheinischen Geschichte*, Bonn, 1977.

Michel Espagne, Michael Werner(éds.):*Transferts. Les relations interculturelles dans l'espace franco-allemand(XVIIIe-XIXe siècles)*, Paris, 1988.

Eugen Ewig:*Spätantikes und fränkisches Gallien. Gesammelte Schriften*, 2 vol., Zurich-Munich, 1979.

Karl-Georg Faber:*Die Rheinlande zwischen Restauration und Revolution*, Wiesbaden, 1966.

Lucien Febvre:*Au coeur religieux du XVIe siècle*, Paris, 1957; nouvelleéd.:Paris, 1983.

Lucien Febvre, Henri-Jean Martin:*L'Apparition du livre*, Paris, 1958; nouvelle éd.:Paris, 1971.

Nikolaus Flüeler: *Der missbrauchte Rhein. Untersuchungen zu einem problematischen Thema der Geschichte deutsch-französischer Beziehungen*, thèse, Zurich, 1966.

Robert Folz: *Le Couronnement impérial de Charlemagne*, Paris, 1964.

Franklin L. Ford: *Strasbourg in Transition*, 1648 - 1789, Cambrige, Mass., 1958.

Michel Foucher: *L'Invention des frontières*, Paris, 1986.

Pierre Francastel(éd.): *L'Art mosan*. Préface de Lucien Febvre, Paris, 1953.

Étienne François: *Koblenz im* 18. *Jahrhundert*, Göttingen, 1982.

Les Francs: Précurseurs de l'Europe, Ve-VIIIe siècles, Paris, 1997(catalogue).

Frontières et contacts de civilisation. Colloque universitaire francosuisse. Besançon-Neuchâtel, octobre 1977, Neuchâtel, 1979.

Franz Funck-Brentano: *Le Chant du Rhin*, Paris, 1934.

Édouard Gachot: *La Dispute du Rhin. De l'Antiquité à nos jours*, Paris, 1952.

Richard W. Gassen, Bernhard Holeczek (éds.): *Mythos Rhein*, 3 vol., Ludwigshafen, 1992.

Patrick J. Geary: *Naissance de la France. Le monde mérovingien*, Paris, 1989.

Nelly Girard d'Albissin: *Genèse de la frontière franco-*

belge. Les variations des limites septentrionales de la France de 1659 *à* 1789, Paris, 1970.

Peter-Michael Hahn:《Frankreich und das Reich während des 17. Jahrhunderts im Spiegel der deutschen Geschichtswissenschaft des 19. und 20. Jahrhunderts》, in *Historische Zeitschrift*, vol. 247, 1988, pp. 53 – 94.

Joseph Hansen: *Preußen und Rheinland von* 1815 *bis* 1915. *Hundert Jahre politischen Lebens am Rhein*, Georg Mölch, Cologne, 1990 (importante bibliographie) (Ire éd. 1918).

Peter C. Hartmann: *Geld als Instrument europäischer Mächtepolitik im Zeitalter des Merkantilismus. Studien zu den finanziellen und politischen Beziehungen der Wittelsbacher Territorien Kurbayern, Kurpfalz und Kurköln mit Frankreich und dem Kaiser* 1715 *bis* 1740, Munich, 1978.

Karl Haushofer (éd.): *Der Rhein. Sein Lebensraum, sein Schicksal*, 3 vol., Berlin-Grunewald, 1928 – 1931.

Wolf-Dieter Heim: *Romanen und Germanen in Charlemagnes Reich*, Munich, 1984.

Alfred Heit (éd.): *Zwischen Gallia und Germania. Frankreich und Deutschland. Konstanz und Wandel raumgeschichtlicher Kräfte*, Trèves, 1987.

Hans-Walter Hermann, Franz Irsigler (éds.): *Beiträge sur Geschichte der frühneuzeitlichen Garnisons-und Festungsstadt*, Sarrebruck, 1983.

Martin Herold, Josef Niessen, Franz Steinbach: *Geschichte der französischen Saarpolitik. Ausgangsstellung and Angriff-Von der Saar zum Rhein-Wende und Wiederkehr*, Bonn, 1934.

Gottfried Heussen, Adam Wrede: *Volk am ewigen Strom*, 2 vol., Essen, 1935.

Eduard Hlawitschka: *Vom Frankenreich zur Formierung der europäischen Staaten-und Völkergemeinschaft* 840 – 1046, Darmstadt, 1986.

Klaus Honnef et *al.* (éds.): *Vom Zauber des Rheins ergriffen... Zur Entdeckung der Rheinlandschaft*, Munich, 1992.

Paul Egon Hübinger: *Ausgewählte Aufsätze und Vorträge. Beiträge zur Geschichte Europas und der Rheinlande in Mittelalter und Neuzeit*, Siegburg, 1990.

Rainer Hudemann, Rolf Wittenbrock (éds.): *Stadtentwicklung im deutsch-französisch-luxemburgischen Grenzraum* (19. *und* 20. *Jahrhundert*), Sarrebruck, 1991.

Philippe Husser: *Un instituteur alsacien, Entre France et Allemagne. Journal 1914 – 1951*, Paris, 1989.

Peter Hüttenberger, Hansgeorg Molitor (éds.): *Franzosen und Deutsche am Rhein, 1789 – 1918 – 1845*, Essen, 1990.

Franz Irsigler: *Die wirtschaftliche Stellung der Stadt Köln im* 14. *und* 15. *Jahrhundert. Strukturanalyse einer spätmittelalterlichen Exportgewerbe-und Fernhandelsstadt*, Wiesbaden, 1979.

Franz Irsigler: *Bettler und Gauner, Dirnen und Henker.*

Randgruppen und Außenseiter in Köln 1300 - 1600, Cologne, 1984.

Fritz Jaffé: *Zwischen Deutschland und Frankreich. Zur elsässischen Entwicklung*, Stuttgart-Berlin, 1931.

Michael Jeismann: *Das Vaterland der Feinde. Studien zum nationalen Feindbegriff und Selbstverständnis in Deutschland und Frankreich* 1792 - 1918, Stuttgart, 1991.

Étienne Julliard: *L'Europe rhénane. Géographie d'un grand espace*, Paris, 1968.

Étienne Julliard: *Problèmes alsaciens vus par un géographe*, Paris-Stras-bourg, 1968.

Arnulf Jürgens: *Emmerich von Dalberg zwischen Deutschland und Frankreich. Seine politische Gestalt und Wirksamkeit* 1803 - 1810, Stuttgart, 1976.

Leo Just: *Um die Westgrenze des alten Reiches*, Cologne, 1941.

Hartmut Kaelble: *Nachbarn am Rhein. Entfremdung und Annäherung der französischen und deutschen Gesellschaft seit* 1880, Munich, 1991.

Werner Kern: *Die Rheintheorie in der historisch-politischen Literatur Frankreichs im Erstem Weltkrieg*, thèse, Sarrebruck, 1973.

Walter Kienast: *Deutschland und Frankreich in der Kaiserzeit* (900 - 1280). *Weltkaiser und Einzelkönige*, 3 vols., Stutt-

gart,1974 – 1975.

Paul Kirn: *Politische Geschichte der deutschen Grenzen*, 4e éd., Mannheim, 1958.

Franz Knipping: *Deutschland, Frankreich und das Ende der Locarno-Ära* 1928 – 1931, Munich, 1987.

Gerd Krumeich: *Jeanne d'Arc et l'Histoire*, Paris, 1993.

Paul Koelner: *Die Basler Rheinschiffahrt vom Mittelalter zur Neuzeit*, Bâle, 1954.

Manfred Koltes: *Das Rheinland zwischen Frankreich und Preussen*, Cologne-Weimar-Vienne, 1992.

Tilman Koops, Martin Vogt (éds.): *Das Rheinland in zwei Nachkriegszeiten*. 1919 – 1930 *und* 1945 – 1949, Coblence, 1995.

Michel Korinman: *Quand l'Allemagne pensait le monde. Grandeur et décadence d'une géopolitique*, Paris, 1990.

Bruno Kuske: *Köln, der Rhein und das Reich. Beiträge aus fünf Jahrzehnten wirtschaftgeschichtlicher Forschung*, Cologne-Graz, 1956.

Jacques Leenhardt, Robert Picht (éds.): *Au jardin des malentendus. Le commerce franco-allemand des idées*, Arles, 1990.

Bernard Lefort: *Le Rhin. Mémoires d'Europe*, Paris, 1992.

Anne-Marie Le Gloannec (éd.): *L'État de l'Allemagne*, Paris, 1995.

Philippe Levillain, Rainer Riemenschneider (éds.): *La Guerre de 1870 – 1871 et ses conséquences*, Bonn, 1990.

Paul Lévy: *La Langue allemande en France. Pénétration et diffusion des origines à nos jours*, 2 vol., Lyon-Paris, 1950 - 1952.

Fernand L'Huillier: *L'Alsace en 1870/1871*, Paris, 1971.

Georges Livet: *L'Intendance d'Alsace sous Louis XIV* (1648 - 1715), Strasbourg, 1956.

Georges Livet, Raymond Oberlé (éds.): *Histoire de Mulhouse*, Strasbourg, 1977.

Georges Livet, Francis Rapp (éds.): *Histoire de Strasbourg des origines à nos jours*, 4 vol., Strasbourg, 1980 - 1982.

Dietrich Lohrmann, Walter Janssen: *Villa-curtis-grangia. Économie rurale entre Loire et Rhin de l'époque gallo-romaine aux XIIe-XIIIe siècles*, Munich, 1983.

Theodor Mayer (éd.): *Der Vertrag von Verdun* 843. *Neun Aufsätze zur Begründung der europäischen Völker-und Staatenwelt*, Leipzig, 1943.

Walter A. McDougall: *France's Rhineland Diplomacy* 1914 - 1924, Princeton, N. J., 1978.

Peter Marzolff, 《Die Flussgrenze》, in *Geographica Historica*, 7, 1994, pp. 347 - 375.

Friedrich Metz: *Land und Leute. Gesammelte Beiträge zur deutschen Landes-und Volksforschung*, Stuttgart, 1961.

Robert Minder: *Allemagnes et Allemands*, t. I: *Vue d'ensemble. La Rhénanie*, Paris, 1948.

Hansgeorg Molitor: *Vom Untertan zum Administré. Studien zur französischen Herrschaft und zum Verhalten der Bevölkerung im Rhein-Mosel-Raum von den Revolutionskriegen bis zum Ende der Napoleonischen Zeit*, Wiesbaden, 1980.

Manet van Montfrans:《Le Rhin, entre littérature et politique》, in *Yearbook of European Studies*, vol. 6. 1993, pp. 125 – 151.

Jacques Morizet, Horst Möller (éds.): *Allemagne-France. Lieux et mémoire d'une histoire commune*, Paris, 1995 (bonne bibliographie).

Heinz Musall: *Die Entwicklung der Kulturlandschaft der Rheinniederung zwischen Karlsruhe und Speyer vom Ende des* 16. *bis zum Ende des* 19. *Jahrhunderts*, Heidelberg, 1969.

La mystique rhénane. Colloque de Strasbourg, 16 – 19 *mai* 1961, Paris, 1963.

Pierre Nora (éd.): *Les Lieux de mémoire*, 7 vol., Paris, 1986 – 1993.

Daniel Nordmann, Marie-Vic Ozouf: *L'Espace français et les structures administratives* (*Atlas de la Révolution française*, t. III), Paris, 1989.

Daniel Nordmann, Jacques Revel:《La formation de l'espace français》, in Jacques Revel (éd.): *L'Espace français*, Paris, 1989, pp. 29 – 169.

H. P. H. Nusteling: *De Rijnvaart in het tijdperk van stoom en steenkool* 1831 – 1914, Amsterdam, 1974.

Werner Paravicini(éd.): *Nord und Süd in der deutschen Geschichte des Mittelalters*, Sigmaringen, 1990.

Michel Parisse (éd.): *Lothringen. Geschichte eines Grenzlandes*, Sarrebruck, 1984.

Franz Petri, Georg Droege (éds.): *Rheinische Geschichte*, 4 vol., Düsseldorf, 1976 – 1982.

Raymond Poidevin: *Les Relations économiques et financières entre la France et l'Allemagne de* 1898 *à* 1914, Paris, 1969.

Problèmes de la Rhénanie 1919 – 1930. *Die Rheinfrage nach dem Ersten Weltkrieg. Actes du Colloque d'Otzenhausen* 14 – 16 *octobre* 1974, Metz, 1975.

Kurt von Raumer: *Die Zerstörung der Pfalz von* 1689 *im Zusammenhang der französischen Rheinpolitik*, Neustadt an der Saale, 1982(1re éd.: 1930).

Francis Rapp: *Les Origines médiévales de l'Allemagne moderne, de Charles IV à Charles Quint* (1346 – 1519), 2 vol., Paris, 1989.

Peter Rassow(éd.): *Histoire de l'Allemagne*, 2 vol., Paris, 1969 – 1970.

Louis Réau: *L'Europe française au siècle des Lumières*, Paris, 1971(1re éd.: 1938).

Günther Reichelt: *Lasst den Rhein leben! Strom im Spannungsfeld zwischen Ökologie und Ökonomie*, Berlin, 1986.

Klaus Reimer: *Rheinlandfrage und Rheinlandbewegung* (1918 – 1933), Francfort-Berne-Las Vegas, 1979.

Rhein und Ruhr. Kunst und Kultur 800 – 1400, 2 vol., Cologne, 1972 – 1973.

Der Rheinische Städtebund von 1254/56, Coblence, 1986.

Le Rhin. Son évolution depuis la Deuxième Guerre mondiale et son avenir, Strasbourg, 1960.

François Roth: *Les Lorrains entre la France et l'Allemagne. Itinéraires d'annexés*, Nancy, 1981.

Joseph Rovan, *Histoire de l'Allemagne*, Paris, 1994.

Charles Rousseau: *Les Frontières de la France*, Paris, 1954.

Peter Sahlins: 《Natural Frontiers Revisited: France's Boundaries since the Seventeenth Century》, in *American Historical Review*, vol. 95, 1990, pp. 1423 – 1451.

David Schoenbaum: *Zabern* 1913. *Consensus Politics in Imperial Germany*, Londres, 1982.

Peter Schöttler: 《Le Rhin comme enjeu historiographique dans l'entre-deux-guerres. Vers une histoire des mentalités frontalières》, in *Genèses*, n°14, janv. 1994, pp. 63 – 82.

Hans K. Schulze: *Vom Reich der Franken zum Land der Deutschen. Merowinger und Karolinger*, Berlin, 1987.

Rüdiger Schütz: *Preußen und die Rheinlande*, Wiesbaden, 1979.

Hansrudolf Schwabe: *Die Entwicklung der schweizerischen*

Rheinschiffahrt 1904 – 1954, Bâle, 1954.

Hansmartin Schwarzmaier:《Politische Grenzziehung und historische Bewußtseinsbildung im deutschen Südwesten》, in *Blätter für deutsche Landesgeschichte*, vol. 121, 1985, pp. 83 – 114.

Jeannine Siat, *Histoire du rattachement de l'Alsace à la France*, Le Coteau, 1987.

Dieter Stollwerck: *Das Problem der Rheingrenze unter besonderer Berücksichtigung Ludwigs XIV*, thèse, Munich, 1972.

Georges Soutou:《La France et les marches de l'Est 1914 – 1919》, in *Revue historique*, vol. 260, 1978, pp. 341 – 388.

Heinrich Ritter von Srbik: *Wien und Versailles* 1692 – 1697. *Zur Geschichte von Straßburg, Elsaß und Lothringen*, Munich, 1944.

Franz Steinbach: *Collectanea. Aufsätze und Abhandlungen zur Verfas-sungs-, Sozial-und Wirtschaftsgeschichte, geschichtlichen Landeskunde und Kulturraumforschung*, Bonn, 1967.

Anton Sterzl: *Der Untergang Roms an Rhein und Mosel. Krise, Katastrophe und Kompromiß im zeitgenössischen Denken*, Cologne, 1978.

Martin Süss: *Rheinhessen unter französischer Besatzung. Vom Waffenstillstand im November* 1918 *bis zum Ende der Separatistenunruhen im Februar* 1924, Stuttgart, 1988.

William Te Brake: *Medieval Frontier. Culture and Ecology*

in Rijnland, College Station/Tex., 1985.

Charles-Marie Ternes: *La Vie quotidienne en Rhénanie romaine*, Paris, 1972.

Rudolf von Thadden: *La Prusse en question. Histoire d'un État perdu*, Arles, 1985.

Dieter Tiemann: *Deutsch-französische Jugendbeziehungen der Zwischenkriegszeit*, Berlin, 1989.

Horst Johannes Tümmers: *Rheinromantik. Romantik und Reisen am Rhein*, Cologne, 1968.

Horst Johannes Tümmers: *Der Rhein. Ein europäischer Fluß und seine Geschichte*, Munich, 1994.

Claudia Ulbrich:《Rheingrenze, Revolten und Französische Revolution》, in Volker Rödel(éd.), *Die Französische Revolution und die Oberrheinlande* (1789 – 1798), Sigmaringen, 1991, pp. 223 –224.

Edmond Vermeil: *L'Allemagne contemporaine. Sociale, politique, culturelle.* 1890 – 1950, 2 vol., Paris, 1952 – 1953.

Villes mémoires, Villes frontières, numéro thématique de la *Revue des sciences sociales de la France de l'Est*, n° 19, 1992.

Bernard Vogler:《La Rhénanie》, in Jean-Pierre poussou ct al., *Études sur les villes en Europe occidentale*, t. II, Paris, 1983, pp. 389 – 469.

Jürgen Voss(éd.): *Deutschland und die Französische Revolution*, Munich, 1983.

Ingrid Voss, Jürgen Voss:《Die *Revue rhénane* als Instrument der französischen Kulturpolitik am Rhein(1920 – 1930)》, in *Archiv für Kulturgeschichte*, vol. 64, 1984, pp. 503 – 551.

Fritz Wagner: *Frankreichs klassische Rheinpolitik. Der Rheinbund von* 1658, Stuttgart, 1941.

Alfred Wahl: *La Vie quotidienne en Alsace entre France et Allemagne*, 1850/1950, Paris, 1993.

Henri Walther: *La Jurisprudence de la Commission centrale pour la navigation du Rhin* 1832 – 1939, Strasbourg, 1948.

Karl August Walther(éd.): *Vom Meer zum Bodensee. Der Hochrhein als Großschiffahrtsweg*, Olten-Fribourg-en-Brisgau, 1957.

Hermann Weber: *Frankreich, Kurtrier, der Rhein und das Reich* 1623 – 1635, Bonn, 1969.

Franziska Wein: *Deutschlands Strom-Frankreichs Grenze. Geschichte und Propaganda am Rhein* 1919 – 1930, Essen, 1992.

Friedhelm Weinforth: *Armut im Rheinland. Dokumente zur Geschichte von Armut und Fürsorge im Rheinland vom Mittelalter bis heute*, Clèves, 1992.

Klaus Rudolf Wenger, *Preussen in der öffentlichen Meinung Frankreichs* 1815 – 1870, Göttingen, 1979.

Karl-Ferdinand Werner: *Vom Frankenreich zur Entfaltung Deutschlands und Frankreichs*, Sigmaringen, 1984.

Karl Ferdinand Werner: *Histoire de France*, t. I: *Les Ori-*

gines (*avant l'an mil*), Paris, 1984.

Matthias Werner: *Der Lütticher Raum in frühkarolingischer Zeit. Untersuchungen zur Geschichte einer karolingischen Stammlandschaft*, Göttingen, 1978.

Michael Werner, 《La *Germanie* de Tacite et l'originalité allemande》, in *Le Débat*, n° 78, 1994, pp. 42 – 61.

Herwig Wolfram: *Das Reich und die Germanen. Zwischen Antike und Mittelalter*, Berlin, 1990.

Bernd Wunder: *Frankreich, Württemberg und der Schwäbische Kreis während der Auseinandersetzungen über die Reunionen. Ein Beitrag zur Deutschlandpolitik Ludwigs XIV* (1679 – 1697), Stuttgart, 1971.

Gilbert Ziebura: *Die deutsch-französischen Beziehungen seit 1945. Mythen und Realitäten*, Pfullingen, 1970.

历史地图

Atlas et Géographie de l'Alsace et de la Lorraine, Paris, 1977.

Atlas historique des villes de France, Paris, 1981 et suiv.

Atlas historique Meuse-Moselle, Bruxelles, 1973 et suiv.

Geschichtlicher Atlas der Rheinlande, Cologne, 1982 et suiv.

Geschichtlicher Atlas für das Land an der Saar, Sarrebruck, 1965 et suiv.

Geschichtlicher Atlas von Hessen, Francfort-sur-Main, 1960 - 1984.

Geschichtlicher Handatlas der deutschen Länder am Rhein. Mittelund Niederrhein, Cologne, 1950.

Historischer Atlas der Schweiz, Aarau, 1958.

Historischer Atlas von Baden-Württemberg, Stuttgart, 1972 - 1988.

Niederrheinischer Städteatlas, Clèves, 1956 et suiv.

Pfalzatlas, Spire, 1963 - 1975.

Rheinischer Städteatlas, Cologne-Bonn, 1972 et suiv.

参考书目

下面的书目及说明均系吕西安·费弗尔提供，他指出，这份书目仅仅包括他在撰写本书时使用过的参考书。我们对这份书目进行核对，并尽可能作了一些补正。——皮特·舍特勒

1. 通史

Sur l'《histoire humaine》du Rhin, pas de travail d'ensemble. *Le Rhin dans l'histoire* d'Ernest Babelon, 2 vol., Paris, 1916 – 1917, appartient à la catégorie d'ouvrages qui, sur les traces des *Frankreichs Rheingelüste* de Johannes Janssen (1861), tentent d'expliquer par la hantise du Rhin toute l'histoire franco-allemande. La *Géopolitique*(sur quoi Lucien Febvre, *Revue critique*, 1929[repris in *Pour une histoire à part entière*, Paris, 1962, pp. 131 – 138]et Albert Demangeon, *Annales de Géographie*, janvier 1932)revêt maintenant ces écrits, en Allemagne, d'un vêtement à la mode(par ex., Paul Wentzcke, *Rhein und Reich*, Berlin, 1927, etc.).

A signaler simplement l'esquisse d'histoire politique, nette et utile, de Gaston Zeller: *La France et l'Allemagne depuis dix siècles*,

Paris, 1932[rééd. augm. 1948], reprenant des thèmes déjà indiqués dans sa grande histoire de *La réunion de Metz à la France*(1552–1648), 2 vol., Strasbourg, 1926. Sur le plan non plus politique, mais culturel, consulter (avec précaution) l'*Histoire générale de l'influence française en Allemagne* de Louis Reynaud, t. I, Paris, 1913; *L'influence allemande au XVIIIe et au XIXe siècle*, Paris, 1922, et *Français et Allemands*, Paris, 1930. Pour le Rheinland: Hermann Aubin, Theodor Frings, Josef Müller, *Kulturströmungen und Kulturprovinzen in den Rheinlanden. Geschichte-Sprache-Volkskunde*, Bonn, 1926 [rééd. Darmstadt, 1966].

2. 历史地理和地理环境

Pas d'atlas historique du Rhin; y suppléer avec l'*Elsaß-Lothringischer Atlas*, dirigé par Georg Wolfram et Werner Gley, Francfort, 1931(cf. Lucien Febvre, *Revue critique*, 1933, pp. 141–144). -le *Geschichtlicher Handatlas der Rheinprovinz*, dirigé par Hermann Aubin et Josef Niessen, Cologne, 1926 [réédition: 1950]. -le *Geschiedkundige Atlas van Nederland* de A. A. Beekman, La Haye, 1911–1935.

Pour le milieu: Albert Demangeon, *Belgique, Pays-Bas, Luxembourg* (*Géographie Universelle*, t. II), Paris, 1927. -Emmanuel de Martonne, *Europe Centrale*, 2 vol., Paris, 1930–1931

(*Géographie Universelle*, t. IV). Du côté allemand: Robert Gradmann, *Süd-Deutschland*, 2 vol., Stuttgart, 1931[réédition: Darmstadt, 1959](abondantes bibliographies).

3. 莱茵河的三个题目

A. *La route*. -Georges de Manteyer, *Les voies fluviales primitives et leurs cols dans les Alpes*, Gap, 1928. -Ernst Sprockhoff, *Zur Handelsgeschichte der germanischen Bronzezeit*, Berlin, 1930. -Rudolf Petersdorff, *Germanen und Griechen*, Wiesbaden, 1902. -Rudolf Much, *Ulyxes in Germanien*, in *Wörter und Sachen*, vol. 12, 1929, pp. 342 – 361. -Camille Jullian, *Ulysse en Germanie*, in *Revue des Études anciennes*, vol. 14, 1912, pp. 283 – 284. Routes de l'ambre, croquis dans *Geographical Journal*, vol. 66, 1925, pp. 481 – 507(J. M. de Navarro).

B. *La frontière*. -Lucien Febvre, *La terre et l'évolution humaine. Introduction à la dimension géographique de l'histoire*, Paris, 1922[réédition: 1970]; *Frontière, étude de vocabulaire historique*, in *Bulletin du Centre International de Synthèse*, n°5, juin 1928[repris in *pour une histoire à part entière*, Paris, 1962, pp. 11 – 24]. -Karl Haushofer, *Grenzen in ihrer geographischen und politischen Bedeutung*, Berlin, 1927. -Albert de Lapradelle, *La frontière*, Paris, 1928.

C. *Race et langue*. -Outre les ouvrages généraux de Joseph

Deniker[*Les races et les peuples de la terre*, Paris, 1900], Eugène Pittard[*Les races et l'histoire*, Paris, 1924]et Henri Neuville[*Peuples ou races?* in *Encyclopédie Française*, t. VII, 1936, pp. 7 - 44 -1 à 7 - 64 - 15], cf. Sigmund Feist, *Kultur, Ausbreitung und Herkunft der Indogermanen*, Leipzig, 1913. -Antoine Meillet, *Introduction à l'étude comparative des langues indo-européennes*, 3e éd., Paris, 1912; *Les dialectes indo-européens*, Paris, 1922; *Caractères généraux des langues germaniques*, Paris, 1927; *Esquisse d'une histoire de la langue latine*, 2e éd., Paris, 1931.

4. 凯尔特人和日耳曼人

Henry d'Arbois de Jubainville, *Les premiers habitants de l'Europe*, 2e éd., 2 vol., Paris, 1889 - 94. -Georges Dottin, *Les anciens peuples de l'Europe*, Paris, 1916. -Joseph Dechelette, *Manuel d'archéologie préhistorique, celtique et gallo-romaine*, 4 vol., Paris, 1908 - 1914. -Camille Jullian, *Au seuil de notre histoire*, 3 vol., Paris, 1930; *Histoire de la Gaule*, 9 vol., Paris, 1920 et suiv. [réédition: 1994]. -Henri Hubert, *Les Celtes et l'expansion celtique* et *Les Celtes depuis Tène*, 2 vol., Paris, 1932.

Torsten Evert Karsten, *Les anciens Germains*, Paris, 1931. -Eduard Norden, *Die germanische Urgeschichte in Tacitus Germania*, 2e éd., Berlin, 1923. -Gustav Kossina, *Ursprung und Verbreitung der Gemanen*, Leipzig, 1926. -Sigmund Feist, *Germanen und Kelten*, Halle, 1927.

Karl Schumacher, *Siedlungs-und Kulturgeschichte der Rheinlande*, 3 vol., Mayence, 1921 – 1925.

5. 罗马化地区

Corpus Inscriptionem Latinarum, t. XIII, PP. I-IV. -Émile Esperandieu, *Recueil des bas-reliefs de la Gaule*, Paris, 1907 – 1930.

Germania Romana, *ein Bilder-Atlas*, publié par la Römisch-Germanische Kommission, 2e éd., Bamberg, 1924 et suiv.

Frieder Koepp, *Römer in Deutschland*, 3e éd., Leipzig, 1926. -H. Dragendorff, *Westdeutschland in römischer Zeit*, 2e éd., Leipzig, 1919. -Jean Colin, *Antiquités romaines de la Rhénanie*, Paris, 1927. -Albert Grenier, *Manuel d'archéologie gallo-romaine*: I, *Travaux militaires*; II, *Routes*; III, *Navigation, Occupation du sol*, Paris, 1931 – 1934. -Robert Forrer, *Strasbourg-Argentorate*, 2 vol., Strasbourg, 1927. -joseph Hagen, Römerstraβen der Rheinprovinz, 2e éd., Bonn, 1931. -Hermann Aubin, *Rheinhandel in römischer Zeit*, in *Bonner Jahrbücher*, vol. 130, 1926, pp. 1 – 37[repris in *Grundlagen und Perspektiven geschichtlicher Kulturraumforschung und Kulturmorphologie*, Bonn, 1965, pp. 147 – 175]. -Johann-Baptist Keune, *Moselverkehr*, in *Trierer Heimatbuch*, 1925.

Jules-François Toutain, *Cultes paiens dans l'Empire*, Paris, 1920. -Alfred von Domaszewski, 《Religion des römischen Heeres》, in *Westdeutsche Zeitschrift*, Trèves, 1895. -Friedrich Drexel, *Götterverehrung im römischen Germanien* (Römisch-Germanische Kommission, 14, Berlin, 1923). -Hans Lehner, *Orientalische Mysterienkulte im römischen Rheinland*, in *Bonner Jahrbücher*, vol. 129, 1924, pp. 36 - 91.

6. 蛮族

Ferdinand Lot, *La fin du monde antique*, Paris, 1927 [réédition: 1989]. -Alphons Dopsch, *Wirtschaftliche und soziale Grundlagen der europäischen Kulturentwicklung*, 2e éd., Vienne, 1923 [réédition: Aalen, 1961]. -Henri Pirenne, *Mahomet et Charlemagne*, Paris, 1936 [réédition: 1963]; *Un contraste économique: mérovingiens et carolingiens*, in *Revue belge de philologie et d'histoire*, vol. 2, 1922 - 1923 [repris in *Histoire économique de l'occident médiéval*, Bruxelles, 1951, pp. 71 - 82]. -Louis Halphen, *Les Barbares*, Paris, 1926.

J. J. Schmaus, *Geschichte der alten Franken*, Bamberg, 1912. -Godefroid Kurth, *Études franques*, t. III, Paris, 1919 [réédition: 1982]; *Clovis*, 3e éd., 2 vol., Bruxelles, 1923 [réédition: 1982]. -Camille Jullian, *De la Gaule à la France*, Paris, 1922. -Marc Bloch, *Observations sur la conquête de la Gaule par les rois francs*, in *Revue historique*, vol. 154, 1927, pp. 161–178[repris in *Mélanges historiques*, Paris, 1963, t. I, pp. 75–89], -Félix Rousseau, *La Meuse et le pays mosan*, Namur, 1930.

Albert Meitzen, *Siedelung und Agrarwesen der Germanen*, Berlin, 1895 (atlas). -Guillaume Des Marez, *Le problème de la colonisation franque et du régime agraire en Belgique*, Bruxelles, 1926. -Marc Bloch, *Les caractères originaux de l'histoire rurale française*, Oslo-Paris, 1931[réédition: 1986]. -Adolf Schiber, *Die fränkischen und alemannischen Siedlungen in Gallien, besonders in Elsaß und Lothringen. Ein Beitrag zur Urgeschichte des deutschen und französischen Volksthums*, 1891. -Auguste Longnon, *Les noms de lieux de la France*, éd. par Paul Marichal et Léon Mirot, Paris, 1923. -Albert Dauzat, *Les noms de lieux*, Paris, 1926; *Les noms de personnes*, Paris, 1925. -Ernst Wilhelm Förstemann, *Altdeutsches Namensbuch*, I: *Personennamen*, 2e éd.; II: *Ortsnamen*, 3e éd., 2 vol., Bonn, 1900 et 1913–1913. -Wilhelm Heintze, *Die deutschen Familiennamen*, 6e éd. par Paul Cascorbi, Halle, 1925. -Godefroid Kurth, *La frontière linguistique en Belgique et dans le Nord de la France*, 2 vol., Bruxelles, 1895–1898. -Paul Lévy, *Histoire linguistique d'Alsace et de Lorraine*, 2 vol., Strasbourg, 1929 (carte et renvois à l'énorme bibliographie du sujet).

7. 教会

Outre, naturellement, la *Kirchengeschichte Deutschlands* de Albert Hauck, 5 vol., Leipzig, 1911 – 1920, voir Heinrich Böhmer, *Das germanische Christentum*, Gotha, 1913.-Johannes Ficker, *Altchristliche Denkmäler des Christentums im Rheingebiet*, Strasbourg, 1905.-Ernest Lavisse, *La conquête de la Germanie par l'Église romaine*, in *Revue des deux mondes*, vol. 80, 1887, pp. 878 – 902.-Louis Gougaud, *Les chrétientés celtiques*, Paris, 1911.-Eugène Martin, *Saint Colomban*, Paris, 1905.-Johannes Laux, *Der heilige Kolumban*, Freiburg, 1919.-Godefroid Kurth, *Saint Boniface*, 4e éd., Paris, 1913.-Joseph M. Jansen, *Die Einführung des Christentums in Deutschland. Der heilige Bonifatius*, Paderborn, 1926.

Percy Ernst Schramm, *Kaiser, Rom und Renovatio*, 2 vol., Stuttgart, 1929 [réédition: Darmstadt, 1957].-Rudolf Köpke, Ernst Dümmler, *Kaiser Otto der Große*, Leipzig, 1876.-Wolfram von den Steinen, *Otto der Große*, Breslau, 1928.-Heinrich Schrörs, *Erzbischof Bruno von Köln*, 1917 (*Annalen des historischen Vereins für den Niederrhein*).-Augustin Fliche, *La chrétienté médiévale*, Paris, 1929.-François-Louis Ganshof, *Quelques aspects de l'histoire de l'Empire au XIe siècle*, in *Revue des cours et conférences*, 1927 – 1928.-Marc Bloch, *L'Empire et*

l'idée d'Empire sous les Hohenstaufen, ibid., 1928 - 1929[repris in Mélanges historiques, Paris, 1963, I, pp. 531 - 559]. -Édouard Jordan, *Dante et la théorie romaine de l'Empire*, in *Revue d'histoire du droit*, 1921 - 1922. -Ernest Tonnelat, *Histoire de la littérature allemande des origines au XVIIe siècle*, Paris, 1923.

8. 城市

Henri Pirenne, *Les villes du Moyen Âge*, Paris, 1927 [réédition: 1992]; *La civilisation occidentale au Moyen Âge* (*Histoire Générale*, dir. par Gustave Glotz, t. VIII), Paris, 1933. -Gustay Schmoller, *Bevölkerungsbewegung der deutschen Städte von ihrem Ursprung bis ins 19. Jahrhundert*, in *Festschrift Otto von Gierke*, Weimar, 1911 [repris in *Deutsches Städtewesen in älterer Zeit*, Bonn Leipzig, 1922, pp. 60 - 104]. -K. A. Schaab, *Geschichte des großen rheinischen Städtebundes*, 2 vol., Mayence, 1843 - 1845. -Julius Weizsäcker, *Der Rheinische Bund* (1254), Tübingen, 1879. -Ludwig Quidde, *Studien zur Geschichte des Rheinischen Landfriedensbundes von* 1254, Francfort, 1885. -Theo Sommerlad, *Die Rheinzölle im Mittelalter*, Halle, 1894. -Rudolf Wackernagel, *Geschichte der Stadt Basel*, 3 vol., Bäle, 1906 - 1924. -Rodolphe Reuss, *Histoire de Strasbourg*, Paris, 1922. -Karl Köhne, *Ursprung der Stadtverfassung in Worms, Speyer und Mainz*, 1890. -Alexander Dietz, *Frankfurter Han-*

delsgeschichte, 4 vol., Francfort, 1910 – 1925. -Bruno Kuske, *Quellen zur Geschichte des Kölner Handels und Verkehrs im Mittelalter*, 3 vol., Bonn, 1917 – 1923. -Hermann Keussen, *Köln im Mittelalter*, Cologne, 1918, -Richard Koebner, *Anfänge des Gemeinwesens der Stadt Köln*, Bonn, 1922. -Walter Hävernick, *Der Kölner Pfennig im 12. und 13. Jahrhundert*, Stuttgart, 1930.

9. 诸侯

Vincent Bourilly, *Guillaume de Bellay*, Paris, 1904. -Gaston Zeller, *La réunion de Metz à la France*, 1552 – 1648, 2 vol., Paris, 1926. -Wilhelm Mommsen, *Kardinal Richelieu. Seine Politik im Elsaß und in Lothringen*, Berlin, 1922.

Georg von Below, *Territorium und Stadt*, 2e éd., Munich-Leipzig, 1923. -Paul Sander, *Feudalstaat und bürgerliche Verfassung*, Berlin, 1906. -Aloys Schulte, *Fürstentum und Einheitsstaat in der deutschen Geschichte*, Berlin, 1921. -Lucien Lévy-Bruhl, *L'Allemagne depuis Leibniz*, Paris, 1890. -Bertrand Auerbach, *La France et le Saint-Empire depuis la Paix de Westfalie jusqu'à la Révolution française*, Paris, 1912. -Aloys Schulte, *Frankreich und das linke Rheinufer*, 2e éd., Stuttgart-Berlin, 1918 [traduction française: Lausanne, 1922]. -Georg Mentz, *J. Ph. von Schönborn, Kurfürst von Mainz, Bischof von Würzburg und Worms 1605 – 1673*, 2 vol., Iéna, 1896 – 1899. -Friedrich Me-

inecke, *Weltbürgertum und Nationalstaat*, Munich, 1907 [réédition:1969]. -Fritz Brüggemann, *Das Weltbild der deutschen Aufklärung*, 2 vol., Leipzig, 1930 – 1931. -Louis Réau, *L'art français dans les cours rhénanes*, Paris, 1930.

10. 法国大革命和法兰西帝国

Charles Schmidt (et divers), *Sources de l'histoire des territoires rhénans*, Paris, 1921. -Philippe Sagnac, *Le Rhin français pendant la Révolution et l'Empire*, Paris, 1917. -Clemens Theodor Perthes, *Politische Zustände und Personen in Deutschland zur Zeit der französischen Herrschaft*, 2 vol., 2e éd., Gotha, 1862 – 1869. -Justus Hashagen, *Das Rheinland und die französische Herrschaft*, Bonn, 1908.

René Le Forestier, *Les illuminés de Bavière et la franc-maçonnerie allemande*, Dijon, 1914. -Jacob Venedey, *Die deutschen Republikaner unter der französischen Republik*, Leipzig, 1870. -K. G. Bockenheimer, *Die Mainzer Klubisten der Jahre 1792 und 1793*, Mayence, 1896. -Georg Forster, *Sämtliche Werke*, 9 vol., Leipzig, 1863 (correspondance, t. 8 – 9). -Saint-Alban, *Vie de Hoche*, 2 vol. (t. II = documents), Paris, an VI. -Alphonse Aulard, *Hoche et la République rhénane*, in *Revue de paris*, 1919. -Hyacinthe de Font-Réaulx, *Hoche et les pays rhénans*, in *Les Lettres*, 1920. -Johann Nepomuk Sepp. *Görres*, Berlin,

1896. -Joseph Görres, *Gesammelte Schriften*, 9 vol. , Munich, 1854 – 1874.

Paul Vidal de la Blache, *La France de l'Est*, Paris, 1917 [réédition: 1995]. -Gabriel Ramon, *Frédéric de Dietrich, premier maire de Strasbourg sous la Révolution française*, Paris, 1920. -Max Springer, *Die Franzosenherrschaft in der Pfalz* 1792 – 1814, Stuttgart, 1926. -K. G. Bockenheimer, *Geschichte von Mainz*, 1798 – 1813, Mayence, 1890. -Albert Sorel, *Le Comité de Salut public et la rive gauche du Rhin*, in *Revue historique*, vol. 18, 1882, pp. 273 – 322. -Lazare Carnot, *Correspondance*. Étienne Charavy, 4 vol. , Paris, 1892 – 1907. -Hyppolite Carnot (éd.), *Mémoires de Carnot*, 2 vol. , Paris, 1850.

Raymond Guyot, *Le Directoire et la paix de l'Europe, des traités de Bâle à la deuxième coalition* (1795 – 1799), Paris, 1911. -Jacques Rambaud, *La domination française en Allemagne*, 1804 – 1814, Paris, 1897. -Georges Servières, *L'Allemagne française sous Napoléon*, Paris, 1904. -Charles Schmidt, *Le Grand-Duché de Berg*, Paris, 1905. -Léon Lévy-Schneider, *Le Conventionnel Jeanbon Saint-André, membre du comité du salut public, organisateur de la marine sous la Terreur* 1749 – 1813, Paris, 1901. -*Souvenirs d'un préfet de la monarchie* (*le baron Sers*), Henri Sers et Raymond Guyot, Paris, 1905. -Théodore-Joseph de Puymaigre, *Souvenirs*, Paris, 1884.

11. 1814 - 1914

Ernest Denis, *L'Allemagne*, 1810 - 1852, Paris, 1898; *La fondation de l'Empire allemand*, 1852 - 1871, Paris, 1924. -Julien Rovère, *Les survivances françaises dans l'Allemagne napoléonienne* 1815 - 1914, Paris, 1918.

Gustave Monod, *Michelet. Étude sur sa vie et son oeuvre* (notes de *Voyage en Allemagne*), Paris, 1905. -Henri Hauser, *Le principe des nationalités*, Paris, 1917. -Hermann Oncken, *Die Rheinpolitik Kaiser Napoleons III.*, 3 vol., Berlin-Leipzig, 1926. -Christian Schefer, *D'une guerre à l'autre*, Paris, 1920. -Henri Hauser (et divers), *Histoire diplomatique de l'Europe*, 2 vol., Paris, 1929. -Charles Andler (éd.), *Documents du pangermanisme*, Paris, 1915 - 1917.

Pierre Benaerts, *Les origines de la grande industrie allemande*, Paris, 1932. -Maurice Baumont, *La grosse industrie allemande et le charbon*, Paris, 1928. -Walter Däbritz, *Unternehmergestalten aus dem rheinisch-westfälischen Industriebezirk*, Iéna, 1929.

图书在版编目(CIP)数据

莱茵河:历史、神话和现实/(法)吕西安·费弗尔著;许明龙译.—北京:商务印书馆,2017
(汉译世界学术名著丛书:120年纪念版:珍藏本)
ISBN 978-7-100-14535-0

Ⅰ.①莱… Ⅱ.①吕… ②许… Ⅲ.①民族历史—欧洲 Ⅳ.①K508

中国版本图书馆CIP数据核字(2017)第153606号

汉译世界学术名著丛书
(120年纪念版·珍藏本)

莱　茵　河

——历史、神话和现实

〔法〕吕西安·费弗尔　著
许明龙　译

商　务　印　书　馆　出　版
(北京王府井大街36号　邮政编码100710)
商　务　印　书　馆　发　行
北京通州皇家印刷厂印刷
ISBN 978-7-100-14535-0

2017年12月第1版　　开本710×1000　1/16
2017年12月北京第1次印刷　　印张21¼

定价:105.00元